guide

德勒兹：

关键概念

(原书第2版)

Gilles Deleuze: Key Concepts 2e

[美]查尔斯·J. 斯蒂瓦尔（Charles J. Stivale） 编

田延 译

重庆大学出版社

目录

作者介绍

克丽斯塔·阿尔布雷希特-克兰(Christa Albrecht-Crane)是犹他谷州立大学英语文学系副教授和主任助理,她在那里教授批评理论、文学理论和学术写作等课程。她与人合编的《文化研究》(*Cultural Studies*,2005)杂志的特刊,讨论的是在保守环境中的教育问题。最近她出版了一部与人合编的论文集:《关于改编的研究》(*Adaption Studies*,2010)。

罗纳德·博格(Ronald Bogue)是佐治亚大学比较文学系杰出的研究教授。他是《德勒兹和加塔利》(*Deleuze and Guattari*,1989)、《德勒兹论文学》(*Deleuze on Literature*,2003)、《德勒兹论电影》(*Deleuze on Cinema*,2003)、《德勒兹论音乐、绘画和艺术》(*Deleuze on Music, Painting, and the Arts*,2003)、《德勒兹的复活》(*Deleuze's wake*,2004)、《德勒兹的道路》(*Deleuze's Way*,2007)和《德勒兹的寓言和历史的伤痕》(*Deleuzian Fabulation and the Scars of History*,2010)等书的作者。

弗利西蒂·J. 科尔曼(Felicity J. Colman)是曼彻斯特城市大学电影与媒介研究高级讲师。除了有关银幕效应、女性理论、媒介理论和艺术理论的大量篇章之外,她还主编了《电影、理论与哲学》(*Film, Theory and Philosophy*, Acumen, 2009),并且是《感觉》(*Sensorium*, 2007)的合伙编辑。她是《德勒兹和电影》(*Deleuze and Cinema*, 2010)、《当代电影理论》(*Contemporary Film Theory*, 2011)、《银幕效应》(*Screen Affect*, 即出)和《罗伯特·斯密森》(*Robert Smithson*, 即出)的作者。

汤姆·康利(Tom Conley)是哈佛大学罗曼语及视觉与环境研究的洛威尔讲席教授(Lowell Professor),也是《褶子》(*Fold*, 1993)的译者以及最近出版的《流盼的目光》(*An Errant Eye*, 2011)、《图绘电影》(*Cartographic Cinema*, 2007)和《自制的地图》(*The Self-Made Map*, 1996/2011年重印)的作者。

格雷戈里·弗拉克斯曼(Gregory Flaxman)是位于查珀尔希尔的北卡罗来纳大学英语和比较文学系的副教授。他是《德勒兹和哲学寓言(卷一)》(*Deleuze and the Fabulation of Philosophy*, Volume I, 2011)的作者和《头脑即银幕》(*The Brain is the Screen*, 2000)的编辑。现在,他正在准备与艾琳娜·奥克斯曼合著两卷本《电影/哲学读本》(*Film/Philosophy Reader*, 明尼苏达大学出版社)。

尤金·W. 霍兰德(Eugene W. Holland)是俄亥俄州立大学比较研究系的教授和主任。除了撰写过关于德勒兹和加塔利的大量文章之外,他还是《波德莱尔与精神分裂》(*Baudelaire and Schizoanalysis*, 1993)、《精神分裂导论》(*Introduction to Schizoanalysis*, 1999)和《游牧民》(*Nomad Citizenship*, 即出)的作者。

卡伦·霍尔(Karen Houle)用同样的时间成了一位作家、学者和母亲。她在圭尔夫大学(安大略省)教授哲学。她已经发表了论斯宾诺莎、伊利格瑞、德里达、福柯、德勒兹和加塔利的论文。她的第一本书《压舱物》(*Ballast*, 2000),被提名为加拿大最好的诗歌书籍,荣获(加拿大诗人联合会)兰珀特奖。她的第二本诗集《当……的时候》(*During*)已由 Gaspereau 出版社出版(2008)。她还与 J.弗农合编了一部黑格尔与德勒兹的选集(即出)。

格雷格·兰伯特(Gregg Lambert)是纽约雪城大学人文学系教授。他是《吉尔·德勒兹的非哲学》(*The Non-Philosophy of Gilles Deleuze*, 2001)、《现代文化中巴洛克的重返》(*The Return of the Baroque in Mordern Culture*, 2004)和《谁害怕德勒兹和加塔利?》(*Who's Afraid of Deleuze and Guattari?*, 2008)等书的作者。即出的著作包括与丹尼尔·W.史密斯合编的弗朗索瓦·祖尔比希威利的《事件的哲学》(*Philosophy of the Event*)的译本,与格里·格诺斯科、贾尼尔·沃森和尤金·B.扬合编的《德勒兹和加塔利词典》(*Deleuze and Guattari Dictionary*)和《追寻思想的新形象》(*In Search of a New Image of Thought*)。

梅丽萨·麦克马洪(Melissa McMahon)在悉尼大学完成了她的论德勒兹和康德批判哲学的博士论文。她已经在悉尼大学、墨尔本大学、莫纳什大学和西北大学等地教授过哲学,并且发表了论德勒兹和其他欧洲当代思想家的许多文章,同时发表了大量德勒兹、柏格森及其他人文章的译文。

朱迪斯·L.波克森(Judith L. Poxon)是位于萨克拉门托的加利福尼亚州立大学人文学与宗教研究系兼职讲师。她已经发表了论德勒兹和几位法国女性主义思想家的文章,并已与人合编了两本关于宗教的书,即《法国女性主义者论宗教》(*French Feminists on Religion*, 2001)和《法国女性主义思潮中的宗教》(*Religion in French Feminist Thought*, 2003)。

格雷戈里·J.塞格沃斯(Gregory J. Seigworth)是米勒斯维尔大学传播与戏剧系教授。他已经在许多书籍和诸如《对偶》(*Antithesis*)、《建筑设计》(*Architectural Design*)和《文化研究》(*Cultural Studies*)等期刊上发表了随笔及文章,而且最近与人合编了《影响理论读本》(*The Affect Theory Reader*,2010)。

詹妮弗·达里尔·斯莱克(Jennifer Daryl Slack)是密歇根理工大学人文学系的传播与文化研究教授。她是《传播技术与社会》(*Communication Technology and Society*,1984)的作者,《信息时代的意识形态》(*The Ideology of the Information Age*)(与弗雷德·费热合编,1987)、《用几何方法思维》(*Thinking Geometriaclly*)(约翰·维森恩著,2002)、《(德勒兹和加塔利的)运动画面》(*Animations*[*of Deleuze and Guattari*])等书的编者,也是《文化与技术》(*Culture and Technology*,2005)一书的合著者(与J.麦格雷戈·怀斯合著)。

帕蒂·索迪瑞(Patty Sotirin)是密歇根理工大学人文学系的传播学教授,她是《妇女和语言》(*Women and Language*)的编辑,*Aunting*的合著者(与劳拉·埃琳森合著,2010)。她的作品已经在诸如《文本与表现》(*Text and Performance*)、《组织》(*Organization*)、《美国符号学刊》(*American Journal of Semiotics*)、《大众电视与电影期刊》(*Joural of Popular Television and Film*)和《文化研究/批评方法论》(*Cultural Studies/Critical Methodologies*)等期刊上发表了。

丹尼尔·W.史密斯(Daniel W. Smith)是普渡大学哲学系副教授。他已经翻译了德勒兹的随笔《批评与临床》(*Critical and Clinical*,与米歇尔·格雷科合译,1997)和《弗朗西斯·培根》(*Francis Bacon*,2003),以及皮埃尔·科罗索夫斯基的《尼采与恶性循环》(*Nietzsche and the Vicious Circle*,1997)和伊莎贝拉·斯腾格斯的《现代科学的发明》(*The Invention of Mordern Science*,2000)。他最近编的书是《德勒兹与伦理学》(*Deleuze and Ethics*,2010,与南森·

尤恩合编)。他的一本论德勒兹的随笔选也即将问世。

查尔斯·J. 斯蒂瓦尔(Charles J. Stivale)是韦恩州立大学杰出的法语教授。他已经编了两期《物质》(*SubStance*, 1984, 1991),均和德勒兹、加塔利有关;他还出版了《德勒兹和加塔利的双重思想》(*The Two-Fold Thought of Deleuze and Guattari*, 1998)及《吉尔·德勒兹ABC》(*Gilles Deleuze's ABCs*, 2008);与尤金·W.霍兰德和丹尼尔·W.史密斯合编了《吉尔·德勒兹》(*Gilles Deleuze*, 2009);与马克·莱斯特合译了德勒兹的《意义的逻辑》(*The Logic of Sense*, 1990);与朱塞佩·梅基亚合译了弗朗哥·贝拉尔迪(比福)的《费力克斯·加塔利》(*Felix Guattari*, 2008)。

肯尼斯·苏林(Kenneth Surin)长期主持位于北卡来罗纳的杜克大学的文学课程。

詹姆斯·威廉姆斯(James Williams)是邓迪大学的欧洲哲学教授。他已出版了很多讨论新近法国哲学家的著作,比如论德勒兹、利奥塔和后结构主义的书。他最近出版的著作包括《吉尔·德勒兹的〈意义的逻辑〉》(*Gilles Deleuze's Logic of Sense*, 2008)和《吉尔·德勒兹的时间哲学》(*Gilles Deleuze's Philosophy of Time*, 2011)。

J. 麦格雷戈·怀斯(J. Macgregor Wise)是亚利桑那州立大学社会与行为科学系传播研究教授。他是《探寻技术和社会空间》(*Exploring Technology and Social Space*, 1997)、《文化全球化》(*Cultural Globalization*, 2008)、《文化与技术》(*Culture and Technology*, 与詹妮弗·达里尔·斯莱克合著, 2005)以及《媒体制造(第二版)》(*MediaMaking*, 与劳伦斯·格罗斯贝格、艾伦·沃特拉和 D.查尔斯·惠特尼合著, 2005)的作者。

致　谢

这本文集隶属于对法国哲学家吉尔·德勒兹的思想与观念进行更全面、更直接的阐释这场普遍而又持续的运动。考虑到在学术市场中的许多出版困难,因此,提供本书的修订和扩展版则是一种荣幸。为了译解《千高原》(*A Thousand Plateaus*)开始时的德勒兹和加塔利,我们18个人现在写下了这些文章。由于我们每个人都是多(several),所以已经是一个庞大的人群了。除了这个刚刚构建起来的作者团体之外,我们理应感谢许多个人和集体,他们太多了,以至于在这一页的篇幅中远远不能把他们包括进去。让我们再次强调一下对康斯坦丁·V.邦达斯(Constantin V. Boundas)的感谢,常驻特伦特大学的他能够促进各种合作、对话和生活力量的交叠,它们把那些促进了全世界对德勒兹发生兴趣的著作、出版物和讨论从偏远的安大略省远远地扩展了出去。我还想确认并感谢瓦尔特·爱德华(Walter Edwards)和韦恩州立大学人文学系为这本书的修订版所给予的持续的支持。

书名缩写

吉尔·德勒兹的著作

除非以别的方式加以注明以外,所有的文本均引用的是英语版本。要获得完整的英语和法语引文的出处,请查阅参考文献。

ABC   《吉尔·德勒兹入门》(*L'Abécédaire de Gilles Deleuze*,与克莱尔·帕内特进行的访谈,1996)

AO   《反俄狄浦斯》(*Anti-Oedipus*,1983)

ATP   《千高原》(*A Thousand Plateaus*,1987)

B   《柏格森主义》(*Bergsonism*,1988)

C1   《电影1:运动-影像》(*Cinema 1:The Movement-Image*,1986)

C2   《电影2:时间-影像》(*Cinema 2:The Time-Image*,1989)

D   《对话录》(*Dialogues*,1987)

DI   《荒岛集及其他文本》(*Desert Island and Other Texts*,2004)

DR   《差异与重复》(*Difference and Repetition*,1994)

ECC　《批评与临床》(*Essays Critical and Clinical*,1997)

ES　《经验主义与主体性》(*Empiricism and Subjectivity*,1991)

EPS　《哲学中的表现主义:斯宾诺莎》(*Expressionism in Philosophy：Spinoza*,1990)

FB　《弗朗西斯·培根:感觉的逻辑》(*Francis Bacon：The Logic of Sensatation*,2003)

FLD　《褶子:莱布尼兹和巴洛克》(*The Fold：Leibniz and the Baroque*,1993)

FCLT　《福柯》(*Foucault*,1988)

K　《卡夫卡:走向一种少数文学》(*Kafka：Toward a Minor Literature*,1986)

KCP　《康德的批判哲学》(*Kant's Critical Philosophy*,1984)

LS　《意义的逻辑》(*The Logic of Sense*,1990)

M　《受虐狂:冷酷与残忍》(*Masochism：Coldness and Cruelty*,1991)

N　《谈判,1972—1990》(*Negotiations, 1972-1990*,1995)

NP　《尼采和哲学》(*Nietzche and Philosophy*,1983)

PI　《纯粹的内在性:论生命》(*Pure Immanence：Essays on a Life*,2001)

PS　《普鲁斯特和符号》(*Proust and Signs*,2000)

PV　《伯利克里和威尔第:弗朗索瓦·夏特莱的哲学》(*Périclès et Verdi：La Philosophie de François Chatelet*,1998)

SPP　《斯宾诺莎:实践哲学》(*Spinoza：Practical Philosophy*,1988)

TR　《两个疯狂的体制》(*Two Regimes of Madness*,2006)

WIP　《什么是哲学?》(*What Is Philosophy？* 1994)

吉尔·德勒兹,友谊中的一生

⊙ 查尔斯·J.斯蒂瓦尔

在《吉尔·德勒兹入门》(L' Abécédaire de Gilles Deleuze,或者《德勒兹 ABC》[Deleuze's ABC Primer],以下简称《入门》)中——这是他和克莱尔·帕内特进行的一次 8 小时的电视访谈,拍摄于1988—1989 年,并于 1995 年播出——法国哲学家吉尔·德勒兹描述了他对友谊、创造及生活之间的联系的独特见解。在回答帕内特提出的问题时(在"F"[Fidelity,即"忠诚"]这一部分中),德勒兹提出了一个假说:为了形成和某人的友谊的基础,我们每一个人都倾向于抓住个人魅力的某种标志,例如,通过一种姿势、一次触碰、一种适度的表现或者一种思想(甚至是在那种思想变得有意义之前)。换句话说,友谊是"个人散发出来的魅力"这个概念的结果,通过这种魅力,我们感觉到另一个人跟我们是合拍的,他可能会提供给我们某些东西,可能会打开并唤醒我们。而且,德勒兹说,一个人实际上是通过某种错乱(démence)或疯狂,通过一种向失常状态的转变显露出他或她的魅力,同时,作为个人魅力的特定来源,这种疯狂的程度为友谊提供了冲动。

我以这个切入角度开头是因为,这里的作者和我恰好是以这种精神来撰稿的,我们试图促进这种友谊的叠合,而德勒兹正是通过这种友谊来生活、写作并且教学的[1]。这种灵光的闪现以及与德勒兹著作的相遇把读者卷入了一个变得精神失常的过程,一个令人兴奋的、富有创造力的但却令人窘迫的过程,而我们则将要以阅读德勒兹所需要的那种活力来享受,甚至是品味这个过程。德勒兹著作的魅力需要我们以别样的方式去思考,因此,对于德勒兹从一系列的学科兴趣和跨学科联系阐发出来的那些具体作品和概念,这里的撰稿者便通过别样的方式给予读者以指导。在准备这些文章的过程中,作者们已经注意到,不仅要展示所选的这些概念是(are)什么,而且尤其要注意这些概念在哲学内外有什么用(do)。作者们思考的是这个(些)概念所牵涉的"近似的其他概念",它们和别的作品、作家以及别的思考领域之间的交叉与联系,而不是必然地要把每一个概念限制在它的根本的实质上。最重要的是,这些文章的目的就是通过向读者们表明:虽然他的概念被定位在一个错综复杂、深奥微妙的哲学关系网中,但它们对在哲学领域之外形成批判性反思也是可以理解和使用的,借此鼓励新老学生去阅读德勒兹的原始文本。

　　在这篇导论中,我计划为思考德勒兹的著作提供一个一般性的,尽管是不太寻常的概念框架。也就是说,和此处那些把所选作品与具体概念联系起来的文章相比,我提供了一个以友谊这个特定概念作为基准的更加总体性的视角——这个概念后来作为一种方法贯穿于德勒兹的手写文本和访谈当中——来简明扼要地描述本书的组织架构以及每篇文章在本书中的地位。但首先,我想通过德勒兹自己对创造和友谊的看法来思考一下他职业生涯中所走过的轨迹,同时提供一些他个人以及他和加塔利对他本人知识轨迹的共同反思[2]。

用友谊来做哲学

德勒兹在《入门》中提出的友谊这个概念,与他在别的地方进行的思考有着更为广泛的联系。在他的职业生涯之初,德勒兹跟随马塞尔·普鲁斯特(Marcel Proust)证实了一个结论:一方面,"以误解(misunderstandings)为基础的友谊,除了建立起错误的交流之外一无所成";另一方面,"除了一种艺术的主体间性(intersubjectivity)外,没有任何主体间性",而且"只有艺术才能给予我们从朋友那里徒劳地寻求着的东西"(PS:42)[3]。后来,在他与加塔利最后的合作中,德勒兹通过思考"什么是哲学?"这个题目的含义而开始了《什么是哲学?》这篇文章的写作,并认为"这个问题在'朋友之间'是有可能提出的……同时在日暮时分连朋友也要提防的时候也是有可能提出的"(WIP:2)。似乎,无论一个人从朋友那里获得的东西多么少(遵循普鲁斯特的思路),他也必然会抵达那个朋友之间提出问题的黄昏时分,不管在这种交流模式中可能会有任何的猜疑,甚至痛苦。[4]这种关于友谊的反传统的观点有助于我们更好地理解德勒兹在《入门》中有关"相遇"(rencontres)在生活中的基本作用的论述。在感受文学艺术中的强度和多样性的过程中,在产生思想的过程中,因而在通过哲学而超越哲学的过程中,他把这些看得同等重要。在他早年与帕内特的《对话录》(*Dialogues*)中,德勒兹就此问了一个根本性的问题:

> 在肉体痛苦的哭喊和形而上学苦难的歌唱之间,一个人将如何描绘他那狭义的斯多葛派处事方式呢?这种方式就在于认为所发生的事情都是值得的,并且在所发生的事情中抽取出某些快乐的东西并且爱上这些事物,比如一点微光的闪耀、一次相遇、一个事件、一种速度、一种转变。

> (D:66,译文有改动[5])[6]

3

德勒兹早年对他的知识计划的独特定义既揭示出他的谦逊,也揭示出他的机敏,这体现在他1973年致米歇尔·克雷索勒(Michel Cressole)的信中:

> 我属于差不多已经被哲学史谋害了的最后一代人。哲学史在哲学中扮演着一种显然是压迫者的角色……我这一代人中的许多成员从未挣脱这种状况;而其他人则通过发明他们自己独有的方法和新法则、新途径做到了这一点。我自己"做"哲学史很长时间了,阅读了有关这个或那个作者的书籍。但我却通过各种各样的方式使自己得到了补偿。

> (N:5-6)

他的新途径就是去看那些被他判定为挑战了理性传统的人物,特别是休谟、卢克莱修、尼采和斯宾诺莎,还有康德——德勒兹把他当成一个"敌人"(enemy),但是他的著作却需要一种洞察和理解的努力[7]。根据他对这一计划的追忆,德勒兹必须采取一种特别严格的生存战略:

> 我认为我当时应对它的主要方式是把哲学史视为一种鸡奸(enculage)或者圣洁的观念(它们都是一回事儿)。我设想自己从某个作者身后占有他的肉体,并且使他生下一个成为其后代的孩子,而这个孩子却是畸形的。使之成为他自己的孩子,这至关重要,因为这个作者实际上必须说出我让他说的一切。而这个孩子也注定是畸形的,因为这是各种转换、滑脱、断裂和潜藏的散逸的结果,而我真的很享受这些东西。

> (N:6)

4　　在与这种"做"哲学史的形象相符合的作者当中,德勒兹在他1962年的著作中引用了尼采,在他1966年的著作中引用了柏格森。德勒兹坚持认为,尤其是尼采,"把我从所有这一切中解救了出来",因为尼采"洞悉你身后的一切",同时赋予了德勒兹"一种用

[他]自己的方式言说简单事物的倔强的趣味,一种通过情感、强度、经验、实验去说话的趣味"(N:6)。通过尼采,德勒兹把自己向着"在[诸个体]中随处可见的多样性和奔涌在他们当中的强度"敞开了,也就是说,这是一种非个性化(depersonalization),"它和哲学史影响下的那种非个性化完全相反";这是一种通过爱(love),而非通过征服(subjection)形成的非个性化"(N:6-7)。这种向着非个性化和爱的敞开在1960年代末把德勒兹引向了两个计划,即《差异与重复》(Difference and Repetition)和《意义的逻辑》(The Logic of Sense),人们还可以加上他论斯宾诺莎的第一本书。虽然这些书仍然充满了"学究气",但对于德勒兹而言,这却是"一种想撼动、转移我内在的某些东西,并且把写作当作一种流(flow)而非一种代码的尝试"(N:7)。德勒兹认为,这种阅读模式是:

> [一种]强化的阅读法,它和外部世界相联系,它是和其他流相碰撞的一种流,是其他装置中的一种装置,是为了那些置身在与书本毫无关系的事件中的每一位读者准备的一系列实验,是把书本撕成碎片,同时使它和其他事物,随便什么事物交互影响……[这]是一种伴随着爱的阅读[une manière amoureuse]。
>
> (N:8-9)

当然,这不是一个简单的过程,因为它沿着,或者联系"外的线"(line Outside)来给"人"定位:

> 有些东西比一切外部世界都要更远。但它也比任何内在世界都更近……应该把这条线折起,建构一个耐久的区域,使我们自己在其中得到安顿,勇敢地面对事物、坚持、呼吸——总之,思考。折叠这条线我们就可以成功地依靠它生存,并且与之同在:这是一个生与死的问题。
>
> (N:111)

德勒兹总结了他职业生涯的这个节点上的一次重要相遇,即1960年代末——用他的话说就是"我与费力克斯·加塔利的会面"(N:7),后来他描述加塔利是"一个置身于团体、集群或者群落中的人,但又是一个孤独的人,是一片被所有这些团体、他的所有朋友、他的一切生成(becomings)所占据的荒漠"(D:16)。德勒兹在大量文本中都讨论了这一合作与友谊之于他的著作的重要性,并且极力暗示加塔利在德勒兹的创作过程中所能够引起的重要联系,当然,反过来也是一样。比如,在1991年《什么是哲学?》出版后、加塔利去世不久前与罗伯特·马焦里(Robert Maggiori)进行的一次访谈中,德勒兹强调:

> [关于加塔利]最震惊我的是:由于他没有哲学背景,因此他就对哲学问题更加小心,而且他比受到了正规哲学训练还要更加具有哲学气质,所以他是那种独创性哲学的化身。
>
> (Maggiori 1991:17-18,自译[8])

加塔利解释说,他和德勒兹1969年最初的计划不过是"一起讨论、一起研究些东西",对于加塔利来说,这意味着"把德勒兹抛到[1968年5月骚乱之后的]不安之中"(Guattari 1995:28)。通过德勒兹所描述的他们的pensée à deux(Maggiori 1991:19)——我在其他地方称之为"双层思想"(two-fold thought;Stivale 1998)——德勒兹和加塔利完成了1970年代的主要著作,即《资本主义和精神分裂》(Capitalism and Schizophrenia)的两卷:《反俄狄浦斯》(Anti-Oedipus)和《千高原》(A Thousand Plateaus),还有《卡夫卡:走向一种少数文学》(Kafka: Toward a Minor Literature),随后,在1990年代初,则完成了他们最后的合作:《什么是哲学?》(What Is Philosophy?)[9]。在过渡期间,1980年代是德勒兹继续和哲学外的作品及作者产生一系列奇遇的十年——弗朗西斯·培根的艺术、电影创作、米歇尔·福柯以及弗朗索瓦·夏特莱、莱布尼茨和巴洛克、卡尔梅洛·

贝内的戏剧——在他职业生涯的最后,他最终在随笔《批评与临床》中和文学相遇。人们最好把这些后期的作品想成与许许多多艺术感觉的相遇,这些感觉提供了德勒兹在友谊中所感知到的那种激情与魅力。

与德勒兹及其之外的相遇

这里所采取的进路的角度——即通过"友谊"——帮助我把本书所阐述的一系列概念——比如"装置"(assemblage)、"欲望"(desire)、"情动"(affects)、德勒兹式"风格"(style),最重要的,是"褶子"(fold)——联结在了一起。为了创造这些关联,可以说,我最终是通过跳脱出德勒兹之死(tombeau)——这是法语中的一个词,同时意指坟头或陵墓和一种表达敬意的体裁(即人死后用韵文写的颂歌这种体裁)——而从另一个方向进入了这张概念之网。我与其一下子插入哲学的心脏,倒不如用一部连环漫画,即马丁·汤姆·迪克(Martin tom Dieck)和延斯·巴尔泽尔(Jens Balzer)的《嗨,德勒兹!》(*Salut, Deleuze!*)[10]来放松一下心情,这是对德勒兹跨过冥河去见彼岸朋友的最后之旅的虚构描绘。

这部漫画用德文发表(先是在《法兰克福汇报》[*Frankfurter Allgemeine Zeitung*]上每天连载,随后成书),紧跟着在比利时出了法文译本,《嗨,德勒兹!》这本图画书用一种别开生面的角度来展示这位思想家。在六年后出版的该漫画续集的一开头,作者自己总结《嗨,德勒兹!》时说:

> 在这个故事中,哲学家德勒兹死后被摆渡死人的卡戎(Charon)带过了忘川(Lethe)。在岸的那一边,德勒兹遇到了他的朋友们:米歇尔·福柯、罗兰·巴特和雅克·拉康。在这之后,卡戎把他的船又摆回了生的彼岸,他在那里又给德勒兹

6

打招呼。这样的旅行重复了五次。卡戎和德勒兹发生了争论,他们要以此来确定:重复是同一件事的重复,还是自身形变的可能性条件。这是生,还是死?在书的末尾,卡戎最后一次向他所仰慕的乘客致敬,并认为这将是最后一次穿越。"死亡和差异不会并肩同行的!"哲学家远远地叫喊着,消失在了黑暗之中。

(tom Dieck & Balzer 2002:4)

我注意到这个文本是因为它涉及友谊的不同而又相互交叉的几个方面,是因为它那叙事化的赞扬与批评中使人变得错乱的独特气质,是因为这本书创造灵光的闪耀、创造能够让读者与德勒兹的思想相遇的那种潜力。

场景开始于乡村之中,第一个画格显示出题目"嗨,德勒兹!",然后穿过一条小路就跑到了第二个画格,一个男的站在一片草地上,戴着一顶帽子,穿着一件军用大衣,只说了一句:"这里真好。"在第三、第四个画格的顶部,是"吉尔·德勒兹"(画格3)、"哲学家,1925—1995"(画格4)几个字,就好像写在空中一样,那个男人穿过草地,向着一条小河闲步而去,自言自语道:"比我想的好多了。"然后他按响了河边小船屋的门铃,船屋后面是个码头和一只被绳索系住的小船。第五个画格显示的是从背面勾画的这个男人对着门的背影,里面传来了一个声音说:"我能为您做些什么呢?"这个男人答道:"我叫德勒兹……您一直在盼着我来。"门打开了,一个模糊的面影从里面回答道:"迟了。"德勒兹被笼罩在门道的阴影中,答道:"我费了好大劲儿才找到这个地方。"他得到的回答是:"把钱放在桌上。"第八个画格里画的是小桌子上的一盏灯、一个瓶子和一只被放在一本书旁边的玻璃杯,这本书的名字(用英语写的)是"惊为天人的俄耳甫斯的新历险"(tom Dieck & Balzer 1997:5-7)。

这些是36幅系列连环画开头的几个画面,它们画的是德勒兹被一个异常冷漠的船夫在夜间摆渡过黑暗之河的故事。例如,船夫划船的时候,把船桨交给德勒兹,好让自己能喝口啤酒;他们聊天,船夫就议论道:"在这儿下船吧,时间在永恒之前就被清除掉了。那并不算太糟。你觉得我干这一行多长时间了?"德勒兹把胳膊支在船桨上,只是沉默地盯着船夫看,船夫问道:"你呢?你之前是怎么想的呢?"这个问题给德勒兹了一个理由,让他把《差异与重复》的复写本送给船夫(tom Dieck & Balzer 1997: 8-10)。但船夫关心的是全然不同的东西——他问道:"不过,你或许可以给我做一个最后陈述?"——同时解释说:"我从那些脱离生命状态的名人那里收集他们的最后陈述。"

在德勒兹作出回应之前,"嗨,德勒兹!"的问候声从附近的码头飘来。德勒兹朝着那声音望去,码头上走来了罗兰·巴特——他手里拿着一盏灯,后面跟着福柯和拉康——他说:"你看,我们并没忘记你,亲爱的德勒兹,你来了真是太好啦!……我们必须聊聊!"但在他们能够畅聊之前,船夫插话了:"嘿!你的陈述呢?"在巴特、拉康和福柯的卫护下,德勒兹面朝船夫说:"啊,是的,陈述。说些什么呢?……下次带给我些大麻怎么样?"当船夫把船划开,驶入一片黑暗的时候,谈话还在码头上继续着,船夫从他的肩头回望生的彼岸,只见在码头那遥远的灯光下,显出了四个友人的身影。船夫静悄悄地回到自己的码头,提着他的灯从船上走下来,然后坐在桌边看书,他在桌边又听到了"叮咚"的门铃声(tom Dieck & Balzer 1997: 11-13)。

在一开始的 36 幅系列连环画之后,这个插图故事又连续使用了四组这样的连环画,每一组都显示出一种多少有些反常的敬意,它们对德勒兹的《差异与重复》一书既从形式上,又从实质上提出了一种引人入胜的批评[11]。首先,汤姆·迪克和巴尔泽尔既严肃又戏谑地研究了这部很可能是德勒兹最吓人的哲学著作,这是一种知识上的勇敢的表现,也是一种亲密友谊的表现[12]。第二,每一段的结尾部分(画格28-33)都把这些思想家的友谊联系在一起,他们无疑都保持着各式各样和谐的关系,但在他们大部分的实际生活中也保持着各自的距离。因此,对于等着德勒兹抵达这最遥远的彼岸的三个人的个人思想,就不惜以损害这些法国著名的知识分子为代价,而平添了些善意的逗趣[13]。

汤姆·迪克和巴尔泽尔的文本的两面性——对《差异与重复》的不同寻常的崇敬与批评,以及对德勒兹与其同时代人之关系的开玩笑似的赞颂——反映出本书中那些论及德勒兹的关键概念的文章联合体里产生的、某些特定的交互影响。正如《嗨,德勒兹!》的作者把友谊的概念和实践叠合进一个虽然温和,但仍然精确的对死(tombeau)的两种意义(既指坟头或陵墓,又指崇敬)的抽离(deflation)过程当中,本书的作者们也富有创造力地调动他们关于德勒兹的关键概念的知识,同时显示出了他们在某些情况下超越并且反对他的全部作品(oeuvre)的潜力。此外,《嗨,德勒兹!》中的这种叠合被第一段和最后一段中出现在船夫桌子上的同一个书名这一细节加强了,这本书是《惊为天人的俄耳甫斯的新历险》,它是《嗨,德勒兹!》的续集[14]。同样,这里的作者必然要通过唤起和德勒兹作品中的其他概念的联系来处理某个特定的概念,而不是只处理解释这个概念的特定文本,然后,可以说是前瞻(forecast)或回过头来"重新构想"(backcast)可供读者自行支配的概念库存。

《嗨,德勒兹!》中的这个极富创意且具有文献考索性的细节指向了德勒兹在许多场合下赞扬的一种实践,即通过远离哲学来创造哲学的可能性和必要性,也就是说,通过其他方式形成的哲学(参见 ABC 中"C"[Culture,即文化]这一部分)。马丁·汤姆·迪克很好地表现了这一点:"所以[德勒兹的]哲学起到了一种给编故事提供灵感源泉的作用。不过……作为一个画家,我在对所发生的事情不知不觉的情况下就变成了德勒兹那样的人"(tom Dieck 2002)。同样,本书的作者们对特定的概念排列做出了细致的反思,这种反思能够而且也确实为从事创造性工作、触发点点灵光、在最具生机和最富生命的事物之间制造联系与相遇发挥了灵感之源的作用。这种创作模式现在引导我再次转换焦点,去思考我们该如何解译这种关于友谊的看法以及德勒兹作品中哲学联系的概念之网。

友谊的褶子

在《入门》——确切地说是在"C(文化)"这一部分中——的一个相当搞笑而又发人深省的关头,当德勒兹论及通过哲学本身去超越哲学的时候,他把他的《褶子:莱布尼茨和巴洛克》(*The Fold:Leibniz and the Baroque*)一书作为一个例证,来说明这个超越过程中可能会发生些什么。这本书1988年一经出版,德勒兹就开始收到来自不同读者的回信,而不限于学术和哲学团体里的人。有一个和他取得联系的团体——由400名成员组成的叠信工(letter folders)协会——告诉他:"您关于褶子的故事写的就是我们啊!"德勒兹还详细叙述了他收到了来自冲浪运动员的另一封信,这些运动员告诉他,他们从未停止把自己嵌入自然的褶子中,嵌入巨浪的褶子中,在那些地方生活是他们特定的生存任务。对于德勒兹来说,这种交流的方式不仅提供了他所追求的那种通过哲学而超越哲学的运动,也是某种相遇(rencontres),或者偶遇,为了全力寻找这种思考和创造性的真正的可能性,德勒兹在他和文化相关的一切活动中——戏剧、艺术展览、电影和文学——都急切地寻找着这种方式。

因而,褶子对于德勒兹是非常重要的,不仅作为一个哲学概

9

念,也作为一种实践方式,通过这种方式,思想和文化生存实践之间的各种交互影响才能被发展出来,并得到保持与重视。人们可以追踪这样一条轨迹。沿着这条轨迹,褶子和友谊的重要联系完全成为——比方说——德勒兹在观察斯特凡·马拉美(Stéphane Mallarmé)和莱布尼茨作品的那种巴洛克式感受性(sensitivity)时的关注焦点,也就是言语和视觉的相互作用,德勒兹把这概括为"一种新的通感(correspondence)或者彼此的表现(mutual expression),一种相互的表现(entr' expression),褶子接着褶子",也就是"重重褶子"(pli selon pli;FLD:31)。对于德勒兹而言,褶子连着褶子起到一条裂缝(seam)的作用,沿着这条缝隙,会出现许多新的聚集物,最显而易见的是亨利·米肖(Henri Michaux)[15]的《褶子中的生命》(*Life in the Folds*)一书、皮埃尔·布列兹(Pierre Boulez)[16]受到马拉美启迪创作的乐曲《重重褶子》(Fold After Fold)以及洪陶伊(Hantai)[17]通过折叠建构出来的绘画方法(FLD:33-4)。在这里,德勒兹和这些不同的艺术家及其作品的直接相遇构成了一种友谊的具体实践,一种密切的交流,通过这样的交流,这些创造模式引发了一种思想的生产。

　　由于汤姆·康利在他下面的文章中(第15章)使这些联系跃然纸上,那么我就探索一下德勒兹通过马拉美表现友谊的各种诗学实践而建立起来的那条裂缝。tombeau——或者哀歌(elegy)——只是让马拉美获得声誉的不太重要的雕虫小技,而折扇(éventails,实际上是指作为礼物题赠在扇面上的诗歌)则是为活着的人题写的诗语(poetic words),这些诗语折叠而又展开,大开大合,极速震颤,好像那些文字在扇面上出现着而又消失着,表现(expressions)就在世界的褶子和灵魂的褶子之间来回荡漾。还有一些其他形式的不太重要的文本(或者用玛丽安·苏加诺[Marian Sugano,1992]的话说,就是"应景诗"[poetry of the occasion]),即

马拉美题写在个人名片上表示感谢的留言;写在含有真实姓名和
通讯地址并且通过邮局寄送的明信片上的四行诗;还有写在小卵
石、复活节彩蛋和大罐子,以及其他许多东西上的诗性的题词。德
勒兹对巴洛克和褶子的思考使这些特殊的文本发挥了至关重要的
作用,这表明德勒兹通过这种交流实践也理解了友谊的和友谊中
的褶子(the fold of and in friendship)的许多精妙之处。

顺着德勒兹本人关于褶子的思考线索,我们就可以观察他在
知识上结成同志情谊的各种实践。当然,这些形式并不必然和马
拉美所施展的那些精确的表现方式相类似。但是,只要考虑到他
所使用的方式,就知道德勒兹生产着不同种类的"折扇"
(éventails),例如,在《入门》中,在《谈判》中,以及在《荒岛集及其
他文本》(2002 年法文本,2003 年英译本)和《两个疯狂的体制》
(2004 年法文本,2006 年英译本)里面被大卫·拉普扎得(David
Lapoujade)所收录的那些文本和谈话中[18]。在当代人众所周知且广
获支持的给作品撰写简介的实践中,有一篇德勒兹的题为"内在的
平面"(Les Plages d'immanence)的文章,该文发表在一本"纪念文
集"(Mélanges)中,这本书是献给法国哲学家、历史学家和翻译家莫
里斯·德·冈迪亚克(Maurice de Gandillac)的一份颂辞,他是 1940
年代德勒兹在索邦的一位教授,也是德勒兹终生的朋友。这本书
出版的同时,德勒兹正在准备他的《福柯》(*Foucault*)和《褶子:莱布
尼茨和巴洛克》(*The Fold: Leibniz and the Baroque*),这篇文章只有四
段那么长,但却引人注目,最值得注意的是它如何与友谊的褶子之
实践保持一致,同时它也指引我们向后(并且向前)查找冈迪亚克
对这一特定主题的重要反思。

德勒兹这篇短文中的焦点从他对莱布尼茨的思考转到了他以
前的老师,"转到了冈迪亚克强调内在和超越这出戏剧时所运用的
那种方式,转到了这些从地球到整个天阶体系(celestial hierarchies)

的内在推动力"(TR:262,全部由作者改译)。对于德勒兹来说,冈迪亚克的写作洞悉了"存在于莱布尼茨和德国浪漫传奇中的、以所谓现代哲学为特征的逻辑学概念和存在论概念的集合体"(TR:262)。在引用了大量他归功于冈迪亚克之研究的关键著作和概念之后,德勒兹向读者讲述了冈迪亚克著作普遍的重要性:

> 承认等级世界,同时产生这些内在的平面来进入那个世界,突破任何直接的挑战去搅扰那个世界,这当然是和莫里斯·德·冈迪亚克分不开的生命图景……[他]总是运用并重新发明一种生存和思考的艺术[以及]他对友谊的具体的感觉。

> (TR:263)

11　　德勒兹在这里提到的是冈迪亚克1945年的文章,一篇非常晦涩的文本:《友谊的进路》(Approches de l'amitié),这篇文章在我正在探索的友谊的褶子中又提供了另一个褶皱(pleat)。冈迪亚克阐述的爱和友谊之间的各种哲学差异,与德勒兹后来对友谊的思考——特别是在《对话录》和《入门》中——产生了幽微的共振。"纯洁的友谊",冈迪亚克说,"并不比纯洁的爱更多",但是和爱相比,友谊依然是"具体的人类关系的理想形式"(1945:57)。冈迪亚克通过以下的暗示来继续研究友谊的悖论:

> 我有权利和任何人结成友谊——好像那个人理应获得我的友谊一样——我们彼此擦肩而过,甚至都没有看上一眼……除了直接的同情,除了共享的情感,[友谊]需要一种没有多少人能够给予的关注……真正的联系是在我们几乎对它一无所知的情况下建构起来的;自那之后,这就成为我们的义务,并使我们去强化它们。

> (1945:58-9)

虽然友谊可能不会消除这种缺失所带来的压抑感的沉重,但是"它却使我们移走了孤独,而没有让我们在一个错误团体的匿名状态中丧失自我"(1945:62)。这个转移让我们得以"真诚地和朋友打招呼,没有什么戏剧性场面,也没有什么复杂的日程安排……同时为改变,为沉默,为灵感,甚至为缺席营造空间,这大概就是公然对抗一切技术的那种和谐的秘密"(1945:64)。建立起某种友谊——无论是好的还是坏的——的那种原始的相遇意味着:这里没有任何的保证,而是理应如此:"如果我们拥有使友谊成功的可靠方法的话,那么友谊无疑会丧失赋予它真正价值的东西"(1945:67)。冈迪亚克说,为了存活下去并固守一切价值,这些"致命的风险"恰恰是人类必须自愿且清醒地加以接受的东西。

　　当然,德勒兹将会让关于友谊的不同原则屈从于他自己的经验,屈从于他的思想和冈迪亚克著作之间的重叠部分,以及在这两者之间占据上风的矛盾。例如,正如我上面提到的,德勒兹在《入门》中告诉帕内特,对于他而言,友谊和忠诚毫无关系,而是和个人散发出来的魅力这种观念有关,而且,和普鲁斯特的理解相一致,德勒兹坚持认为,我们都会对那种符号的散逸保持敏感,实际上,不管人们收到还是没收到,人们都可以对它们敞开胸怀("F"[忠诚])。但是,这些观念是由太多向量(vectors)和线条(lines)构成的,在《对话录》中,德勒兹给帕内特把这描述为"用硬挺的、柔顺的、逃逸的线条等绘制的整个人类地理",他问道:

> 然而,恰好和你所喜欢的人的相遇是什么呢?是和某个要占据你的人或者动物的相遇吗?还是和某种抓住你的思想、推动你的运动或者从你身边穿过的声音的相遇?你是怎么把这些事情分开的呢?

(D:10-11)

　　他们最终的一个重合存在于纯洁友谊和人类种属之间的区别中,而这再次构成了二者之间的一种战略(strategy),德勒兹和冈迪

亚克都通过自己的方式(就像马拉美用他的 éventails 和 tombeaux
所做的那样)在相遇中寻找这种战略,但我们通过它得不到任何保
证。由此观之,把文本和引文聚集或者建构成束(sheaf)的过程兜
了个圈子又回到了原处:从德勒兹的相遇概念和他对自己论莱布
尼茨的著作的回应,到莱布尼茨著作本身以及从莱布尼茨和巴洛
克的视角观之,褶子是如何展开的;再到马拉美的著作以及他对褶
子和友谊的使用;再到德勒兹自己的著作,特别是他在学术领域,
尤其是在论冈迪亚克的那篇文章中对友谊的特定的展开;再到后
来的论友谊的文章,以及从 1940 年代开始,这些观点——特别是关
于相遇和友谊的观点——是如何在德勒兹四十年后的思想与实践
中被转换的。这些褶子(pleats),这些灵光的闪耀以及相遇,也为我
提供了一个开端,来让这里的作者们理解这些褶子,因为他们的文
章是既作为概念"之间"相互影响的形式,又作为友谊的褶子而和
德勒兹的著作发生关联,这一关联通过这种有效的方式也许会超
越死亡(tombeau)而继续进行下去。

关键概念

以上那些思考把我带到了本书的入口。正如德勒兹在他最后
一篇文章(《内在性:一种生命……》)中探讨不定冠词(the
indefinite article)表现出来的独特性那样,褶子也沿着内在性那波动
的缝隙或者顶峰,沿着内在性的平面表现出一个生命的游戏,一个
孩子的游戏,或一个作品的游戏,从而使人们想起德勒兹的术语。
我们可以在这个意义上更好地理解马拉美在他的扇面题诗、彩蛋
和通讯地址等事物中体现的许多诗意而戏谑的动作了。在这些表
现方式中,没有任何一种表现了友谊的褶子本身,但它们全都贡献
给了一个作品,它也像《圣经》一样,谨慎地掺入了经过诗人概念化

的内容,但事实上,这是一本内在性意义上的书,其中囊括了诗人以诗意的方式所表达的一切。同样,本书中的文章有意帮助读者认识缝隙和顶峰,微光与相遇以及德勒兹的著作中的不同层面,这些著作被理解为一个永不确定或封闭的作品,其概念总是在彼此之间嬉戏。对于那些所知甚深的作者们而言,通过在章节和语词中把关键概念局部化,这些文章必然有损于那一个褶子接着一个褶子运动着的、充满动力和生机的活动。因此,这些文章也就通过褶子之于友谊的关系——正是这种友谊提供了把德勒兹思想中的"居间性"(in-between)和"相互表现"(entr' expression)概念化的手段——消除了德勒兹全集中一系列相互交织的因素。

在第 1 部分"哲学"中,每位作者都对概念进行了定位,它们和启发了德勒兹思考的哲学家们息息相关。例如,"力"(force),肯尼斯·苏林(Kenneth Surin)提出,这个术语的重要性涉及德勒兹对斯宾诺莎和尼采的重新理解。然而,苏林并非把对"力"的理解限定在德勒兹早期的作品中,而是置身于哲学史,对这个术语进行延伸,使之涵盖了德勒兹与加塔利在《资本主义与精神分裂》的两卷书中进行的合作。格雷格·兰伯特(Gregg Lambert)处理"表现"(expression)这个概念,像苏林一样,他帮助读者理解这个概念——特别是德勒兹论斯宾诺莎的著作——如何能够一如既往地扩展到德勒兹和加塔利在《千高原》里就力的"口令"(order-words)和阐释的集体装置(collective assemblage of enunciation)展开的一连串思考。梅丽萨·麦克马洪(Melissa McMahon)通过把德勒兹的思想视为他超越康德之运动的表征,向读者讲述了那个重要的对子,即"差异—重复"(difference-repetition),随即把这些术语加以扩展,展现了它们如何为德勒兹后来的个人作品以及他与加塔利的合作奠定了基础。尤金·W. 霍兰德(Eugene W. Holland)研究了德勒兹和加塔利最广为人知的一个术语,即"欲望"(desire),并顺带着结束了第1部分，为了对这个经常遭到误解的关键术语进行一种在政治和社会层面引起强烈反应的概念化，霍兰德展示出了它们如何在康德、马克思和尼采那里建立起来的过程。

　　第2部分，即"相遇"中的文章，允许作者们把特定概念作为手段，显示它们在其他领域中的活动、效用和生产力。朱迪斯·L.波克森（Judith L. Poxon）和我首先处理的是"意义—级数"（sense-series）这个对子，我们一开始利用的是德勒兹在《意义的逻辑》中对结构主义蓝图的重新理解，然后展示了这个对符号、意义和级数进行的富有创造性的再概念化过程是如何在神学和对话理论中运作，尤其是德勒兹和克莱尔·帕内特想通过对话来创造一种创造意义的（sense-making）新模式的诸多尝试。詹姆斯·威廉姆斯（James Williams）论述了"事件"（event）这个重要概念，并强调了《差异与重复》和《意义的逻辑》，还把这个概念和德勒兹最后的课程——这些课程经过转录，已经在网上可以看到了——联系了起来。威廉姆斯把这个概念视为对于德勒兹而言的一个独特的过程（process），而且，通过把这个过程和德勒兹的一个论述——即"一切都是事件"——联系起来，威廉姆斯考察了它的品格和它在伦理和批评上的含义。J.麦格雷戈·怀斯（J. Macgregor Wise）探究了"装置"（assemblage）这个概念，首先探究了它在德勒兹和加塔利作品中的政治意义，然后探究了一个装置在技术领域和我们的日常生活中的运作方式。卡伦·霍尔（Karen Houle）继续这种政治思考，她经由"微观政治"（micropolitics）这个概念，解释了德勒兹和加塔利如何为理解并反抗我们日常生活中的宏观政治力量（the macropolitical forces）——包括我们在教室中所从事的工作——提供了可能的手段。帕蒂·索迪瑞（Patty Sotirin）思考了"生成-女人"（becoming-women）这个颇受争议的术语，首先是对"生成"（becoming）这个特定概念的意义——特别是在《千高原》中的意义——进行思考,然后是在女权政治、"女性的言说"(woman's talk)和少女的社交等女性实践的语境下进行思考。

另一个频繁与德勒兹和加塔利联系在一起的术语,即"少数"(the minor),为罗纳德·博格(Ronald Bogue)提供了一个机会,来展示他们与卡夫卡作品的密切联系如何超越了文学而进入少数人在政治和艺术领域中的表现与实验。克丽斯塔·阿尔布雷希特-克兰(Christa Albrecht-Crane)紧随其后,论述了在政治和艺术上仍然可能引起强烈反应的一对术语,即"风格与口吃"(style and stutter),因为对于德勒兹来说,这些工作是一种手段,它能够描述语言的颠覆性力量及其创造政治性和创意性表达模式——这种模式很可能是新的、有效的——的潜力。詹妮弗·达里尔·斯莱克(Jennifer Daryl Slack)处理的是"感觉的逻辑"(logic of sensation),解释了德勒兹对弗朗西斯·培根的绘画的评论如何为他提供了另一种"做"哲学的方式,也就是说,揭示了节奏、感觉、色彩和质地结构如何构成了鉴赏生活创造力的手段。弗利西蒂·J. 科尔曼(Felicity J. Colman)娴熟地论述了德勒兹在两本论电影的书中提出的相互联系的几个关键概念。她把德勒兹从亨利·柏格森那儿接受的观点和电影《迷失东京》(Lost in Translation)并置在一起,以此揭示了德勒兹提出一门电影哲学时所采用的方法,这门哲学展示了电影是如何开发了思想甚至生活本身的潜力。

最后一部分的标题"褶子"(Folds)起到了一个总系索词(global descriptor)的作用,因为每一位作者都向我们展示了,特定的关键术语是如何在一个多层次的波浪式运动中,借助德勒兹作品的整体而旋转和穿行。格雷戈里·J. 塞格沃斯(Gregory J. Seigworth)的文章不仅探究了"情动"(affect)和"情状"(affection)的不同意义,而且探究了这些术语在德勒兹同代人的著作中如何聚集在一起,又是如何地彼此不同。汤姆·康利(Tom Conley)讨论的是我上面提到的关键概念,即德勒兹论述过的"褶子"(folds)和"折叠"(folding)的诸般过程,首先是在福柯的工作中来讨论,然后从莱布尼茨、巴洛克和事件的角度来讨论。丹尼尔·W.史密斯(Daniel W. Smith)论述的是德勒兹终身的计划——这一计划在他早年间讨论尼采的作品中就正式通过了——以便阐明一种既具批评性(critical)又具临床性(clinical)的症状学(symptomatology),把它作为一种手段,用来探究精神病学、医学、文学、艺术,当然还有哲学的不同领域。这最后一个术语构成了格雷戈里·弗拉克斯曼(Gregory Flaxman)的文章的主体,特别是讨论了这个被发明出来的概念——它贯穿于德勒兹的全部作品当中——的哲学可能性。褶子的不同方面——情动(affect)、折叠(folding)、批评与临床的结合(the critical and clinical conjoined)、哲学本身(philosophy itself)——能帮助我们理解德勒兹早期著作中提出的许多概念并回过头来理解本书其他文章中阐述的那些术语。

此外,对关键术语不断深入的阐述有个优点,那就是通过友谊的褶子这一充满动力的周期性运动,推动了褶子连着褶子(fold after fold)的诸般过程。因为本书中的文章不仅是被作者们在生活和职业生涯——研究并讲授德勒兹的作品和概念——中的亲密关系联系在了一起,它们还通过友谊的彼此交叉的向量(vectors)联结在了一起,既在我们刚开始的交流和后续交流所处的专业环境当中,最终也超出了这个环境之外。我们希望这些相遇,这些褶子为我们的读者把这些文章转变成具有实践性和创造性的交汇点,引导他们直接进入德勒兹的作品,同时希望通过这些交汇点,达到对那种活力的更深的理解,而这活力正是德勒兹的工作为创造与生命所提供的东西。

注释

1　在我之前,格哈德·里希特(1997)就使用了"友谊的褶子"这个表达来讨论齐格弗里德·克拉考尔(Siegfried Kracauer)的作品。我在一项关于德勒兹的研究中阐述了这个复合的概念(Stivale,2008)。

格哈德·里希特(Gerhard Richter,1932—　　),德国波普艺术家;齐格弗里德·克拉考尔(1889—1966),德国电影理论家、电影史家,1889年生于美因河畔法兰克福,1966年卒于美国纽约。早年当过报纸副刊编辑,写过小说和一些社会学著作。1933年流亡到巴黎,从事艺术史研究。1941年去美国定居,在纽约现代博物馆任职,从事电影史和电影理论研究。主要电影著作有《宣传和纳粹战争片》(1942)、《从卡里加里到希特勒》(1947)和《电影的本性》(1960)。——译者注

2　在本书末尾,我提供了一份简明的德勒兹生平年表。这份年表是由法国思想传播协会(ADPE)维护的网站独创的,它获益于弗朗索瓦·多斯(2010)编写的关于德勒兹和加塔利的详细传记。我不打算开列一份研究德勒兹的二手著作的评论性书目,而是让读者参考众多著作中的下列论文集和研究集,它们提供了对德勒兹著作的广泛的思考:阿利耶(1998),安塞尔·皮尔逊(1997),贝尔和科尔布鲁克(2009),邦塔和普罗泰威(2004),邦达斯(2006a,2009),邦达斯和奥尔科夫斯基(1994),布罗德赫斯特(1992),布赖登(2001),比沙南(1999,2008),比沙南和科尔布鲁克(2000),比沙南和兰伯特(2005),比沙南和马科斯(2000),比沙南和帕尔(2006),比沙南和斯威博达(2004),科尔布鲁克(2006),康威(2010),弗拉克斯曼(2000),富格尔桑和索伦森(2006),琼斯和罗费(2009),尤恩和史密斯(2011),考夫曼和海勒(1998),马苏米(2002c),梅(2005),内詹尼和施托尔(2009),帕顿(1996,2000,2010),萨顿和马丁-琼斯(2008)。

3　请参考本书开头关于德勒兹著作的缩写表。

4　有关德勒兹论友谊的其他读物,请参见布里克尔(2001:59-60),吴(2007),兰伯特(2008),奥沙利文(2004)和普拉迪斯(1998),以及格雷戈里·弗拉克斯曼在本书中的文章(第17章)。还可参见理查德·平哈斯对他和德勒兹的友谊的美妙回忆(2001:17-60)和让-皮埃尔·法耶对德勒

16

兹的思考(2000)。

[5]　这里的"译文有改动"指的是作者对英译文的改动。凡中译文有改动的,一律会在注释中注明。——译者注

[6]　以变得愉悦和增加积极情感为目的的相遇的重要性,当然是德勒兹对斯宾诺莎的分析的一部分(参见EPS:282-4)以及哈特的分析(1993:97-100,117-19)。

[7]　为了在这一背景下思考德勒兹,还可参见《对话录》(D:12-19)。

[8]　此处指的是作者自译。——译者注

[9]　对于他们的合作,斯特凡·纳多已经在他关于加塔利的《反俄狄浦斯论文集》(*The Anti-Oedipus Papers*,2006)的导论中提供了一份概述。

[10]　这部漫画是德国漫画界的先锋派作品。讲述的是德勒兹和罗兰·巴特、福柯、拉康四个人的地狱穿越之旅,借机向读者介绍了后现代主义哲学的概要。——译者注

[11]　就形式而言,作者几乎总是在每一序列中同一位置的画格上重复同样的图画,以此来调弄一连串的对话和画面,很少有给同样的图画逐渐增加细微差别,因而通过重复来创造形式差异这样的例外情况出现。就实质而言,叙事反复地在冥河的渡口展开,其间伴随着哲学家和卡戎,即那个船夫——他在头四个渡口处收到了同样的《差异与重复》的抄本,随即读了它(在第2、第3、第4组漫画的第4个画格中,这本书出现于他的船舱中),然后,在他与德勒兹的每一次对话中都提出了更多的反对哲学家论述的理由——逐渐升级的争论。随着他拒绝了德勒兹第五次提供给他的书,船夫说:"你说的永恒和重复毫无关系。我就是你的永恒……我就是终结……永恒就是终结……终结和死亡"(tom Dieck & Balzer 1997:47,第25-8画格),这些话被熟悉而友好的问候声"嗨,德勒兹!"所打断。正如我已经强调过的,德勒兹说了最后一句话,但他这么做是为了满足船夫(从第1组漫画就开始的)对最后陈述的请求:"死亡和差异无法同行,尽管我们想让它如此"(tom Dieck & Balzer 1997:48,第32-3画格)。

[12]　但是,漫画书对德勒兹的描绘并非不带一些温和的恶意,因为这位哲学家过于急切地推销他的著作,解释他的哲学,突出一些论述,还带着那

种教授式的质疑:"你能听懂吗?"

[13]　例如,"拉康写好了一封信,但这信却被偷了"(tom Dieck & Balzer 1997:30,第3组漫画,第31画格),"你回来了真好,德勒兹……福柯将朗诵一首关于'我'的小诗(一首由《事物的秩序》[*The Order of Things*]中的语汇组成的朗诵诗,'如同大海边沙滩上的一张脸[人将消失]')"(tom Dieck & Balzer 1997:39,第4组漫画,第30-31画格),还有"巴特正在给我们展示他妈妈的照片"(tom Dieck & Balzer 1997:48,第5组漫画,第31画格)。在网上的一次访谈中,汤姆·迪克回应了对他提出的批评,即他把这些著名哲学家画得太滑稽了:"我把德勒兹的形象简单化了,对此是否了解并非我的兴趣所在。我并不把它当成哲学家,因为他也有作为一个[戴着眼镜,留着长指甲的]人的有趣的一面,这是我在绘画作品中使用得十分娴熟的一面"(tom Dieck 2002)。

"拉康写好了一封信,但这信却被偷了",这句话是用拉康的《关于〈被窃的信〉的研讨报告》这篇文章的题目来调侃拉康本人。这篇文章是拉康1956年在其开设的精神分析研讨班上所作的报告,也是精神分析学历史上的一个重要事件。《被窃的信》则是爱伦·坡1844年发表的一篇小说。——译者注

"如同大海边沙滩上的一张脸"语出福柯的《事物的秩序》(中译本为《词与物:人文科学的考古学》,莫伟民译,上海三联书店2016年7月修订版)一书的最后一句话。全文为:"人将被抹去,如同大海边沙滩上的一张脸"(中译本第392页)。福柯认为,不存在一个本质化的先验的"人"的概念,相反,"人"的概念之形成是由晚近以来的知识型形塑的结果。因此,"人"的概念也在经历着不同的流变和转换过程,恰如"大海边沙滩上的一张脸",随着潮起潮落而不断更新,又被不断抹去。——译者注

"巴特正在给我们展示他妈妈的照片",这里指的是罗兰·巴特的《明室》一书。《明室》是罗兰·巴特写的一本摄影札记,其开篇是巴特对自己母亲的一张照片的分析。此处是用这个典故来调侃巴特。——译者注

[14]　这第二个绘本有五集,"德勒兹归来"1和2,"惊为天人的俄耳甫斯的历险"1和2,还有"惊为天人的俄耳甫斯的新历险"。

15 亨利·米肖(Henri Michaux, 1899—1984),法国诗人、画家。——译者注

16 皮埃尔·布列兹(Pierre Boulez, 1925—2016),法国作曲家、指挥家。——译者注

17 洪陶伊(Hantai),匈牙利画家。——译者注

18 《谈判》一书描绘了1972—1990年这一短暂时期的情况,其中包括不同的被发表的信件(如致里达·本斯马依亚、米歇尔·克雷索尔和塞尔日·达内的信)、(他个人以及和加塔利的)关于从"反俄狄浦斯"到"控制社会"(和托尼·内格里)的谈话,以及在某些场合对电影和政治所发的几次感想。对于德勒兹在职业生涯之初(1953—1974)写的书评或序文而言,《荒岛集及其他文本》是最引人注目的。他不仅对文学作者(如阿尔弗雷德·雅里[Alfred Jarry]、雷蒙·鲁塞尔[Raymond Roussel]和侦探小说作家)的创造性力量表达了敬意,也对同时代人(如库斯塔斯·阿克斯劳斯[Kostas Axelos]、埃莱娜·西苏[Hélène Cixous]、盖伊·奥康让[Guy Hocquenghem]、让·伊波利特[Jean Hyppolite]和吉尔贝·西蒙东[Gilbert Simondon])给予了大量的评论和支持。至于《两个疯狂的体制》则包括:致朋友的公开信(福柯、乌诺[Uno]、迪奥尼·马斯科罗[Dionys Mascolo]);一封致审判托尼·内格里的法官的信;对不同的朋友的赞颂(如莫里斯·德·冈迪亚克、弗朗索瓦·夏特莱、阿兰·坎尼[Alain Cuny]、加塔利);以及给其他作者的作品所写的序文、附言和赞赏性的书评。

第 1 部分

哲　学

力

⊙ 肯尼斯·苏林

　　德勒兹对力(force，法语和英语写法相同)这个概念的使用可以从两个彼此不同却又在某种程度上相互重叠的阶段来理解。在第一个阶段——与这个阶段相连的，是对关于斯宾诺莎和尼采的著作(它们是德勒兹早期职业生涯的标志[的一部分])的"历史性的"重视——力这个概念首先是从它和速度及运动观念之关系来理解的。在斯宾诺莎的例子中，斯宾诺莎把一切生命都视为一种奋斗(striving)或努力(conatus)的表现，结果，身体就变成了一个由那些力——既有身体散发出去的力，也有它接收到的力——构成的整体(ensemble)，这给德勒兹留下了极为深刻的印象。德勒兹在《斯宾诺莎：实践哲学》中说，斯宾诺莎"在思想中召集诸种力量，回避顺从和罪责，塑造超越于善恶之外的生命形象——一个无功无罪、绝对清纯的形象"(SPP：4)。这一基本见解也贯穿于德勒兹论尼采的著作中，在那里，尼采被描绘为一个忠实恪守斯宾诺莎训谕的人，这个训谕就是：我们"通过快速与迟缓、通过呆滞的神经紧张症和加速的运动、通过未成形的因素和非主体化的情动"来思考(SPP：129)[1]。

在第二个阶段——与此相连的是德勒兹和加塔利的合作——力的观念被有效地普遍化了,以至于它表现了一种遍及社会秩序整体的力量。在这里,出现了另一套定义和原则,尽管先前在关于斯宾诺莎和尼采的档案方面所欠的债务被保留了下来,但作为一种伴随着独特的快与慢的运动的力的概念,对德勒兹而言仍是有用的。然而,这次更多强调的是力的一种特殊效用,即力量(puissance)或"气力"(strength)(相对于权能[pouvoir]或"强力"[coercive power])[2]。每一个知识阶段都将依次得到思考[3]。

22

力的物理学:斯宾诺莎和尼采

在斯宾诺莎的代表作《用几何秩序予以证明的伦理学》(*Ethics, Demonstrated in Geometrical Order*, 1677)中,每一个事物都有一种保持自身存在的本质性的、固有的倾向,斯宾诺莎称之为努力(conatus)(Spinoza 2000:171)。斯宾诺莎认为,对于一个事物而言,好东西就是能够增加其自我保存能力的东西;相反,坏东西就是妨碍这种自我保存的东西。每一事物所欲望(appetitio)的恰恰就是那有益于其自我保存的东西[4]。于是,事物的行动能力随着它努力(conatus)的力量之增长而增长;相反,努力越弱,行动能力也就越少。事物在它主动散播它的力的时候,行动能力就增强;当它只是被动接受其他事物之力的时候,行动能力就减弱。当行动能力增强时,欢乐或愉悦就接踵而至;而当它减弱时,就产生痛苦,所以对斯宾诺莎来说,痛苦只是一种强烈的情感而非能动,而愉悦则既是欢乐,又是能动[5]。

当一个人的行动范围扩大时,就助长了自由,而对斯宾诺莎来说,这种扩大是理性引导的生活的结果。在由理性,特别是由第三种知识引导的生活中,人将获得自我的知识和上帝(God)/自然

（nature）的知识。获得了这种知识，人的精神——它是上帝的无限精神的一部分——就变成了某种永恒的一部分。对于理解了这类知识的人而言，其结果就是获得至福（beatitude）[6]。德勒兹用下面的话来解释对斯宾诺莎而言的力与行动的一致：

> 所有的力都离不开受到感动的能力（a capacity for being affected），而且这种受到感动的能力不断地、必然地被意识到这种能力的诸般情感（affections）所实现。权能（potestas）一词在这里具有一种合理的用法……这就是说，与作为本质的力量（potentia）相对应的，是作为一种受到感动的能力的权能，它是由上帝必然产生的情感或样式所实现的，上帝无法体验行动，但却是这诸般情感的主动的原因（active cause）。
>
> （SPP：97-8）

力量和权能（在法语中分别是 puissance 和 pouvoir 这两个词）之间的这种区分对德勒兹后续的思想，特别是对制宪权（constitutive power）的唯物主义本体论的形成十分重要，这是德勒兹和加塔利在《资本主义与精神分裂》计划中的一个首要的知识目标。因为在德勒兹（和加塔利）看来，斯宾诺莎是这一本体论的指导性观点与原则的创始者。然而，在他们看来，把斯宾诺莎的原则进行综合扩展，使之成为一种成熟的本体论，能让这一思想图景成为可能的是思想家尼采[7]。

当然，德勒兹认为尼采有许多哲学成就，但其中最重要的成就是尼采的戏剧化思想方法（method of dramatizing thought）。在这种思想或"戏剧学"（dramatology）的舞台上，快与慢（概念以此而被移动）、概念的时空限定的动力、强度（概念借此和系统中邻近的实体产生互动）都变得重要起来。正如德勒兹强调的：

> 经验的状态是非主体性的，至少不是必然如此。它也是非个体性的。它是流（flux），流的中断和每一个强度都必然和

23

另一强度相关联,如此才能让事物穿行而过。这就是构成一切符码之基础的东西,就是躲避它们的东西,也是符码试图变形、转换、重新熔铸的东西。但是,在这篇论强度的文章中,尼采告诉我们:切勿用单纯的表象来替换强度。这个强度既不指作为事物之表象的所指,也不指作为语词之表象的能指。

(DI: 257,译文有改动)

诸多准则和形式条件——它们和一种逻辑相关,通常来说,其前提是真理与谬误,甚至还有一般的表象观念——构成了"思想的教条形象"(dogmatic image of thought),对于尼采来说,这必须被一种拓扑学(topology)和类型学(typology)所取代,其中,受惠于表象的那些概念被诸如"高贵和卑贱,高级和低级"等概念所代替[8]。表象思维由逻各斯(logos)监管,而为了取代这种以逻各斯为动力的思想(logos-driven thinking),尼采提出了以(制造意义的)"操作者"(operator)为基础的意义概念。我们引述德勒兹的原话(显而易见,他在这一点上是尼采的追随者):

> 在尼采那里……意义这个概念是进行绝对论争、绝对批判的一种手段,也是一种极具原创性的生产:意义并非一种蓄积,也不是一项原则或起源,甚至也没有终点。它是一种"效果",一种被生产出来的效果,而且我们必须发现其生产法则……发现作为被某种机器生产出来的效果——一种物质性的、发光的、响亮的效果,等等(这绝不是说它只是表象)——的意义的理念……尼采的一条箴言就是一台生产意义的机器,它存在于思想特有的某种秩序。当然,还有别的秩序和别的机器——例如,弗洛伊德发现的所有那些东西,以及更具政治性和实践性的诸秩序。但我们必须成为机械工,成为某些事情的"操作者"。

(DI: 137,译文有改动)

对于德勒兹来说，这幅尼采式思想图景，其关键在于力（macht）的概念，特别是尼采的"一切现实都是大量的力"（NP：40）这个观点[9]。同时，尼采认为，力的概念"仍然需要完善：内在的意志必须被赋予它，我把这称为'权力意志'（will to power）"（引自NP：49）。在这一点上，尼采可以说抵达了斯宾诺莎的努力这个概念的顶点。

权力意志（wille zur macht）及其与力的关系可以通过下列命题来理解，这些命题可以从德勒兹在《尼采和哲学》中所做的"论证"里抽取出来：

- 力的本质就是它和其他力之间的量差，尚需考虑的力的性质则是由这种量差设定的，而权力意志是力的综合原则；权力意志能够产生力与力之间的量差，也能产生在此关联中的每一种力体现出的性质（NP：50）。

- 力和意志不应该被混为一谈；用德勒兹的话说，"力是所能，权力意志是所愿"（NP：50）。此外，当两个力彼此相伴时，一个是支配的，另一个是被支配的，权力意志是产生力的内在因素（NP：51）。尼采通过力的谱系学因素（the genealogical element of force）来理解权力意志。机运（chance）并没有被权力意志所消灭，因为，如果没有机运，权力意志就既无可塑性（flexible），也无法向偶然性（contingency）敞开（NP：52-3）。再有，根据其原始的性质，力要么是能动的（active），要么是反动的（reactive），而肯定（affirmation）和否定（negation）是权力意志的首要性质（NP：53-4）；肯定不是能动本身，而是生成能动（becoming active）的力，是生成能动的化身；而否定也不是单纯的反动，而是生成反动（becoming-reactive）的力（NP：54）。因此，诠释（interpret）就是确定赋予事物以意义的那个力，而

25 　　评价(evaluate)就是确定赋予事物以价值的权力意志(NP:
　　54)。

- 反动的力削弱或抹杀能动之力的力量,每一种达到了其能力之极限的力都是能动的力,而那些虚弱的力则与自身之所能完成的事物相分离(NP:57-61)。一切感知性(sensibility)都意味着一种力的生成(权力意志是这些力的综合),诸种力可以按照如下方式加以分类:(i)**能动的力**(active force)是行动或发号施令的力;(ii)**反动的力**(reactionary force)是被动或服从的力;(iii)**发展的反动力**(developed reactive force)是瓦解、分裂和隔绝的力;(iv)**趋于反动的能动力**(active force becoming reactive)是被分离并削弱自身的力(NP:63)。

- 永恒回归(eternal return)意味着,趋向反动就是非存在(non-being),而且它还通过制造生成(becoming)而产生趋向能动的力:没有对趋向能动之存在的肯定,生成之存在(being of becoming)也就不可能得到完全的肯定(NP:72)。哲学的对象是自由,但这门哲学总是"不合时宜的",因为它要求废除否定性和非存在的耗散的力,这是一项将和某种新的存在之诞生同时扩展的任务,这个存在并不依赖于先前的两种存在形式,即上帝和人。[10]

　　德勒兹式本体论将从这些论点中抽出一个原则,即欲望是某种力量(puissance),也必然是一种力的类型。依据这个原则,德勒兹(和加塔利)得以构想出与他们的《资本主义与精神分裂》计划相连的政治实践的唯物主义本体论。尤其是判断(judgement)这个概念和作为"判断之科学"(science of judgement)的哲学视野现在可以被推翻了,从而支持那些取决于欲望和强度的诸哲学,无论它是政治性的还是别的什么。

制宪权的本体论:《资本主义与精神分裂》计划

当《资本主义与精神分裂》第一卷,即《反俄狄浦斯》(1972)出版之时,法国至少已经出现了一种知识和政治的环境,它为德勒兹和加塔利在《反俄狄浦斯》中阐发的本体论框架以及这一计划的第二卷,即《千高原》(1980)的诞生提供了可能的条件。[11]

在(法国)哲学中,流行的结构主义和现象学范式已经在1960年代末之前走到了尽头,成了强弩之末。现象学从未真正成功地把它自身和笛卡尔的主体性及自我意识的模式分离开,而且,甚至海德格尔、后期的胡塞尔、梅洛-庞蒂和萨特(这里提到的只是卷入到这一事业中的那些更为知名的人物)显然也不能解决或消除先验主体论(transcendental subjectivism)的难题,此时,人们逐渐察觉到,现象学范式已经在撞击这座与它对等的、众所周知的冰山了。结构主义可以绕过这条困扰着笛卡尔式主体论的死胡同,但它对索绪尔语言概念的依赖要求它把语言符码假定为某种自足的先验实体;符码必须从一开始就被假定为决定意义的一个条件。当符码作为先验原则无法起作用这一事实变得显而易见时——这是因为它有效地化约了一切表述意义的媒介(对于结构主义来说,图像是一个特殊的难题,因为图像的许多特性无法通过一种以表述为基础的模式得到解释)——结构主义范式就陷入了无用的状态。[12]

同时,人们发现源于精神分析的主体概念也是成问题的。弗洛伊德和他亲密的追随者们把力比多的驱力(libidinal drives)视为某种如果要维护"文明"就必须使之被遏制或宣泄的东西(在此,弗洛伊德的《文明及其不满》[*Civilization and its Discontents*, 1930]是一个经典文本),而且,尽管弗洛伊德的一些追随者们确实在寻找理解力比多强度的可供替代的元心理学架构,但那些极度偏离了弗洛伊德原创的元心理学法则的人不久就遭到了官方的弗洛伊德当权者的谴责。在这些"离经叛道者"当中,最重要的人是威廉·赖希(Wilhelm Reich)[13],他对力比多驱力之"自由"的召唤给予了《反俄狄浦斯》以强烈的影响——尽管必须承认,《反俄狄浦斯》只是那些试图找到一个更宽泛的力比多驱力概念的众多法文著作之一——它经常涉及对弗洛伊德的"多型性倒错"(polymorphous perversity)[14]这个概念的一种延伸,但和这个概念的原形几乎具有根本的不同。[15]在法国,1960年代末和1970年代再现了一种形势,其中,各种各样后弗洛伊德主义或新弗洛伊德主义被整合到一场联系松散的运动中,《资本主义与精神分裂》计划就是这个形势的一部分,至少,它针对弗洛伊德主义而展开的活跃的论争处于被关注的范围之内。

27　　对于这个能够使《资本主义与精神分裂》计划(及其政治实践的本体论)诞生的形势而言,同样重要的是与人们熟知的"1968年5月事件"相连的社会与政治的情感集合体(social and political constellation)。万隆方案(Bandung Project)在1955年开始实行后不久就逐渐偃旗息鼓这件事对于那一时期(1950年中期—1960年代末)的法国左翼知识分子来说一样重要;随着万隆方案的崩溃,使不结盟的第三世界成为积蓄解放潜力之地的一切希望都消失了。[16]在政治生活中,战后的戴高乐主义[17]的机构垄断已经把法国版本的"代议制民主"推入了一种渐进的但似乎无法变革的僵化状态,劳资双方之间的战后妥协——这被视为战后光荣三十年(les trente glorieuses)[18]的基础——也开始崩解(正如在西方世界的其他发达工业国家一样)。[19]这些发展共同标志着资本主义发展从一个阶段向另一个阶段的转变,正如法国所表现的资本主义社会民主形式变成了那种在今天正当其时的全球一体化的资本主义分配体制。这一独特的变迁体现在大量的记录当中:新的劳动主体的诞生;新的积累结构的创造;新的价值轴线的建立;资本主义国家的改革,压迫与斗争的新形式的可见性等。德勒兹和加塔利讨论了这些发展以及其他与之相平行的发展,来表明对于一种新的政治实践本体论和制宪权的需要。[20]

随着积累体制和生产方式所承受的改革问题变成了重点考察对象,所有这些都意味着一场之于法国马克思主义和有马克思主义倾向的思想的乌托邦危机。一言以蔽之,德勒兹和加塔利对"力"的分析处理有助于他们对生产方式进行革命性的概念化。他们对"力"的概念的描述使得对"机器装置"(agencement machinique)这个概念的集中关注成为可能,他们可以使用这个概念来设想一种制宪权的完善的本体论,而这反过来又可以为一种对生产方式的新的理论化奠定基础。

机器装置是一种组织模式,它连接着一切"在彼此联系中影响所有身体的吸引力和排斥力、同情和反感、变化、合并、渗透以及表现"(ATP:90)。生产方式就是由这些机器装置构成的(ATP:435)。这相当于是说,生产方式——它们就像被机器装置衬托着一样——是欲望的表现,也是力的表现(在力量[potentia]或权能[pouvoir]意义上的力);生产方式是这种具有无限生产性的欲望或力的结果。正如德勒兹和加塔利所言,正是欲望——它总是社会的和集体的——使枪变成了战争的,或体育的,或狩猎的武器,这取决于现有的环境(ATP:89-90)。生产方式和欲望的其他表现形式处于同一层面,它是由诸多的层(stratifications)构成的,即它是井然有序的诸种功能(functions)的晶体或谐和,而这些功能则是欲望的特定表现。[21]这里,德勒兹和加塔利颠倒了经典马克思主义对生产方式的理解:不是方式本身使生产得以被实施(像传统的解释详细说明的那样);相反,是欲望生产(desiring-production)本身使某种特定方式成为它所是的那类方式。德勒兹和加塔利求助于一种欲望生产的实践的本体论,这正是他们用来说明生产欲望的组织的方式。所有这些都听起来太过晦涩了,但是,在《资本主义与精神分裂》计划的这一部分中形成的原则只不过详细解释了马克思本人说过的东西,资本主义所划拨的资产若要兑现,社会就必须存在下去;如果要产生剩余价值的实现,一个拥有已经各就各位的劳动力的社会或国家也必须存在下去。这里引用德勒兹和加塔利的原话:

> 历史学家马克思和考古学家柴尔德(Childe)[22]认同下列观点:古代帝制国家对农业公社进行超编码(overcode),它至少要以这些公社的生产力的某种程度的发展为前提,因为它必须要有能够建立国家储备、养活专门的手工业者阶级(冶金业)并逐步产生公共功能的一种潜在剩余。这就是为什么马克思把古代国家和某种[前资本主义的]"生产方式"联系在一起的原因。
>
> (ATP:428)[23]

在一切剩余价值能够被资本实现之前,就存在着政治,也即存在着力,这就是为什么《资本主义与精神分裂》计划中所构建的、以斯宾诺莎和尼采为基础的力的谱系学(尽管休谟和柏格森也是这一谱系中的著名人物)是重要且不可避免的。

29　　虽然对于德勒兹和加塔利来说,资本主义是一系列广泛运行的巨型机器(apparatuses),它对一切可以获得的积累空间进行转码,但它的功能却不仅仅归功于组织结构层面上的力的运作。制宪权的本体论对力或力量的概念化,也并不只是着眼于它在制造或巩固一个全球范围的积累体制时所起到的作用。这种概念化的方式还包括两个相互补充的方面:一方面,是这种力量使各种集体的主体性形式得以同时产生和巩固的那些方式;另一方面,是这些形式使资本主义塑造主体性(用德勒兹的话说就是一种"社会形态学"［social morphology］［N：158］）——这一类主体性是集体运转（collective functioning）所需要的——的手段成为可能的那些方式。

德勒兹在许多著作中都把力的概念和独异性（singularity）的概念联系起来，这首先是因为它利用对力比多的投资——因而是一种力的激活或多种力的整体——构成了某种独异性。[24]如果宇宙是由纯粹的独异性构成的，那么生产，任何种类的生产都只能采取重复（repetition）的形式：生产展开的每一种独异性就只能重复或繁殖自身。在生产中，每一种独异性都只能表现它自己的差异（difference），表现它和其他一切事物的距离或亲近。在这种德勒兹式观点看来，生产是对无数纯粹独异性的永无止境的繁殖性扩散（proliferating distribution）。生产必然是差异——每一个独异性和其他所有事物的差异——的重复。

而资本主义也要求一种对重复的操作。同时，资本主义的公理体系只能把它自己建立于同一性、相等和相互替代的观念之上，正如马克思在他对商品形式的分析中指出的那样。正是因为如此，资本主义的重复必定是非差异性（the non-different）重复，资本主义中的差异从来只是徒具差异的表象，因为资本主义的差异总是能够被克服，并通过抽象交换的过程，返回到那总是一样的东西和绝对的可替代品。资本主义只是为了产生更强大的再辖域化（reterritorialization）才进行解域化（deterritorializes）——这是《资本主义与精神分裂》计划中的一个决定性原理。当资本主义破坏它的界域时，它这么做只是为了把它的限制强加于人罢了，它把这一界域投射为全宇宙的界域。因此，在资本主义中，重复的力完全是被动的、耗费的，毫无任何真正具有生命的力。用斯宾诺莎创造的说法，资本主义的重复是一种非存在（non-being）。以这种重复形式为基础的任何集体主体性将无法推动解放事业的前进。因此，

30 《资本主义与精神分裂》计划的作者提出的哲学和政治挑战,必须要通过各种形式的生产性重复(productive repetition)——它们能够打破那些统治我们的人强加在解放头上的限制——来取代这种资本主义的重复。只有力,即政治——它不同于暴力(至少不是必然地)——才能完成这一任务。

因此,对于德勒兹而言,这种反资本主义制宪权的本体论必须采取一种力的概念的谱系学形式。不管怎样,它必须以这个谱系学开始,因为尼采和斯宾诺莎是力的"社会物理学"(social physics)之范围与性质的伟大发现者。斯宾诺莎和尼采勾勒的这门"社会物理学"的谱系,在哲学上增强了位于《资本主义与精神分裂》计划之核心的资本主义批判;甚至可以说,如果没有前者,后者将是不可能的。

注释

1 在紧接着这条引文的前文中,德勒兹说:"在某些方面,歌德甚至黑格尔已经被认为是斯宾诺莎主义者了,但他们并非真正的斯宾诺莎主义者,因为他们从未停止把这项计划和形式的组织及主体的形成联系起来。倒不如说,荷尔德林、克莱斯特、尼采才是斯宾诺莎主义者"(SPP:128-9)。德勒兹论尼采的书是《尼采和哲学》(NP)。

2 这里要对"力量—权能"这组概念进行区分。斯宾诺莎的用语 potentia,法译为 puissance,中译为"力量";斯宾诺莎的另一用语 potestas,法语译为pouvoir,这里译为"权能"。这两个词在斯宾诺莎《伦理学》中译本中未作明确区分,但在德勒兹对斯宾诺莎的解读中,这种区分却有重要意义。德勒兹认为,"力量"是最根本的,它无须意志的参与,而是神的一种本然状态,也就是说,神的"力量"是不具有意向性和目的性的,神就是"力量"本身;"权能"则不然,"权能"(或"性能")是一种隐而不发的能力或资质,它的实现需要意志的参与,需要在意志的作用下朝着某一个目的或方向展开。德勒兹对此论述如下:

"《伦理学》的基本论点之一在于否认神具有类似暴君的，或者甚至开明君主那样的权能[性能]（potestas）。这就是说，神不是意志，连由立法的理智所启发的意志都不是。神不设想通过他的意志在他的理智中实现的诸般可能性。神的理智只是一个样式，通过它，神无非只是意涵他自己的本质及出自其本质的东西；神的意志只是一个样式，在这个样式之下，一切后果都来自神的本质或神所意涵的东西。所以神没有权能（potestas），只有等同于它的本质的力量（potentia）。通过这个力量，神也是来自其本质的万物之原因，以及他自身之原因，这就是说，他的存在之原因，如同原因被他的本质所包含一样（《伦理学》第一部分，命题三十四）。"（德勒兹，《斯宾诺莎的实践哲学》中译本，冯炳昆译，商务印书馆 2004 年版，第 120 页。本书的译法以及对译法的解释均参考了冯炳昆先生的译文）——译者注

3 人为因素不可避免地影响了给某位作者的作品划分时期的意图。1989年，德勒兹提供了下列按主题编排的他的作品分类：(1)从休谟到柏格森；(2)古典研究；(3)尼采研究；(4)批评与临床；(5)美学；(6)电影摄影学研究；(7)对同时代人的研究；(8)《意义的逻辑》；(9)《反俄狄浦斯》；(10)《差异与重复》；(11)《千高原》。关于这份分类表，请参见《荒岛集及其他文本》的编辑导言(DI：292，注释 1)。某种程度上相反，我的类型学则把斯宾诺莎和尼采联系在一起（至少是在努力[conatus]/力量[macht]的意义上），并且把这一联系和《反俄狄浦斯》之后提供的对力的论述区别开来。

4 引斯宾诺莎原文："绝对遵循德性而行，在我们看来，不是别的，即是在寻求自己的利益的基础上，以理性为指导，而行动、生活、保持自我的存在（此三者意义相同）"(2000：243)。（参见斯宾诺莎《伦理学》"第四部分 论人的奴役或情感的力量"，命题二十四，冯炳昆译，商务印书馆 1983 年版，第 187 页。——译者注）

5 引斯宾诺莎原文："当心灵想象到足以减少或阻碍身体活动的力量的某种东西时，那么它将尽可能努力回忆那足以排除这种东西的存在的东西"(2000：175)。（参见斯宾诺莎《伦理学》"第三部分 论情感的起源和性

质",命题十三,冯炳昆译,商务印书馆1983年版,第110页。——译者注)

6　引斯宾诺莎原文:"据此我们可以明白了解我们的得救、幸福或自由何在了,即在于对神之持续的永恒的爱,或在于神对人类的爱。而这种爱或幸福,《圣经》上叫作'光荣'并不是没有理由。因为无论这爱是出于神或基于心灵都可以切当地叫作精神的满足,而精神的满足……其实与光荣并无区别"(2000:310)。(参见斯宾诺莎《伦理学》,"第五部分 论理智的力量或人的自由",命题三十六的"附释",冯炳昆译,商务印书馆1983年版,第261页。——译者注)

7　然而,如果认为尼采以无论哪种方式都已经取代或超越了斯宾诺莎的观点,那就错了。这么做将违背德勒兹就不同时代哲学之间的关系所提
31 出的原则。德勒兹反复坚称,伟大的哲学家是首屈一指的概念创造者,因而,一门恰当的历史哲学应采取概念的谱系学方式,它通过使概念相互改变或"毒害"(contaminate)而不只是通过年表或辩证序列来给诸概念安排位置(后者是一种传统历史哲学的工作方法,德勒兹对此并不满意)。因此,让尼采或者德勒兹严格按照斯宾诺莎的风格来使用斯宾诺莎的概念是可能的,尽管斯宾诺莎本人可能并不明白尼采和德勒兹试图完成的工作。对于这一原则,请参见《游牧思想》(Nomadic Thought; DI: 252)。或者就像德勒兹谈他自己与加塔利的合作时所说的那样:"当我和加塔利工作的时候,我们每一个人都互相篡改,这就是说我们每个人都用他自己的方式来理解对方提出的观念"(N: 126)。关于德勒兹和加塔利之间的合作,请参见多斯(Dosse 2010)。

8　参见德勒兹,《论权力意志和永恒回归》(On the Will to Power and the Eternal Return; DI: 118,译文有改动)。关于"思想的教条形象",请参见《尼采和哲学》(NP: 103-5)。

9　德勒兹坚持认为,这里,尼采的最重要的原则在《权力意志》一书中就被宣布出来了,在这本书中,尼采说除了力与力之间相互的"张力关系"之外,再没有别的东西了(1968:635)。

10　这里,我们会想起《尼采和哲学》中的下列段落:"宗教的恢复会阻止我们变得虔诚吗?通过把神学变成人类学,把人置于上帝的位置,我们会

废除那个本质(the essential),也就是说,那个位置吗?"(NP:88-9)。在其他著作中,真正具有批判性的哲学不仅仅要试图翻转上帝—人,神学—人类学等根本的对立,还要更彻底地废除那个特定的位置——这些翻转就是由此而产生的,而且由此引发出了它们的力量。德勒兹巩固了尼采的这份遗产。

11　参见《反俄狄浦斯》和《千高原》。德勒兹经常在他的访谈中直言,他更喜欢用这种"事件性"(eventive)方式来描绘他的知识旅程和工作,而不是用那种讨论某个思想家的影响、形成、兴趣转换、出版经过等更为传统的方式。除了德勒兹的《谈判》以外,也可参见德勒兹和帕内特的《对话录》。

12　这个粗略的梗概与德勒兹和加塔利在《什么是哲学?》中的叙述相一致。德勒兹在他的《我们如何重新认识结构主义?》(How Do We Recognize Structuralism?)一文中讨论过结构主义(DI:170-92)。关于结构主义和哲学之间关系的更概括的论述,请参见德拉康帕涅(Delacampagne 1999)。

13　威廉·赖希(Wilhelm Reich,1897—1957),奥地利裔的美国心理学家、精神分析学家。其理论特点是把马克思主义和弗洛伊德的精神分析学说结合起来,从而用精神分析理论来解释社会政治革命的合理性和必要性。代表著作有《辩证唯物主义、历史唯物主义和精神分析》(1929)和《性高潮的功能》(1942)等。——译者注

14　弗洛伊德:"这些性的倒错者原也至少因有情欲的对象而达到常人所欲达到的目的。但是他们当中有许多种变态的人们,他们的性活动和一般人所感兴趣的相离很远。这些人的种类既多……因此,他们遂被分为第一类,其性的对象已变,与同性恋者相同;第二类,其性的目标已变。属于第一类者,都不要生殖器的接合,而以对方的其他器官或部位代替其生殖器(如以嘴或肛门代替阴道),即不管有无妨碍,也不问是否可耻。另一些人虽以生殖器为对象,但并不是因为它们的性的机能,而是因为他种相近的机能。就这些人而言,他人视为不雅驯的排泄机能也足以引起他们的整个性的兴趣。还有些人完全不以生殖器为对象,但以身体的其他部分,如妇人的胸部、脚或毛发等,为情欲的对象。还有些人,甚至以为身体

的部分也无意义,反而一件衣、一只鞋或一袭衬衣尽可满足他们的情欲;这些人无异于拜物教的信徒……属于第二类的性的倒错者,其性欲的目标仅为常人所做的一种性的预备动作。有些人或看或抚摩,或窥视别人最秘密的行动,以求性欲的满足;有些人则裸露身体所不应裸露的部分,模糊地希望对方也报以类似的动作。还有些不近人情的虐待狂者,专门想给对方以苦痛和惩罚,轻一点的,只是想使对手屈服;重一点的,直至要使对手身体受重伤。与虐待狂者相反的是被虐待狂者,他们只求为对手所屈服,或惩罚,无论是实在的或象征的。还有些人兼有这两种病态的现象。最后,我们还知道属于这两大类的性反常者每类又可分为两种:第一种是在实际上求其特殊方式的性欲的满足;第二种仅在想象中求满足,不必有实在的对象,而代之以创造的幻想。"参见弗洛伊德《精神分析引论》,高觉敷译,商务印书馆1984年版,第240-241页。——译者注

15　德勒兹对精神分析的批判,除了《反俄狄浦斯》外,还请参见《对话录》中的"死去的精神分析:分析"(Dead Psychoanalysis:Analyse;D:77-123)一章和《关于精神分析的五个命题》(Five Propositions on Psychoanalysis;DI:274-80)。对于这种反弗洛伊德或后弗洛伊德的倾向,请参见克里斯蒂娃(Kristeva 1974)和利奥塔(Lyotard 1974)。对于德勒兹和加塔利来说,和R.D.拉宁(R.D.Laing)、大卫·库珀(David Cooper)联系在一起的英国"反精神病"学派也是很重要的。

16　"万隆方案"因印度尼西亚的这座城市而得名,由印度尼西亚、印度、埃及和南斯拉夫牵头的不结盟运动(non-aligned movement)在这个城市举行了它的第一次会议。该运动的目标是形成一个既不屈服于资本主义"西方",也不顺从于苏联领导的"东方"的国际集团。

17　戴高乐主义是指1950年代末至1960年代末,法国总统戴高乐制定的法国独立自主外交政策的构想和原则。就其本质而言,戴高乐主义是一种法兰西民族主义,它主张民族主义、集权主义和独立自主,其目的是把法国建设成为国际政治格局中的大国。夏尔·安德烈·约瑟夫·马里·

戴高乐(Charles André Joseph Marie de Gaulle,1890—1970),法国军事家、政治家、外交家、作家,法兰西第五共和国的创建者。法国人民尊称他为"戴高乐将军"。——译者注

18　"光荣三十年"指的是"二战"结束后,法国在1945—1975年的历史。在这三十年间,法国经济水平迅速增长并且建立了高度发达的社会福利保障体系。法国人因此获得了在世界上首屈一指的高水平生活质量,收入大幅度提升,农村人口不断地向城市涌入,加速了法国的城市化进程。1973年的石油危机爆发后,法国经济逐渐进入萎靡期,"光荣三十年"也随之结束。——译者注

19　对法国社会与政治形势的一项重要且具有回溯性的分析,可以在罗斯(Ross 2002)那里找到。也可参见凯利(Kelly 1983)和基尔纳尼(Khilnani 1993)。

20　在其杰出的《德勒兹与政治》(*Deleuze and the Political*,2000:103-8)一书中,保罗·帕顿正确地指出,我们有可能从几乎所有的德勒兹文本中把"反政治"的命题抽取出来,而这些命题显示出德勒兹(和加塔利)更为关心社会存在的一般形式而非资本主义本身。但是,帕顿坚持认为——我对此也表示赞同——以偏概全是错误的,因为《资本主义与精神分裂》计划也为建造全然政治性的装置提供了一个"公理体系"(axiomatic)。

32

21　在布莱恩·马苏米(Brian Massumi)的《〈资本主义与精神分裂〉阅读指南》(*A user's Guide to Capitalism and Schizophrenia*,1992:194,注释51)中,这一点已经在他对德勒兹和加塔利的生产模式的分析里被提出来了。

22　戈登·柴尔德(Gordon Childe,1892—1957),澳裔英籍考古学家。生于澳大利亚悉尼市,毕业于悉尼大学和牛津大学。曾任伦敦大学考古学院院长、爱丁堡大学教授和不列颠学院院士,担任过英中友好协会副主席。早年领导苏格兰和北爱尔兰的考古发掘,后致力于欧洲和西亚的考古学研究,在史前学领域成就卓著。他受马克思主义唯物史观影响,重视研究原始社会经济形态,首先把西亚和欧洲考古结合起来进行研究,预见

到重视环境给予人类影响的系统考古学研究必将出现。——译者注

23 用德勒兹和加塔利的话说,这是给予资本以它的"实现方式"(models of realization)的国家(ATP:428)。

24 在德勒兹和加塔利的著作中,《反俄狄浦斯》可能是这种对力比多投资的解释中最常引用的篇章(locus classicus)。

表 现

⊙ 格雷格·兰伯特

　　表现（expression），或"哲学中的表现主义"（expressionism）这个概念首次出现于德勒兹 1968 年——他的系统性研究《差异与重复》也于同年出版——出版的论斯宾诺莎的长篇专著中，并在其中得到了充分的发展。因此，这两部重要著作可以被共同理解为通向哲学史中差异思想的两条不同途径。在斯宾诺莎的哲学中，表现问题首先涉及内部思想（internal thought）和外部身体（external bodies）之间的相互作用，以及思想是如何把这种内与外之间的关系表现为内在于思想力量的。通过阅读斯宾诺莎，德勒兹首先着手解决的难题正是"何者存在于真实的思想之中"，这种思想使它能够胜任或"表现"事物的本质，好像"它就是事物本身"（EPS：15）。这一难题的解决办法在斯宾诺莎的平行论（parallelism）[1]的基本原则中找到了，在平行论中，思想的表现性被认为内在于事物自身，而且正是真理的性质完全地或完美地表现了这种内在性（immanence）。尽管经常被归因于斯宾诺莎的平行论哲学，但德勒兹是从斯多葛派哲学，特别是从关于意义的非实体性理论中引出了表现逻辑的关键部分。然而，表现问题并不限于德勒兹对斯宾诺莎、莱布尼茨或笛卡尔等古典哲学家的评论。正如我下面详细叙述的那样,这个问题也为德勒兹和加塔利讨论语言性质的著作——这种语言被理解为"口令"(order-words)和"阐释的集体装置"(collective assemblage of enunciation)——以及他后来在讨论福柯著作中的思考力的认识论特性时奠定了基础。

34 平行论之谜

表现一个观念意味着什么呢?在某种意义上,它只意味着对表现自身的理解能力。重点在于那种由理解行为表现出来的力,而非被表现出来的观念的特定属性;正如德勒兹强调的,"观念的材料在表象性内容(representative content)中是找不到的,而应在表现性内容(expressive content)中寻找……观念借此指向其他的观念或上帝的观念"(SPP:75)。这里所说的并非笛卡尔的那种情形,即某个观念的特性是"明白清晰的"[2],而是说或者恰当,或者不恰当地表现自身本质的那种理解能力。著名的主客二元论(subject-object dualism)在对这种理解行为的阐述中被削弱了,因为理解的观念,它的对象和行动力实际上是同一的。正如德勒兹所写的那样,"被表现的意义和被意指的对象(以及这个意义上对象的自我表现)之间的传统区分在斯宾诺莎主义中找到了直接的应用"(EPS:105)。因此,理解(understanding)理解(understands)它自身,而且,这表现了它的本质属性,斯宾诺莎把这叫作它的实体(substance)。[3] 理解(understanding)所理解(understands)的东西被定义为样式(mode),它必然是无限的。[4] 德勒兹经常用"属性接着又表现在它们的样式中"(The attributes turn about in theri modes)[5] 这句话来描述这个新的论断。"[理解的]属性被以'某种可靠而确定的方式'表现出来,或者以有限的存在样式被表现出来,而属性中样式的表现形式却可以是无限的"(EPS:105)[6]。

此外,在斯宾诺莎的表现哲学中,拥有一个正确的观念并不意味着某个对象和表象它的观念之间的对应性,而是指充分"解释"事物本质的力量,为此,它必须"包含"其原因的知识并且必须"表现"之(EPS:133)。[7] 如果我有一个破坏我身体的疾病的观念,对于这个要恰如其分(adequate)的观念而言,它必须用某个成为另一观念的全部原因的观念来充分地表现这个疾病的原因,表现的方式恰如医生把效果(症状)彼此联系或连结成一个链条。[8] 德勒兹认为,"只有表现性的正确观念,才能给予我们经由原因或事物的本质而来的知识"(EPS:134)。在表现哲学中,重点被放在了对具有充分表现性并完美地解释原因的概念的创造上。"人们发现真正的知识是一种表现:这就是说观念的表象性内容被抛弃,面向一种真正具有表现性的内在内容,心理意识的形式被抛弃了,面向一种具有'解释性'(explicative)的逻辑形式主义"(EPS:326)。因此,对于斯宾诺莎和莱布尼茨来说,表现哲学首先关心的是被确定为上帝的那个存在,只要上帝在世界中表现他自己;其次,表现哲学关心被确定为真的观念,只要真的观念既表现上帝也表现这个世界。正如德勒兹所展示的,在这门哲学中,表现概念有两个可能的源头及直接应用的区域:和表现上帝与表现世界相关的本体论;和"命题所表现出来的东西"相关的逻辑学(EPS:323)。

然而,在斯宾诺莎的逻辑中,属性就是名字,但它们是动词而非形容词。后来,在德勒兹的思想中,这种表现的逻辑在"生成女人"(becoming-women)、"生成动物"(becoming-animal)和"生成分子"(becoming-molecular)这样的表现中明确地公布了"生成"(becoming)的概念。在每一种情况下,名字都不是作为一个名词或恰当的名称来发挥作用的,而是作为一个动词,作为一个变化的过程起作用的。正如德勒兹所展示的,正是斯多葛派通过把属于

35

身体状态的意义和属于陈述的意义区别开来,从而首先揭示出了意义的两个不同平面。它们彼此独立。[9]例如,"当解剖刀切了皮肉"(LS:5),或者当食物或毒药在全身扩散,就会产生两个实体的相互融合,而其意义不同于"刀切肉"这个陈述,它指的是一种非实体性的转化(an incorporeal transformation),既在实体层面上,也在陈述的意义的层面上(ATP:86)。这第三种意义位于两种不同的意义之间,位于身体的深层和陈述的表层之间,它就是德勒兹根据斯多葛派的非实体性理论所定义的意义本身的事件(the event of sense itself)。正如德勒兹所评论的:

> 问题如下:是否存在某种东西,某种相当大的东西(aliquid),它既不与陈述或陈述的措辞相融,也不与对象或陈述所意指的事物状态相混,亦不与"被经验的事物",或表象或在陈述中表现自己的人的精神活动相杂,甚至不与概念或被意指的本质相合?
>
> (LS:19)

意义无法被化约成所有这些限定形式,它标志着一种既不属于词语的秩序,也不属于事物的秩序的超存在(extra-being)。这个维度就叫作表现。

因此,一方面,意义不存在于表现它的陈述之外。被表现的事物不存在于它的表现之外。另一方面,意义也不能被完全化约为陈述的内容,因为有一种非常明确的且与其表现不相类似的客观性(objectité)。德勒兹在《意义的逻辑》中使用了"树变绿了"这句话,作为该悖论的一个例子。这句话表现的是树"变绿"的意义,是颜色的意义,而这颜色就是它的纯粹的"灌木"(arbrification)的事件。但在此处,事物(树)的属性是"变绿"这个动词,或者进一步说,是由这个动词表现出的事件。但这一属性将不会和物质的状态混为一谈,也不会和事物的特性或特征相混淆。[10]正如德勒兹所说,"属性并非一个存在",而是被陈述所表现的超存在,而"变绿"的意义也不存在于表现它的陈述之外(LS:21)。这里,我们可以再次提及在表现中被汇聚在一起的两个平面,这两个平面会继续保持彼此的不同,并在其意义不同一的情况下共存下去。但是,正如德勒兹所评论的,这并未产生循环推理或同义反复,而是产生了在陈述中或在事物的表面上维系着或持存着的差异观念。"意义既是陈述中可表现的(the expressible)或被表现的(the expressed)东西,也是事物状态的属性"(LS:22),但这个意义所表现的是意义本身的事件(the event of sense itself),它是一条跨越了陈述与事物、陈述与身体的界限,是一个一开始就表现了它们之间的关系的超存在,这种关系并不存在于表现之创造的外部。然而,尽管意义的事件(或"意义—事件")和语言有密切关系,但人们绝不能由此得出结论,认为它的本质是纯粹语言性的,以至于语言正是以这样一种方式作为它的原因而发挥作用。这条界线一方面并未穿越语言和事件,另一方面也没穿越语言和世界或事物的状态,而是一起出现在两边,同时使它自身区别于那种在每个序列中都出现或显示自身的意义,就好像意义每次都把它自己和那些陈述的意义或属于对象世界的意义区分开来,从而导致了矛盾的差异的出现(参见Zourabichvili 2003:36)。按照德勒兹所说,这个差异将成为意义本身的意义(sense)。

自由的间接话语和阐释的集体装置

符码和语言之间的差异是什么?本维尼斯特详细地解释了这个区分(1971:53),蜜蜂有符码,而且能够给意指某种信息的符号进行编码,但它却没有语言。这个区分依赖于一个事实,即一只蜜蜂不能把凭其感官无法看到或感知到的东西传递给第二只或第三只蜜蜂,而人却能够运用德勒兹定义的"自由的间接话语"(free indirect discourse)(ATP:77-80)。正如德勒兹和加塔利在《千高原》里认为的那样,"'原初的'语言,或对语言的原初的规定性并非比喻或隐喻,而是间接话语(indirect discourse)"(ATP:76-7)。我们或许会问,为什么要如此强调这个区分以及对作为间接话语的语言的规定性?而作为语言的原初的规定性,如果说它摆脱的不是主体,那摆脱的又是什么呢?就像 Humpty Dumpty 说的,"当我使用一个词时,我想让它指什么,它就是什么,不多也不少……问题就在于谁来掌控它……就是这样"(LS:18)。[11]因此,我们可以理解,德勒兹和加塔利整个语言理论之创建就是为了回应这个挑衅,证明主体并非词语——主体选择词语来表现其信念或欲望——的主人。就像他们所说的:

> 正是因为这个原因,间接话语,尤其是"自由的"间接话语才具有典型价值:这里没有清晰的明确的轮廓;占据首位的不是各种被个体化的陈述的介入,或不同的阐述主体的相互结合,而是一种集体性的装置,这种装置规定了相关的主体化过程,或者个体性的分配以及它们在话语中的动态分布。
>
> (ATP:80)

德勒兹和加塔利竭尽全力地否认"个体阐释"(individual enunciation)的存在。他们写道:"不存在任何的个体阐释,甚至也不存在阐释的主体"(ATP:79)。因而,语言首先是社会性的且由陈述和口令(order-words)[12]组成。所以,言语行为重复着已经隐含在口令中的内容,但不是以被破译的符码或者被传递给一个被动主体的信息的那种方式在重复着。人们讲的话并不比人们重复的话多,这里,重点被放在了陈述的冗余(redundancy)以及和言语行为主体性相对应的相对的同一性(或稳定性)上;"陈述和[语言中的]行为之间的关系是内部的、内在的,但它并非一种同一性"

（ATP：79）。因此，如果主体（或"我"）是这种已然属于语言的冗余的效果——它决定了交流的主体间性——那么，阐释的集体装置就是冗余的行为的复合体（redundant complex of acts）和实现这种冗余的陈述。阐释的集体装置这个概念在德勒兹和加塔利的语言及言语行为理论中具有首要的意义，因为它将解释一切语言的社会性。语言的首要意义是社会性，而从规定了既定社会场域的陈述和述行语（或"口令"）这个层面来看，所谓个体的言语不过是更为重要的重复的效果。正如他们所写的那样，"语言只可能被定义为在某个既定时刻里，存在于某种语言中的一整套口令和隐含的假设或言语活动"（ATP：79）。

38

　　为了解释集体装置的真实定义，也就是解释对陈述中的冗余和语言中的制度或口令起决定作用的因果联系（causality），德勒兹和加塔利再次回到了斯多葛派的表现理论，这个表现是非实体性转换——既在陈述意义的层面上，又在身体的层面上——的一种效果。我们还记得，非实体性被定义为一种超存在（extra-being），它出现在陈述的意义和为真实身体所占据的平面之间。正是这个超存在的特殊性将瞬时地决定这两个平面上意义转换的事件。这里，重要的是要注意，口令并非清晰的陈述，它并不经常采取命令（imperatives）的形式，而是被定义为行为和陈述之间的内在关系，这些关系内在于言语-行为（speech-act）并构成了它的"隐含的和非话语性预设"，而非清晰的、外在的预设（正是通过这些预设，陈述才指向另外的陈述或行动）。把被告变成罪犯的，是法官的判决所表现的非实体的属性（incorporeal attribute）；再有，被表现者不能脱离其表现，该属性也不能被置于罪犯的身体中来解释这个意义的转换。表现的逻辑恰恰既在意义的层面，也在身体的层面上来处理这些转换性事件——或者更确切地说，是同时发生在表层和深层中的事件。因而，阐释的装置并不"就"事物而言说，而是同时在事物层面和内容层面上言说。

正如德勒兹所写的,比方说,身体有年龄并根据生物进程发育,但是"你再也不是个小孩了"这个陈述把身体被表现出来的意义以及与年龄相关的意义,转换成了一个顺从的道德范畴。相形之下,"你只是个小女孩儿"这一陈述表现了类似的身体意义的转换,它被嵌入了决定性别之社会意义的一整套其他的口令之中。同样,我们或许会说,身体的肤色会作为一种属性而显现,但是,铭刻在"你是个黑人"或"你是个白种男人"这种陈述中的种族却引入了一种非实体性转换,它改变并决定了身体的特定的社会含义。

只有以这种陈述为基础,"黑"或"白"才能表现不简单地取决于作为身体属性的"黑"或"白"的意义。在这两种陈述中,每一种属性所表现的尽管有所不同,但都是一种非实体性转换,它直接被应用于身体并被嵌入主体的行动和激情之中。总之,它使身体臣服于一种"秩序"(order)。

一个社会是由这些口令——它把意义固定在身体上,并使得它们被个体化或与它们的社会意义相适应——构成的。正如德勒兹和加塔利所写的那样,"不存在任何独立于支配性意指过程的意义,也没有任何独立于既定的役使秩序的主体化过程"(ATP:79)。社会因而可以用口令来定义,而这种口令则规定了身体、行动、激情的彼此混合;在一个既定的社会中,阐释的集体装置"指示着陈述和非实体性转换或它们所表现的非实体属性之间的瞬时性关系"(ATP:81)。正是在这些时刻,也就是当语言能够表现真实的属性并把这些规定性直接运用于在任何一个特定时刻构成社会场域的身体或事物状态的时候,语言就变得真正具有了表现性。

诚如德勒兹和加塔利所认为的那样,尽管上面的转换直接适用于身体,但它仍然是非实体性的或内在于阐释的。例如,任何人都可以说:"我宣战!"但是,只有存在一个属于环境的变量,才能诱导由诸多实体构成的社会场域进入一场总体的战争，从而改变整个社会。"存在着各种表现的变量，它们在语言和外部之间建立了一种关系，但这恰恰是因为它们内在于语言"（ATP：82）。这就是为什么非实体性有时被定义为一种超存在（extra-being）的原因，这种超存在不能简单地用事物（或身体）状态或并非源自陈述（或语言）意义的非语言性存在来解释，但一开始就使存在的两个平面产生了关联并表现了它们内部结合的事件。因此，引发"口令"（比如"你被判死刑"、"我宣战！"或"我爱你！"）的是"某种额外之物"（an extra something），它"一直处在语言范畴和定义的外部"——巴赫金（和伏罗希洛夫）也这么认为（Volosinov 1986：110）——但是它表现了陈述意义的条件，同时表现了对身体状态的真正确定并直接介入了规定它们的行动和激情之中（ATP：82）。因此，德勒兹和加塔利所定义的"口令"，它的一切功能（描述、意指、任命）都不能被等同于语言；相反，它是"实现其可能性条件"（它们称之为"表现的超线性[super-linearity]"）的东西（ATP：85）。换句话说，它引导语言成为内在于身体平面的意义之表现。没有这个变量，语言本身就始终是纯粹虚构的、毫无生气之物，而且不会成为主格命令（nominative order），指称处于存在层面上的、现实的转换性事件。

40

抽象机器

最后，表现问题之于抽象过程——这个过程是哲学力量所固有的，而且它指代一个平面（plane），概念在这个平面上显现，并被组织进陈述和可见性的复杂构图中，正是它们"解释"了存在的平面（the plane of being）——的关系是什么呢？德勒兹和加塔利在一个有着四个不同层面——既按垂直方式，也按水平方式来加以安排——的构图里来定义内容与表现的关系。首先，在水平轴上，一台装置由内容和表现两个节段组成。在内容层面上,它是一台关于身体和身体状态的机器装置,这些身体和身体状态处于不同程度的互动中;在表现层面上,它是一台属于阐释、行为和陈述的装置,也是直接被赋予身体的非实体性转换。在垂直轴上,这台装置具有德勒兹和加塔利所说的"界域性的方面"(territorial sides),它使这台装置稳定化,同时,这台装置还具有卷携着它的解域之刃(cutting edges of deterritorialziation)(ATP:88)。通过对内容与表现,身体与陈述如何经由辖域化(它提供了一种装置形式、稳定性或相对的不变性)或解域化运动(在解域的情况下,装置的形式属性变成了一个被赋予动态的边界,这条边界穿越了身体和陈述)而被"占用"作出说明,我们就可以看到这个构图是如何运作的了。只有语言的例外状态才能引导语言进入变化或持续的变动,这种变化表现了作为生成(becoming)的身体状态。

正如德勒兹和加塔利认为的,语言依赖于它的抽象机器而非相反。在《千高原》中,他们与现代语言科学的公开论辩就是与一台抽象机器的论辩,这台机器决定了语言的表象性(representation),却不考虑他们所定义的、仍然内在于阐释本身的"非语言性因素"(non-linguistic factors)的具体因果性。通过使语言与意义的社会层面相分离,或者通过把它的诸范畴描述为中立的、近乎普遍的框架或结构,现代语言学发明的抽象机器只达到了一种居间的抽象层次,使它能够通过语言自身来思考语言学因素,却不考虑语言的社会意义。相反,德勒兹和加塔利试图重新投入他们对语言的语用学意义和政治意义的描述,以便纠正前者所提供的表象性。"由此观之",他们写道,"语言和社会场域及政治问题的相互渗透居于这台抽象机器的最深层,而不是居于它的表面"(ATP:91)。因此,开头提出的问题,即"表现一个观念意味着什么呢?",就又作为一个语用学问题,从这个视角回归了。

观念既在意义层面上变成可转化的,又同时成为"介入"事物与(广义上界定的)身体状态之中的转化性事件,对此,有什么必要的条件呢?对于在行动和陈述以及身体层面上的意义的非实体性转化而言,其因果性何在呢?换句话说,新口令(new order-words)的起源及其具体的原因是什么呢?回想一下我们对斯宾诺莎的表现哲学的讨论,我们就可以看到,在这里,重点再一次被放在了陈述和身体之间这种联系的"原因"上,这正是要充分"解释"的语用学的目标。然而,这种解释不仅限于言语-行为,也不限于某些历史地循环着,并决定或打断事件持续性的符号,或在之前和之后引入转化的东西。在某种意义上,这解释了他们对某些获得表现性的时刻的兴趣,或者说这些时刻预示着一种被任命的现实(a nominative reality)和一种新的社会秩序的到来以及新的集体阐释装置。例如,"1917 年 7 月 4 日之夜,或 1923 年 11 月 20 日"。第一个日期当然指的是俄国革命;第二个指的是通货膨胀危机和马克市场的崩溃,它们推动了德国国家社会主义(National Socialism)的兴起。但是对他们来说,真正的问题是:"这些日期表现了怎样的非实体性转化——这些转化虽然是非实体性的,但却被归属于身体并被嵌入它们之中?"(ATP: 86-7)

为了进一步说明这个表现问题,我们可以思考一个更切近的时刻:2001 年 9 月 11 日。这一时期表现的非实体性转化是什么呢?它表现的被直接赋予身体,并被嵌入身体当中的意义是什么呢?我们不能得出结论说它的意义仅限于 9 月 11 日早上发生的那一连串事件,相反,其意义在于一种转化——它持续地预示着新口令的相互渗透和行为、陈述及身体的相互融合。"恐怖分子使客机坠毁"、"一名阿拉伯人受阻于国境线并接受讯问"、"为了获取情报,战争俘虏被严刑拷打"、"总统对恐怖行为宣战"、"宣布最高紧急状态";这些陈述目前所表现的,是先前那些符号所表现的意义的变体,德勒兹和加塔利称之为"解域之刃"(ATP:88)。这里,表现了战争行为的符号解域了民族-国家先前的冲突,就像规定战争状态的法律或司法符码在流动状态中被替换了,而且它再也不能决定那些不符合其先前定义的身体相互融合的具体情境了(例如,来自阿富汗的战俘不再享有《日内瓦公约》[Geneva Convention]的保护,或者总统的战争宣言也没有义务遵循与对待战俘相关的国际条约了)。通过这仅有的几个例子,我们就可以理解,"9·11"表现了一种直接作用于身体的,或者就像德勒兹和加塔利所写的那样,"把自身插入或嵌入内容中"(ATP:87),也就是说,插入或嵌入口令结构(它把身体定义为某个个体化的场所)中的非实体性转化。因此,俘虏或被怀疑的恐怖分子的身体就对应着一套新的意义,而这套意义又使它服从于一套新的权利和程序,而规定了这些特定的个体化场所的新口令,则将在其他的身体和社会主体性中产生不可预见而又富于变化的事件。这种转化将成为德勒兹和加塔利所定义的政治语用学的目标,它关注的是"(与社会身体及实现着的内在行为相关联的)口令和非实体属性的变化"(ATP:83)。根据这项关于转化性的研究,对"总统向恐怖行为宣战"之类的陈述,必须"只能把它当作其语用学含义的一个功能来分析,换句话说,必须通过它与隐含的预设、与内在行为或它所表现的非实体性转化,以及与引入了一种新的身体配置的东西之间的关系来分析"(ATP:83)。

德勒兹经常引用"明天将有一场海战"这句话来提出内部因素——正是这个因素使这句话表现了一个日期或一个口令的意义(ATP:86)——的问题。但德勒兹也注意到,口令之链和特定内容(或事件)的因果关联从未出现在我们面前,相反,我们似乎不断地从口令转向"事物的沉默的秩序"(Foucault,引自ATP:87)。因此,在《福柯》一书中,德勒兹表明,权力关系意味着在话语的陈述和非话语的可见性之间跨越而过的那个"别的东西"(that other thing)(FCLT:83)。换句话说,在今天,"权力"承担了那个超存在(extra-being)之名,这个超存在奔跃于两种不同的秩序之间但仍表现了它们之间的关系,或者说,使它们的关系作为一个知识问题而呈现出来。然而,如果说在更早的斯宾诺莎那里,权力是由一个表现它自身本质的观念统一起来的话,那么现在,权力就只能被规定为一个涵盖诸多力量的场域,或"以游牧方式被散布开来的差异因素"的多样性(Canning 2001:311-13)。在这里,问题又一次成为:这些因素如何联合起来产生彼此? 这是一个涉及它们"实质"(virtuality)的问题,而且也是涉及权力关系之于言语方式——这些方式在任何特定时刻都表现了这些关系——的内在性的问题。正如德勒兹所写的:

> 如果权力不只是一种暴力,那么这不仅是因为它自身穿行于表现力量与力量关系的诸范畴(煽动、诱导、生产某种有用的效果,等等)之中,还因为,相对于知识,它在使我们看和说的范围内生产着真理。

(FCLT:83)

通过这个最后的论述,我们就可以理解权力的概念之于表现问题的关系了,因为它被定义为那个超存在(extra-being),这个超存在位于陈述与身体的边缘,并最先生产出一种和真理之间的关系:"它把真理生产为一个问题"(FCLT:83)。

注释

[1] 平行论,又名"身心平行论",是斯宾诺莎《伦理学》一书中的主要思想。斯宾诺莎认为,世界上只存在一个"实体"(即"神"),身体和心灵都只是实体的属性,而非两个独立的实体。在两者的关系上,斯宾诺莎认为:"身体不能决定心灵,使它思想,心灵也不能决定身体,使它动或静,更不能决

定它使它成为任何别的东西,如果有任何别的东西的话。"(《伦理学》第三部分,命题二,贺麟译,商务印书馆1983年版,第99-100页);"……心与身乃是同一的东西,不过有时借思想的属性,有时借广延的属性去理解罢了。不论我们借这个属性或那个属性去认识自然,事物的次序与联系却只是一个,因此我们的身体的主动或被动的次序就性质而论,与心灵的主动或被动的次序是同时发生的……这一切都足以明白指出,心灵的命令、欲望和身体的决定,在性质上,是同时发生的,或者也可以说是同一的东西,当我们用思想的属性去观察,并且用思想的属性去说明时,便称为命令;当我们用广延的属性去观察,并且从动静的规律去推究时,便称为决定"(《伦理学》,第三部分,命题二之附释,同上,第100,103页)。

德勒兹在《斯宾诺莎的实践哲学》中总结说:"斯宾诺莎最著名的理论性论断之一被称为平行论;它不仅在于否定心灵与身体之间有任何真实的因果关系,而且不承认任何一方高于另一方……按照《伦理学》的说法,心灵内的行动必然也是身体内的行动,而身体内的激情必然也是心灵内的激情。此一系列并不高于彼一系列",参见德勒兹《斯宾诺莎的实践哲学》,冯炳昆译,商务印书馆2004年版,第21页。——译者注

2 德勒兹:"……又或者我们可以诉诸于'明白清晰'的标准,这是一种显现在观念中的真理之内在标准。但是这个标准是不能成立的。就其自身而论,明白和清晰确实联系到观念的内容,但这个联系只是指向其'客观的'或'表象的'内容。它们也联系到形式,但这是指观念中属于心理学意识的形式。明白清晰可以让我们认知到一个真观念,这是斯宾诺莎的方法所预设的,但是它们不能给予我们任何有关该观念之质料的内容以及逻辑形式的知识。此外,明白和清晰这个标准不能使我们跨越形式与内容之间的二元性。笛卡尔式的明白并非单一的东西,而是二元的。笛卡尔要求我们对质料的明证性,亦即观念客观内容的明晰性,和形式的明证性,以及观念之信念'原因'的明证性进行区分。这个二元性一直延伸到笛卡尔对理智和意志的区分中。简言之,笛卡尔不仅无法认知像质料的内容那样的真实内容,以及像观念的逻辑形式那样的真实形式,他也无法上升到'精神自动机'的观点,这种观点蕴含着形式与质料的同一。"参见

德勒兹《斯宾诺莎与表现问题》，龚重林译，商务印书馆 2013 年版，第 125-126 页。——译者注

3　《伦理学》第一部分，界说（三）："实体（substantia），我理解为在自身内并通过自身而被认识的东西。换言之，形成实体的概念，可以无须借助于他物的概念。"参见《伦理学》，贺麟译，商务印书馆 1983 年版，第 3 页。——译者注

4　《伦理学》第一部分，界说（四）："样式（modus），我理解为实体的分殊（affectiones），亦即在他物内（in alio est）通过他物而被认知的东西（per alium concipitur）。"同上，第 3 页——译者注

5　这句话的意思是，属性并非一成不变，不可分割，相反，属性必须要在具体的样式中得到分殊化，从抽象状态变成具体状态。德勒兹在《斯宾诺莎与表现问题》中说："属性，如我们所见，就是名字（noms）：是动词而不是形容词。每个属性都是一个动词，一个主要的、非限定的命题，一个带有不同意味的表现；所有属性共同意指单一的相同实体……第一个命题必须成为第二个命题的意指对象，后者从而有了一个新的意义，如此等等。所意指的实体被表现在诸属性之中，后者表现了一个实体。接下来诸属性又被表现：诸属性表现于样态（即"样式"［modus］——引者注）之中，诸样态建制了众属性。样态表现了实体的某个分殊，样态是真正的'分词式'命题，从主要的不定命题而来。"还有，"有一个自然的秩序，在此秩序中上帝必然地产生一切事物。这就是诸属性的表现之秩序。每个属性首先以其绝对本性被表现出来：直接无限样态是属性的第一层表现，接下来经过分殊化的属性在间接的无限样态中表现自身。"参见《斯宾诺莎与表现问题》，龚重林译，商务印书馆 2013 年版，第 96 页。——译者注

6　此处参考了龚重林先生的译文，参见《斯宾诺莎与表现问题》，商务印书馆 2013 年版，第 96-97 页。——译者注

7　德勒兹："从观念的形式来看，一个真观念便是一个观念的观念；从观念的质料内容来看，真观念是一个正确的观念。如同观念的观念是一种反思性的观念，正确观念被看成是一种表现性的观念。对斯宾诺莎而言，所谓'正确'（adéquat）并不是指观念和其所代表之对象的相应，而是指该

观念和其所表现之某物的内在一致性。正确观念如何表现？以作为某事物知识的观念为例,事物的真知识视乎该知识关涉其知识对象之本质而定:此知识必须'展开'这个本质。但所谓展开或解释事物本质的意思指的是该知识经由掌握事物的近因,而达到对这些事物的理解:该知识必须'表现'这个近因,也就是说,必须包含(enveloppe)到这个近因的知识……所谓正确的观念指的是这样一种观念,这观念表现了它的原因。因此,斯宾诺莎提醒我们,他的方法是建立在观念与观念之间的因果联系之可能性之上,在其中,一个观念是另一个观念的所有原因。只要我们停留在明晰观念这个阶段,我们就只能具有结果的知识;或是换句话说,我们只能知道事物的性质。只有表现性的正确的知识才能给予我们经由事物原因或事物之本质而来的知识。"参见德勒兹《斯宾诺莎与表现问题》,龚重林译,商务印书馆2013年版,第127页。——译者注

8　德勒兹:"……方法并不给予我们关于某物的知识,而是给我们关于思考力量的知识,在这一点上,斯宾诺莎又说,除非尽可能地了解诸事物,并使这些事物彼此能够联系起来,否则不能达到对思考力量的理解。反过来说,当我们能够显示出下面这点,就是说,在诸观念的相序系列中,一个观念是另一个观念的原因,那么就能从这里演绎出如此的结论,亦即所有观念皆以我们思考或理解的力量作为其原因。"同上,第135页。——译者注

9　对于斯多葛派非实体性理论的完整解释,请参见《意义的逻辑》中"第三个级数:陈述"一章(LS: 12-22)。然而,德勒兹本人首先是从布雷耶(Bréhier 1928)那里获得了这个理论的源头。关于时下对斯宾诺莎表现概念的讨论,也可参见梅(May 2005)和托马斯·纳伊(Thomas Nail 2008)。

10　德勒兹:"斯宾诺莎在上述的基础上得以区别属性与特性(propres)。他从亚里士多德的观点开始:一个特性是属于某物的属性,但特性决不能解释此物。因此,上帝的特性充其量只是形容词(des adjectifs),后者不能提供我们关于实体的知识;上帝之存在离不开这些特性,但是仅经由这些特性,上帝并不能成其为上帝……严格来说,特性不能被称为属性,这是因为它们不具有表现性。特性更像是'被印刻的观念',如同'被铭记下来

的字符',或者存在于所有的属性中,或者存在于某些属性之中。属性与特性的对立表现在两方面,属性是上帝的话语,后者表现了相应于实体的诸本质或性质,而特性仅只是形容词,其目的在于指出诸属性的本质或性质。上帝的属性是具有共通性质的诸形式,它与实体相通,两者是可互换的,它也与样态相通,样态虽蕴含属性,但是样态与属性不可互换的,而上帝的特性确实适应于上帝自身,它们不言说样态,而只是言说属性。"参见德勒兹《斯宾诺莎与表现问题》,龚重林译,商务印书馆 2013 年版,第 37-38 页。——译者注

[11] Humpty Dumpty 最初是英国的《鹅妈妈童谣集》(*Mother Goose*, 1791)中的一个人物,其特点是身形矮胖,状似鸡蛋,因此也译为"蛋人"、"蛋形人"或"蛋头先生"。文中引用的这句话出自英国作家刘易斯·卡罗尔(Lewis Carroll, 1832—1898)的童话《爱丽丝镜中奇遇记》(*Through the Looking-Glass, and What Alice Found There*)。在这部童话中,小女孩爱丽丝在梦境中遇到了一个蛋人,问他是否可以用同一个词来指称不同的事物,于是就有了蛋人这样的回答。——译者注

[12] "我们称作口令的,不是一种明确陈述的具体范畴(比如,命令式),而是每个词语或每个陈述与隐含的预设之间的关联,也即,与在(并且只能在)陈述之中得以实现的言语行为之间的关联。因此,口令并不仅仅牵涉命令,还牵涉所有那些通过一种'社会规范'与陈述联结在一起的行为。每个陈述都直接或间接地体现出此种联系。问题,承诺,都是口令。语言(langage)只能被界定为某个既定时刻在某种语言之中所运作着的口令、隐含预设或言语行为的集合。"参见德勒兹、加塔利,《千高原》,姜宇辉译,上海书店出版社 2010 年版,第 106 页。——译者注

差异,重复

⊙ 梅丽萨·麦克马洪

导 言

德勒兹的差异(difference)和重复(repetition)的概念是在一个计划中被阐发出来的,这个计划有积极的和消极的两个组成部分。消极的或者"批判的"一面是宣称:哲学以其特有的概念,在一种"先验的幻象"(transcendental illusion)下劳作,它使差异和重复的概念系统性地从属于同一性(identity)概念,而且主要是德勒兹所谓的"表象体制"(regime of representation)中的同一性概念。只要这个幻象不仅是一个可以用正确信息加以纠正的历史偶然事件,而且是形成了思想运作的一个必要且不可避免的部分,因而需要某种永恒的批判工作,那么它就是"先验的"(这个说法来源于康德)。德勒兹计划中的一部分就在于诊断这个幻象,并展示出它是如何歪曲了思想的"真实"运动。在这个运动中,差异和重复本身将会作为某种"未来"思想的最终因素和动力而得到赞赏:这不是某种历史的未来,而是作为一种生机勃勃并获得解放的哲学之本质目标的未来,这种未来甚至隐含在过往的诸哲学中。

　　只要不疏忽,德勒兹计划中积极的组成部分就已经能够在此管窥一二了。我们在德勒兹论柏格森的差异概念的那篇文章中找到了更加直接的表现,在那里,差异哲学的赌注被牢牢地押在了对哲学之真正目的的明确的愿景上:"如果哲学想和事物发生积极而直接的关系,那就只能宣称它如实地抓住了事物自身,抓住了它与其他一切非它事物的差异"(DI:32)。这就是德勒兹给此处的哲学所分派的精确目标:抓住事物绝对的"此性"(thisness),这是在德勒兹关于该课题的全部工作中反复出现的主题。因此,在《差异与重复》中,德勒兹问道,差异的概念——而不是成为一个中介性概念——是否不是(not)"存在和精确性的唯一时刻"(DR:28)。在同一本书中,当介绍他的重复的概念时,他声称,重复是一个只和独特的、不可替代的事物——这恰恰就是那个以其差异和一切非它事物相区别的事物——相关的"必要且证明为合理的行为"(DR:1)。

　　"理解事物的存在",这个目标是哲学的古老任务,甚至是构成哲学之定义的任务。柏拉图的对话被人们共同理解为一项致力于确定某个本质的任务,这个本质对应于"什么是 X(上帝、正义、美等)?"这个问题,而亚里士多德则把形而上学定义为一门处理事物本质属性这一难题,或者处理"作为事物本身的东西"的学科。[1]但是在这两种情况下,这个活动似乎使作为简单同一性的、关于本质的概念性观念显现了出来。回到德勒兹计划的批判部分,根据德勒兹的解释,正是同一性概念——以及使它们具有同一性功能的差异和重复的概念——特别不适合于解释思想的独特对象。

同一性的机制:表象

　　正如德勒兹在《差异与重复》中呈现的那样,同一性概念的功能从本质上来说是"管理"差异的概念。因此,比方说,通过在不同的情况中辨认出"相同的"或同一的性质或事物，某个概念就使差异屈服了；这就是我们的普遍性概念，比如"红"或"狗"。通过另外一种方式，差异被构造为一种和同一性概念相对的、对它进行"分割"（division）或"具体说明"（specification）的方式。这里的古典模型就是亚里士多德的属种模式，一个属的概念根据彼此相反的属性之差异而被分割开来；例如，"理性的"这个差异把"动物"这个属分成"人"和"非人"两个种。有一个或隐或显的假设，即无论概念之外可能存在什么样的差异，不参考一个同一性概念，这些差异就不可能被思考，而且，"思考一旦被停止，差异就消散殆尽，什么也不是了"（DR：262）。这里的难题不光是差异概念只被理解为同一性概念的一种功能，因而不是"它本身"；问题还在于它是被这种模型所排斥的那一类差异。概念的方法定义了一种本质或本性，而"偶然的"或者"意外的"差异——那些属于空间和时间，属于"碰巧"发生的或者个别的情况——则掉落在了概念的普遍范围或者它的分割限度之外。

46

德勒兹指出，哲学中已经有扩展概念范围的诸多尝试，以便至少在原则上使它把个别事物的甚至最为偶然的细节也囊括进去。因而莱布尼茨坚称，一切差异，包括时空差异和偶然事件的差异在内，都包括在某事物的概念之中。"充足理由律"（principle of sufficient reason）这个论点意味着，原则上只有一个事物对应某个给定的、被充分理解的概念，反之亦然。然而，概念和事物最终的同一性只能被上帝的无限精神所理解；而我们使用这种同一性，是为了假设一切存在的合理性，从而达到科学研究的目的，但是我们关于事物的观念总是不完整的。莱布尼茨的例子仍然提出了一系列和德勒兹的计划有关的重要问题，同时也最早地暗示了重复的概念是如何与差异的问题紧密缠绕在一起的。

第一个问题是，只适用于一个事物——它是完全个别性的事物——的概念,实际上是否仍是一个概念。换句话说,我们的概念之存在,似乎恰恰是为了把共同的特征(common characteristics)指派给一整套事物,是为了形成普遍的,即可重复的陈述而对特殊情形进行的抽象。只适用于"此"(this)的概念有什么用呢? 这样一种可传播的(又是可重复的)个别性思想是怎样的呢? 存不存在一种没有传播性的思想呢? 如果事物不能用可识别的概念来构想的话,那么在何种意义上对事物的理解才是准确的呢? 这些问题的提出,产生于对哲学家想理解独异性(singularity)——它从属于时间与空间的某个偶然时刻——这个欲望的最著名的现代反对意见,这个意见即黑格尔在他的《精神现象学》(*Phenomenology of Spirit*,1977)² 开头对"感性确定性"的所谓"丰富"进行的批判。³他举了我们意识的当下直观印象(sense-data)这个例子,这种印象作为"此性"(thisness)的一种具体情形,似乎是认识的最为可靠与真实的形式。然而,当开始通过概念构想这个认识的时候,我们就被降格成了最空洞、最抽象的东西:仅仅是一个"我"、"这"、"这里"以及"现在",它们可以适用于任何经验,因而恰恰对"这"一个说不出任何东西。

从德勒兹的观点来看,莱布尼茨和黑格尔所举的例子的问题在于,根据表象的思维模式,概念的同一性仍然被保留为思想的核心参照点。"表象体制"(regime of representation)是一个体系,同一性概念——不管是普遍的还是个别的——借以在事物的本质与思想的本质之间形成了交汇点。在挑战这个概念的过程中,德勒兹不仅挑战了(在客观上)存在着某种在本质属性的命令中被表现出来的"事物本质"这种思想,还挑战了(在主观上)概念构成了可理解性(intelligibility)的基本单位这种思想;他还对同一性概念作为思想及其对象之间的理想的或预期的关系这种作用提出了抗辩。也就是说,他对思想的目的就是表象,就是让已经以非概念形式存在的东西明确化、概念化这种观念提出了挑战。德勒兹没有从"事实"的角度——也就是说我们的表象"实际上"和某个事物的本质并不一致,它并不适合或者适用于这样一个目的——挑战这个观念。相反,他是从这个观念所呈现的思想目的与功能的特定概念这个层面来挑战这个观念的;是从"正确"的观点出发来提出挑战的。对于德勒兹来说,表象(representation)以及相关的思想,比如"反映"(reflection)、"交流"(communication)等,展现的都是关于哲学目的及活动的错误"形象"。

通过概念而对对象进行表象或确认,这种潮流在世界上并非不盛行。相反,这规定了日常经验的主要范围——德勒兹把这称为"常识"(common sense)的领域——在那里,我们根据习惯的需要来对与我们相关的事物加以识别和排序。但是由于这个特定的原因,德勒兹发现这个"常识的"观念并不适合作为一种思想的形象,相反,这个形象隐含着事物正常进程中的某种断裂(disruption)或者例外(exception)。同样,在社会整体的层面上,哲学隐含着一种对事物的既定秩序的挑战,这种秩序为了发挥作用,在任何情况下都不需要哲学:"如果哲学指的是一种就像它所不明言的假设那样的常识,那么,既然常识每天都能形成自己的哲学,常识要哲学何用呢?"(DR:134-5,译文有改动)。德勒兹不只是在这里发表了一份政治声明。他还宣称,如果表象在某个既定秩序,或者某个既定意识的内部,像它的习惯性运作模式那样运作,它就既无法解释那个秩序是如何产生的,也无法解释它是如何演化的。当常识和表象的体系假定了事物的基本秩序和思想——它的工作只是让这种隐秘的安排变得明晰起来——的自然方向时,它不过是通过另一种方式,把自身假定为可能性本身的条件,同时对实际的过程不做任何的解释:

> 如果说,这是一个在结尾重新发现存在于开头的东西的

48

问题;如果说,这是一个对那些在没有概念的情况下只能暗示出来的东西加以承认、使它们概念化或明晰化的问题……事实仍然是:所有这一切都还是太简单了,这个圆确实还不够圆。这个圆的形象反而会揭示出,哲学确实是无力开始,或者说它的确是无力重复。

(DR:129)

对于德勒兹而言,作为其创始和革命的原则,思想发生在某个既定体系的"边缘":思想不是"自然"发生的,而是在我们被迫思考的时候才产生的。我们也可以换个方式说,虽然作为表象的思想形象给作为观众的思想者分派了一种消极的或投机的角色,但对于德勒兹来说,思想者是一个演员,他用演员这个身份所隐含的一切来面对某个事件的关键时刻,并积极从事一种戏剧的演出。

理念的秩序:戏剧化

"戏剧化"(dramatization)实际上是德勒兹赋予某种思想模式的名称,他依靠"戏剧化"概念把这种模式呈现为对表象体系的替代性选择。为了抓住事物的本质,与其问"什么是……?",还不如问"谁……?","如何……?","什么时候……?"和"在哪里……?"。[4] 在哲学中,人们倾向于把这样的问题贬低为:它不过是指出了对某个本质的经验性例证或者详尽的呈现,而不是"事物本身",因而就错失了哲学事业的关键。然而,对于德勒兹来说,这种反对意见又一次强调了作为本质统一的唯一原则的同一性概念,它把概念的本质的"唯一性"(one-ness)放在一边,而把它的多样性表现放在另一边。相反,德勒兹把他对理念(Idea)或难题(problem)的观念假定为思想的基本要素,而正是这种思想把这些具有同等地位的东西整合起来并且赋予它们一个超越了普通经验的范围。德勒兹对理念的见解应该把某些东西归功于柏拉图,德勒兹认为,如果我们把柏拉图的对话录理解成对某个核心难题的"戏剧化",而不仅是对"什么是……?"这个问题的偶然的、拐弯抹角的回答,那么,他的对话录就能更有效地发挥作用。再退一步说,德勒兹在概念(concept)和理念(Idea)之间所做的区分可以追溯到康德。康德区分了概念(它和感觉经验结合在一起形成了我们的认识的基本要素以及我们的客观表象的普遍整体)和理念(它形成了我们行动的整体视野和原则,而且它不可被理解[known],只能被思考[thought])。虽然概念确定了可能性经验的领域,但理念的固有倾向是超越可能性经验的界限,因此在康德哲学中,它们起着引导我们自由的特殊作用。知识(knowledge)和思想(thought)之间的区别是德勒兹在自己阐述概念和理念之对立的过程中带入的。例如,在《差异与重复》中德勒兹坚称,学习(learning)——而非知识——才是思想最终的、自足的目标,它并不属于那个被知识所填充的过程的准备阶段,而是完全属于一个不同的秩序(DR:164)。[5]

康德把理念描述为"不确定的"(problematic)(因为它是不可知的[unknowable]),德勒兹以此作为他的立论基础,以便把他关于理念的论点发展为"难题"(problem)本身(DR:168-70)。和某个"不确定的事物"(problematic object)或事件(event)的相遇使我们意识到一个难题,它超越了我们的表象能力,也因为同样的原因激起了我们全部力量的运动,同时在感觉、记忆、想象和思想之间制造了一种接力。这个事物或"符号",一方面充当了思想的虚拟视界的标志:"客观"(就其来自外部而言)但又不确定(interminate)。另一方面,它呈现了一系列的独异性,这些独异性形成了实际解决办法的坐标和"有益的样板"。[6]德勒兹在这里所说的难题的"独异性"恰恰就是由"谁……?"、"如何……?"、"什么时候……?"和"在哪里……?"这些问题(questions)所暗示的那些同样的东西。然而,这些问题现在形成了难题的现实性条件,而不是一个概念的感觉得到的显现(sensible manifestation)。因而,德勒兹对黑格尔反对直觉性之"丰富"的论断做出了最终的回应,这个回应就是:独特事物——"这"、"这里""此刻"——的意义只有在一个难题的背景下,只有在赋予它意义的思想的戏剧中才能被理解,没有这些的话,它实际上是贫乏的。

> 黑格尔用特殊之于一般概念的抽象关系替代了理念中独特和普遍的真实关系。因而他仍然在简单的一般性中固守"表象"的被反映的性质。他表象概念,而不是把理念戏剧化:他制造的是一个错误的剧场,一场歪曲的戏剧,一个虚假的运动。

> (DR:10)

在这里,对独特的事物进行"思考"意味着,不是通过概念去表象或理解,而是沿着行动或事件的轨迹进行校准。[7]从"未被思考"到"被思考"的道路下面不存在任何的同一性或相似性(顶多是和它的难题相类似的一个解决办法):思想既是对全新的事物的回应,它本身也创造着新事物。

正是这种被思想创造出来的差异——它是对特殊的或独特的事件的回应和重复——处于德勒兹对这些概念的理解的核心。德勒兹把这种思想能力呈现为对不确定性的确定(the determination of the indeterminate)。思想的"对象"或"视野"在两种意义上是不确定的。首先,思想的视野因"缺席"(by default)而不确定,因为思想没有把任何确定的"事物本质"作为它的基础。其次,世界上的不确定性的能动的幽灵——以不确定的事物或符号为形式——刺激思想,使之成为行动。这双重的不确定性和表象体制截然不同,表象体制以一个概念为基础,这个概念充当了预定的思想(predetermined thought)和存在(being)之间的交汇点或"快乐的中介"(happy medium)。然而,对于德勒兹而言,思想标志着一种分裂(disjunction)以及它自身和所思之物之间的斗争。思想产生于它与其"外部"——"外部"抓住并激发了它的回应——的相遇中,但在这两者之间恰恰缺乏任何共同的尺度或中介。面对着这种绝对的差异——德勒兹称之为"确定本身和它所确定的事物之间的先验差异"(DR:86)——思想不得不制造差异。思想总是被笼罩在无法想象的事物之中,既作为它的存在理由(raison d'être),也作为它的不可能性;既作为它的基础(fond),又作为对基础的摧毁(éffondement)。这种无法想象的差异——即无法思考之物和被思考之物之间的非同一性——实际上是德勒兹最高的思想对象:

> 思想如何能避免走得太远?如何能避免去想那些和思想最过不去的东西呢?凭借同一性,我们虽用尽全力思考,却没有创造出哪怕一丁点儿思想:相反,凭借差异,难道我们没有获得最高级的思想,而且获得了那些不可能被思考到的东西吗?

(DR:266)

我们上面提到,在康德那里,理念总是具有"超越"界限的倾向,在德勒兹看来,这正是对超越了任何实际解决方案的理念-难题(Idea-problem)的维护或"坚持"。这种在思想的"客观"层面上对不确定性的坚持,在"主观"层面上是和一个事实相配的,即确定的行为(the act of determination)服从于某些条件,特别是作为"确定性之形式"(the form of determinability)的时间(time)。正如在表象体制中,同一性概念充当了斡旋思想主体和客体的关键,"纯粹而虚空"的时间形式在这里也充当了一个场所,思想的条件和理念的"超越"(excess)在这里通过不一致性(disparity)而非同一性相遇了。

德勒兹这里的思想是复杂的,而且再次以思想的"戏剧性"甚

51 至"悲剧性"概念作为基础,借此,行动的两"半"——它的条件和它的效果——无法得到调解:它们不"匹配"或"协调",但揭示出一种改变并超越了行动者的"崇高的"力量(DR:87)。纯粹而虚空的时间形式是思想事件中的未来的标志,或德勒兹所谓的——按照尼采的说法——"不合时宜"(the "untimely")。然而,且不管德勒兹的戏剧意象如何,思想中的事件将不会根据范围和意义的标准的历史法则而接受判断。事件同样属于一个"不可感知"之事的"微观"机制(这里使用的是德勒兹和加塔利后期的语言):"在庞大喧嚣的事件之下,存在着沉静而微末的事件,正如自然的光芒下存在着理念的细微的光彩"(DR:163)。

差异中的重复:思想的共同体和交流

德勒兹的思想方式排斥一切通常可以形成思想的条件和传播性的、有关共同基础(common ground)——以普遍性概念,或思想及其对象之间共享的现实为形式——的观念。在某种意义上,这意味着思想必然是一项孤独的活动;在《差异与重复》中,德勒兹认为,思想的声音就是"孤独而又激烈的哭喊"的爆发(DR:130),后来又说,"当你工作的时候,你必然处于绝对的孤独之中"(D:6)。另一方面,德勒兹还在他的工作中促进了思想的诸多集体性层面——他把这在他与加塔利合写的书中付诸实践——并在其整个哲学中都强调教学过程的重要性,其中的某些方面已经在上面有所显示并在《什么是哲学?》中再次得到了重申,在那里,他给哲学分派了"概念教学"(pedagogy of the concept)的任务(WIP:12)。[8] 德勒兹要创造的不是一种浪漫的或秘传的思想模式,它也不忽视其传播性问题或者约束其范围。对于德勒兹而言,思想的孤独性不"排斥"任何事物;正如他自己补充说明的那样,这种孤独是"极端拥挤的"，它实际上被各种"相遇"所占据，它是"运动、思想、事件、实体"的融合（D：6，译文有改动）。

实际上，思想的条件包括了必然超越个体思想的诸多因素，就此而言，当德勒兹提出这些条件时，它们已经包含了其不朽的原则。通过证明这一点，我们把自己的思想全力投入它的重复这个理想目标上，这个重复缺乏同一性的基础或理想，它只能是它的微分（differentiation）。一个思想家和另一个思想家，一个思想和另一个思想之间的关系，正如德勒兹所呈现的那样，再生产出了被卷入原初思想事件中的配置（configuration）。的确，"再生产"在这里是"过剩的"，因为，对于充当"不确定事物"（problematic object）或者事件（event）的某种哲学、某个人或某本书而言，对于激起思想之链的一整套复杂的独异性而言，没有什么是"次要的"东西。思想通过接力赛的形式传递，其间，指令将重复那些不能被表象的事物，并作为不同的东西来重复。思想之间存在着一种三角关系，在此，一个难题的要素成为一个必然不同的新的难题的要素。每一种情形都被第一种情形的"精神"（spirit）从一个全然不同的角度激活，同时又指向未来，从此又将产生一种新的情形。正是这种"不连贯的"暂时性（"disjointed" temporality）——它既非永恒的也非历史的——表现了前面提到的那种"不合时宜"的意义，遵循了尼采的训谕："以一种不合时宜的方式行事，既反对这个时代又热爱这个时代，热爱（我希望如此）即将到来的时代"（引自 NP：107，译文有改动）。

这种交流（或者"传播"[transmission]，如果我们想避免前文的"共同性"[commonality]一词的含义的话）方式，就是德勒兹和加塔利后来表述的"根茎"（rhizomatic）。这和"树木的"（像树一样的）形式（arboreal form）截然对立，在那里，各部分只有通过它们和共同的根的关系才能彼此联结，它们的重要性是根据与根的距离

52

远近来衡量的。相反,根茎通过跳跃横向扩展,每一次萌芽都标志着一个新的根系,人们无法为它分派任何起点与终点。根茎是一个取自植物学的术语(草就是根茎的一例),但在德勒兹和加塔利的手中,它是一个和"树形系统"(tree-system)一样重要的哲学概念。因为后面这个概念在哲学史上有悠久的谱系,无论它是清楚地呈现在亚里士多德的概念划分模式中("波菲利之树"[Porphyry's Tree]再现了这种模式[9]),还是隐秘地出现于任何一种指定了中心原则(甚至"存在"本身)——其目的是围绕它组织一系列次要的或者更次要的秩序——的哲学之中。和德勒兹的大多数观念一样,这里存在着一种与哲学的老一套的等级结构相关的政治共振和哲学共振。只要每一个思想行为都是全新的开始——它们产生于构成我们的难题的那一整套偶然性——我们就可以和(而不是"跟在他们后面"或"像他们一样")过去的思想家(他们就像我们的同时代人和同伴)一起思考,像他们所做的那样瞻望未来。

结　论

　　在论柏格森的差异的文章里,德勒兹说差异的问题"既是方法论的也是本体论的"(DI:32):我们不能把差异的存在从它的追求和发展模式——即微分(differentiation)——中分离开来。差异既被定义为"它之所是的独特性"(particularity that is),又被定义为"创造了它自身的不确定性和新颖性"(DI:48),差异的这两个方面就是我们所理解的重复。正由于这个原因,哲学中的准确性问题并不在于对概念本质的孤立,而在于把与不确定的诸装置(apparatus)对等的东西整合起来。在回答"什么是……?"这一问题时,我们必须"确定它的时间、场合与环境,它的景观和面貌,它的条件和未知的事物"(WIP:2)。这些因素——它们在任何情况下都是独一无二的——在范围上是无限的,因为它们是由改变的意志(a will to transform)所激发的创造性思想的条件,它们的出产超过了思想家。

对西方哲学的逻各斯(logos)的批判是许多20世纪欧洲哲学家共享的一项计划。但德勒兹却在面对哲学"终结"的宣言时,决定发明一种建设性的思想方式——他本人把这称为他的"天真烂漫"(naiveté)(N:89)——这一决定大概就是它和同代人的不同之处,以及构成了他对哲学的最具原创性贡献的因素吧。虽然在他那个时代,德勒兹既从内部,也从外部识别出了思想威胁的存在,但是,凭借他对偶然性的"微观"领域——这是生产与革命的场所——的介入,他的作品中总有坚定的乐观主义基调;"最难办的事……就是使机运(chance)成为肯定(affirmation)的对象"(DR:198)。

注释

1 　参见德勒兹对柏拉图的分析(NP:75-6;DR:188)和亚里士多德的《形而上学》(1998:G卷,第1章,第1节)。

2 　G.W.F.黑格尔,《精神现象学》(1977:§A,I:"感性确定性;这一个和意谓")。

3 　黑格尔在《精神现象学》第一章"感性确定性;这一个和意谓"中说:"感性确定性的这种具体内容使得它立刻显得好象是最丰富的知识,甚至是一种无限丰富的知识。对于这种无限丰富的内容,无论我们追溯它通过空间和时间而呈现给我们的广度,或我们从这种丰富的材料中取出一片断,通过深入剖析去钻研它的深度,都没有极限。此外感性确定性又好象是最真实的知识;因为它对于对象还没有省略掉任何东西,而让对象整个地、完备地呈现在它面前。但是,事实上,这种确定性所提供的也可以说是最抽象、最贫乏的真理。它对于它所知道的仅仅说出了这么多:它存在着。而它的真理性仅仅包含着事情的存在。另一方面,在这种确定性里,意识只是一个纯自我,或者说,在这种认识里,我只是一个纯粹的这一个,而对象也只是一个纯粹的这一个。这一个我之所以确知这一个事情,并不是因为作为意识的我在确知这事情中发展了我自己,并且通过多种方式开动脑筋去思索这事情。也并不是因为我所确知的这件事情,由于它具有诸多不同的质,本身具有丰富的自身关联,或者对别的事物有着多方面的关系。感性确定性的真理和这两种情况都不相干;自我和事情〔对象〕在这里都没有多方面的中介性的意义,自我没有包含多方面的表象或作多方面的思考,事情并不意味着质的多样性。毋宁说只是:事情存在着〔或有这么一回事〕,而这个事情之所以存在,仅仅因为它存在。它存在——这对感性知识说来,就是本质的东西,而这个纯粹的存在或者这个单纯的直接性便构成感性确定性的真理性。同样就确定性之作为关联而言〔如对于某种东西的确信〕,也只是直接的纯粹的关联:意识是自我,更不是别的什么东西,只是一个纯粹的这一个,个别的〔自我〕知道纯粹的这一个,或者个别的东西。"(参见《精神现象学》,贺麟、王玖兴译,商务印书馆版,第63-64页)——译者注

4　德勒兹在他的论尼采的书中引入了这个"戏剧化方法"(method of dramatization)的概念(NP:75-9),这个概念形成了他的《戏剧化方法》(Method of Dramatization)这篇论文的主题(DI:94-116)。德勒兹提出的一系列问题类似于曾经作为一个工具,用来教学生犯罪学的拉丁语六韵步诗:quis,quid,ubi,quibus,auxiliis,cur,quomodo,quando(何人,何事,何处,何种手段,何因,怎样,何时)。它们概括了用修辞学方式称为"境遇"的东西:人物、事件、地点、手段、动机、途径和时间。在《差异与重复》的序言中,德勒兹把哲学工作比作"一类特殊的侦探小说",强调思想对某个不确定的偶然事件的回应方式,他还为了干预"并解决当地的情况"而发展了它的概念(DR:xx)。关于这种"方法"的不同观点以及《差异与重复》

的其他方面,请参见休斯(Hughes 2009)和威廉姆斯(Williams 2004)。

5　德勒兹:"之所以很难说明某人如何学习,其原因就在此:有一种先天的或后天的符号实践,这意味着一切教育都含有美的东西,也含有致命的东西。有人说:'按我做的做',从这种人那里我们什么也学不到。而告诉我们'和我一起做'的人才是真正的老师,才能发放将在异质性中发展的符号,而不是提出某些姿势让我们模仿。换言之,没有观念的原动力,只有感觉的原动力。当身体把它自身的一些特征与海浪的一些特征结合时,它便提出了重复的原则,但不再是同一性的重复,而涉及他者——涉及差异,从一个海浪和一个姿势到另一个海浪和另一个姿势,并在据此构成的重复空间中把那种差异进行下去。学习实际上就是构成与符号遭遇的这个空间,在这个空间里,特征相互更新,重复在伪装自身时发生。"(参见《游牧思想——吉尔·德勒兹 费利克斯·瓜塔里读本》,陈永国编,吉林人民出版社 2011 年版,第 63 页。)——译者注

6　在这一语境中,德勒兹谈论的是理念-难题的微分/分化(differentiation/differenciation)。理念-难题的微分是指它在虚拟或潜在的状态下所呈现的诸种独一性的集合体。理念-难题的分化则是它在事物的现实状态中的戏剧化或解决(参见 DR:206-10)。

7　这里,"独特"有一种方法论的意义,德勒兹所使用的"积分"(integration)与"微分"(differential)也是如此——这是源于微积分学(calculus)的语言,不凑巧的是,这门学问也是由哲学家莱布尼茨(同时还有牛顿)发明的。

8　德勒兹在这里称之为"概念"的东西不是重复中的同一性概念,更多的是对他前面的理念概念的重新构想。

9　波菲利(Porphyry,公元 233—约 305),古罗马唯心主义哲学家,新柏拉图主义者。叙利亚人,原名马尔库斯,最初在雅典跟随朗吉努斯学习,后到罗马随普罗提诺学习了 5 年。普罗提诺死后,波菲利将普罗提诺的 54 篇著作编纂成 6 卷,题名为《九章集》,并附有普罗提诺传记。波菲利还著

有《与阿奈玻论魔鬼书》、《普罗提诺传》、《毕达哥拉斯传》、《反基督教徒》,以及《亚里士多德导论》等。他的活动使这一学派的学说在罗马帝国得到广泛传播,他本人也成为新柏拉图主义的奠基人之一。"波菲利之树"指的是波菲利发明的用来表示世界生物及其相互关系,并对之加以分类的树形图表。——译者注

欲 望

⊙ 尤金·W. 霍兰德

  本文的目的并非解释欲望的含义,而是展示这个概念如何被建构以及它如何发挥作用。创造概念是哲学的首要任务,这一任务所承担的部分工作就是从其他哲学家的著作中抽取一些要素或动力,并把它们用具有生产性的新方式结合起来。或许令人吃惊的是,德勒兹的欲望概念源自康德哲学。但它的建构也利用了源自于巴塔耶、马克思、尼采、斯宾诺莎,当然还有弗洛伊德和拉康等人的诸多要素。此外,德勒兹还采取了一种方式对欲望概念加以历史化,这种方式对欲望概念的运作方式是很重要的。

  康德把欲望定义为"凭借其表象而成为该表象的对象之现实性的原因的能力"(1911:16)[1]。纯粹理性关心的是我们如何认识对象,而实践理性,康德在第二批判中说:"并不和诸对象打交道以认识它们,而是与它自己的那种使诸对象实现出来的能力打交道"(2002:14)。[2]乍一看,这是康德提出的一个古怪的论断。实践理性怎么可能单独介入把精神表象转换成现实的过程呢? 通过他称之为"病理学的"模式,他承认这确实不可能;它所能做的一切就是制造一种关于现实的虚幻的或谵妄的印象。但是,通过被转化成一种更高级的形式——康德称之为意志(will)——欲望便能够干预现实;而且实际上,正是欲望的概念能够使康德把理性的个体假定为现实世界中自由的因果关系当事人。欲望被变成了"一个就理性包含原因性的规定根据而言本身就是某种原因性的意志"(Kant 2002：114)。[3]然而,为了把欲望转换成现实世界中拥有理性的因果力量的意志,康德必须借助于三个先天观念(上帝、灵魂和世界),而这正是德勒兹和康德产生分歧的地方。

56

德勒兹如何维持欲望和现实之间的因果关系,而又无须要么以不真实的、病理学的谵妄为结局,要么以只能由先天观念确保的现实为结局呢?解决的办法一部分源于斯宾诺莎和尼采。斯宾诺莎的努力(conatus)这个概念使意志成为必需,这种意志以内在方式努力实现它自身而不服从先验的法则。同时,尼采的权力意志概念有效地消除了康德在欲望和意志之间的区分,它解放了那化身于艺术家和高贵的超人身上的欲望,使之成为现实的具有创造性的立法者,而不是屈服于(康德第一批判中的)先验的现实法则和(康德第二批判中的)同样先验的道德法则的立法者。解决方法的另一部分则源自马克思:他的类存在物(species-being)概念强调人在现实中生产产品——不是本能地制造(如蜜蜂和蜘蛛)——之前就能在头脑中描绘这些产品的能力。通过借鉴康德、尼采和马克思,德勒兹把欲望简单地定义为现实的生产:"欲望进行生产,而它的产品就是现实"(AO：26)。康德让欲望—现实的关系屈从于病理学—谵妄和道德—理性之间的一种范畴学的、等级制的区分,而德勒兹则在任何被社会规定的"现实原则"对它们进行区分之前,就发明了一个欲望概念,其中包括了创造性和生产性。自然,正如马克思强调的,首先是人的"无机的身体"(inorganic body)[4](1975：328)。但是社会表象的作用恰恰是分离欲望和现实(把身体和它之所能分离开,正如斯宾诺莎所描述的那种迷信的效果),

以一种回溯的方式把所谓"需求"、匮乏和短缺投入欲望—现实的关系之中，而在无意识和类存在的层面上，这种关系却是直接的、充实的。结果，个体和群体都开始有意识地相信他们缺少或需要某些东西：一种实际上是由欲望本身所生产，但随后却被社会秩序从他们那里夺走的东西。正如德勒兹和加塔利在《反俄狄浦斯》中解释的，"马克思强调，实际上存在的不是匮乏而是激情，一种'自然的和感官的东西。'欲望并非被需求所支持，而是相反；需求源于欲望：它们是欲望生产的现实内部的副产品"（AO：27）。也正如乔治·巴塔耶在《受诅咒的部分》（*The Accursed Share*，1988）中所论述的，需求和效用被引入了一门本身以超级的盈余（super-abundance）为特征的经济学中。对于德勒兹来说，欲望生产现实，尽管社会表象和信仰事后（ex post facto）剥夺了我们的许多现实。

然而，欲望和社会秩序之间的关系并非一成不变。在《反俄狄浦斯》中，德勒兹和加塔利引入了欲望生产（desiring-production）和社会生产（social production）之间的概念区分，以便解释这种关系的历史可变性。它们是同一枚硬币的两面。通过再次与康德论争，他们坚持认为：

> 不存在这样的事物，它一方面是现实的社会生产，另一方面又仅仅是作为幻想的欲望生产。……事物的真理是：社会生产纯粹是而且仅仅是一定条件下的欲望生产本身。
>
> （AO：29）

但是，尽管它们在本质上是一样的，它们却总是在不同的机制下运作。在资本主义条件下，这种本质上的同一和机制上的差异成了最显而易见的。

在资本主义治下，欲望生产和社会生产各自被划归为力比多和劳动力。这一分类既是真实的也是虚妄的：它类似于一种客观的幻觉（objective illusion）。马克思已经解释过，在资本主义统治下,劳动力是作为财富的抽象的主观本质,作为一般的生产活动而最先出现的,由于资本剥夺了先前对工人的一切限定因素,使之依靠私人所有的生产工具而工作,这就把资本本身的限制强加在了工人身上;作为一种商品,劳动力在它被赋予质的使用价值(qualitative use-value)和特定的限定因素(如技能、纪律等)之前,采取了一种抽象的、量的交换价值(quantitative exchange-value)的形式。财富从此不再通过生产出来的物品的质量来理解,而是通过投入其中的劳动力的数量来理解。德勒兹和加塔利认为,同样的事情对弗洛伊德的力比多概念也是成立的:"他的伟大在于确定了欲望的本质或本性,它和目标、目的甚至源头(范围)都不再有关系了,而是作为一种抽象的主观本质(abstract subjective essence)——[普遍的]力比多或性"(AO:270)。正如作为经济价值的"抽象主观本质"的劳动力表现为生产私有化的结果,作为性欲价值(erotic value)的抽象主观本质的力比多则表现为再生产的私有化的结果,即在核心家庭(nuclear family)的"私人领域"这一体制中,再生产和整个社会相脱节的结果。这就是为什么德勒兹和加塔利认为精神分析是一项严苛的资本主义制度的原因之一:资本在私人领域把再生产私有化,与此同时,它在经济领域把生产工具的所有权私有化。每一个领域都发展出相应的话语或表象方式:精神分析、政治经济学。这两个领域似乎并不彼此分离;但在资本主义治下,它们实际上是分离的。欲望生产和社会生产之间的机制差异如此之大,乃是因为私有化,以及生产与再生产分裂为两个独立的领域。

　　尽管资本主义把再生产和社会生活分隔开,但它仍然把按它自己的形象去塑造主体性的任务授予核心家庭。由于和整个社会的隔离,核心家庭把欲望困在一个非常有限的表象系统中,精神分析将用它的俄狄浦斯情结(the Oedipus Complex)理论对这个系统进行再生产。对于在这种核心家庭的限制中成长起来的孩子来说,离他们最近的对象——即其他家庭成员——恰恰是乱伦禁忌(incest taboo)阻止他们加以欲望的对象。而社会形式——在那里,再生产关系和生产关系及一般的社会关系相互叠合——并不把欲望困在这种束缚物中。核心家庭通过拒绝渴求那些和欲望最接近、最亲密的东西而表现为禁欲主义的训练场。所以,当德勒兹和加塔利仿效斯宾诺莎和赖希,问道"人怎么能够欲望他们自己所受的压迫"的时候,对于无论哪种资本主义来说,答案都是:资本主义生产方式把禁欲主义真正地从一出生就灌输给了它的诸主体。

资本主义社会生产在一定的条件下塑造了欲望生产,这些条件也有助于解释欲望为什么在资本主义之下就变得如此抽象。不仅是因为否定了它的最亲密的对象,而且因为这些对象再也不表象具体的社会功能了,却只表象抽象的家庭功能。家庭以外的社会生活充斥着变化多端的社会角色,而核心家庭却把它简化成仅仅三个角色:孩子、母亲和父亲,即欲望的主体(subject of desire)、欲望的客体(object of desire)和施行阉割的欲望的中间物(castrating mediator of desire)。结果是,这种俄狄浦斯式欲望生产结构一五一十地反映了资本主义社会生产的模式:作为劳动主体的工人,他们生产的作为劳动客体的商品、处于一个和另一个之间的禁忌性中介,即资本本身。核心家庭安排它的成员(即合格且温顺的主体)屈服于禁忌性权威——父亲、老板、一般意义上的资本——直到后来,作为合格而又禁欲的主体放弃了他们接近欲望对象的机会或马克思称之为"客观存在"(objective being)的东西——母亲、他们生产出的商品、整体的自然环境("大地母亲")。没有哪个特定的社会角色或功能需要一代代地传递下去;的确,对于家庭在职业训练过程中扮演的角色而言,社会生产的具体要求变得太快了,这就好像对于父母在训练消费者(consumer training)过程中扮演合适的

59

角色而言,时尚和流行的生活方式变得太快了一样。俄狄浦斯式核心家庭所生产的东西太抽象了,但就其本身而言却相当充分:顺从的禁欲主体被加以安排,接受了资本在他们的创造性生命-活动和他们对这种活动的享受中间进行的斡旋,他们将为一个被内在化的禁忌性权威工作——无论是哪个特定的工作或领域——并延迟其满足,直至他们死去。核心家庭的俄狄浦斯情结的出现,就好像它已经被"装配起来去迎合……[资本主义]社会结构的要求"(AO:101),尽管——或者恰恰是因为——那些要求是纯粹抽象的。

　　所以,正是生产和再生产与社会关系之间的纽结的断裂,使劳动力和力比多变成了彻底不确定的和抽象的,并且当它们在两个十分不同的机制中被分派了确定的对象、范围和表象方式之前,揭示出了它们作为一般的生产性活动的本质上的同一性。德勒兹和加塔利把弗洛伊德在欲望的理论史中的命题比作亚当·斯密和大卫·李嘉图(David Ricardo)在劳动的理论史中的命题:每个命题都发现了生产活动的不确定性,随即都把那个活动重新转移到私人领域和表象模式上——核心家庭和资本。马克思通过拒绝让劳动从属于资本的决定性,从而把资产阶级政治经济学转化成了革命的唯物主义;同样,德勒兹和加塔利通过拒绝核心家庭和俄狄浦斯情结的决定性,从而把资产阶级的精神分析转化成了革命的唯物主义。正如在马克思那里,世界史的目的是把劳动力从它那外部规定的最后的也是程度最高的抽象中,从资本对它的异化中解放出来;对于德勒兹和加塔利来说,世界史的目标就是把力比多从它那外部规定的最后的也是程度最高的抽象中,从俄狄浦斯情结对它的异化中解放出来。对德勒兹和加塔利而言,这些都是同一个计划,尽管由于资本的双重私人化操作,分裂了生产和再生产,使它被表现在两个独立的领域之中。

欲望的彻底的不确定性,是通向德勒兹和加塔利在《反俄狄浦斯》中提出的世界史(universal history)概念的关键。精神分裂是他们给处于绝对不确定和自由状态下的欲望生产起的名字,尽管欲望生产总是发生在确定的条件之下,在那里,社会秩序通过规定某些对象和目的并禁止其他许多事物来限制欲望。这些规定和禁令通过编码和超编码过程来完成,它们给各种各样的对象或行为分配质的价值(qualitative value)(可欲望的/不可欲望的,等等)。然而,资本主义不同于过去的社会形式,在这些形式中,它的基本制度——市场——不利于任何一种编码。对"货币关系"(cash nexus)的抽象运算通过只给对象和行为分配量的(货币)价值(quantitative [cash] value),反而能够解码。资本主义不仅通过把生产和再生产与社会整体分隔开,也通过让社会生活本身服从于市场的抽象的量化,从而把精神分裂培育成欲望的自由形式,同时把欲望生产从社会编码中解放出来。当然,资本主义也必须竭尽全力再编码(recode),以阻止资本主义社会生活变得完全混乱(解码);核心家庭、国家教育、职业训练和消费者训练(广告业)都服务于这一目的。的确,据德勒兹和加塔利所言,解码和再编码之间的冲突可以被视为资本主义的核心戏剧,尽管他们暗示资本主义的基本历史趋势是解码,是把欲望生产从社会秩序中解放出来。换句话说,在解码的方面,资本主义把精神分裂的实现当作世界史日程上欲望的自由形式。

解码和再编码之间的戏剧发生在德勒兹和加塔利称之为(借用自安托南·阿尔托[Antonio Artaud][5])无器官的身体(Body without Organs,BwO)的地方。就像我们已经说过的,欲望生产本质上是不确定的,但同时又屈服于社会制度和表象所限定的条件,它们把秩序、对象和目的强加在它身上。无器官的身体展现了欲望逃离限定因素的斗争——无论是本能的、习性的还是社会的;它因而意味着人类争取自由的潜能。确实,无器官的身体是编码的所在地,在那里,社会表象通过德勒兹和加塔利称之为认识-接合的综合体(the synthesis of recognition-conjunction)的东西俘获了欲望并为它分配了确定的目的和目标:"啊哈! 那就是我需要的!"但无器官的身体也是解码的所在地,在那里,欲望通过一个具有包容性的分离的综合体(a synthesis of inclusive disjunction)超越或破坏了社会强加的一切表象:"实际上,我想要这个,或这个,或那个……"。以前的社会形式用无器官的身体强加符码或超符码于欲望之上,相反,资本主义则倾向于通过解码释放自由形式的欲望,并培育广泛的精神分裂——《反俄狄浦斯》据此而有了"资本主义与精神分裂"这个副标题。德勒兹和加塔利坚持认为,只有伴随着朝向世界史尽头的资本主义,无器官的身体本身才能显现在它争取自由的潜能中,打开后资本主义市场的前景,这个市场最终使社会生产从属于欲望生产,而非相反。的确,欲望生产和社会生产之间的关系对欲望概念在这里的运作方式至关重要:因为欲望生产提供了内在的标准,根据这个标准才能判断社会生产的各种历史形式是恰当还是不恰当。

在这里,我们必须再次回到康德,尽管是回到一个可以说是被马克思和阿尔托修正过的康德。因为在这里,德勒兹和加塔利也把康德的形而上学批判当作他们自己批判资本主义社会及精神分析在其中的作用的出发点。康德以理性的名义代言,他借此宣称,有意识的精神运用一系列程序(他称为综合[syntheses])抵达认识,并坚持认为,无论什么东西,没有遵照这些程序就应该被谴责为是形而上学的。对于康德(因而也对于德勒兹)来说,至关重要的是这个观念,即由于这些程序构成了有意识的思想,所以它们为判断某物是认识还是形而上学提供了内在标准,这取决于它是以对综合的合法运用为基础还是以非法运用为基础。类似地,德勒兹和加塔利不以理性的名义而以欲望,特别是精神分裂的欲望的名义讲话,他们坚持认为,无意识也是根据一整套建构性综合(联结的、分离的、接合的)来运作的,以便通过一种确保欲望自由发挥作用的方式来加工或建构经验;他们坚持认为精神分析必须要么被示以遵守这些程序,要么就被谴责为形而上学。

此外,由于精神分析是一项严苛的资本主义制度,它的表象体系被理解为只是对资本主义社会秩序的一种表现或巩固。因此,俄狄浦斯情结首先表现的是在一种被解码的社会秩序中,核心家庭里对再生产的私有化;其次,它表现了给家庭授予了某些再编码的功能——尤其是上面诊断出的禁欲主义的抽象训练。对于被生产私有化的更广阔的社会领域和由市场导致的对社会关系的疯狂解码而言,这些功能是必需的但却又被排除在外。因此,德勒兹和加塔利将不仅需要精神分析,甚至更需要资本主义社会关系,正是对这种关系的表现符合于无意识综合的合理运用。他们的欲望生产概念因而充当了一个革命的支点,它服务于社会批判,也服务于对精神分析的批判,而且服务于把它转变成德勒兹和加塔利所说的精神分裂。社会本身必须遵照无意识综合的"逻辑",否则就被谴责为压迫性的。实际上,世界史依赖于这一前景,即无意识综合的合理运用将胜过对无器官身体的不合理应用,精神分裂的欲望生产将决定社会生产的条件,而不是被它们所决定。

必须要说的是,在《资本主义与精神分裂》的第二卷《千高原》中,这个版本的世界史屈服于极大的反讽。在这里,对诸座高原(plateaus)的时间编排——有的显然是任意为之,有的则按照确定的时间顺序——似乎戏弄了第一卷中提出的世界史的单维线性(one-dimensional linearity)。到现在,德勒兹和加塔利所面对的难题无疑已经改变了。或许"世界史"已经完成了它的任务,而不管怎样,从概念上说,新的难题是"地理学的"而非"历史学的";从此

62

以后,"全球化"(globalization)和横向差异(literal differences)成了关键,而不是克服"发展不足"(underdevelopment)的线性"过程"。发展不足的难题并非已经在实际中解决了,而是它现在以一种不同的方式被概念化了,它是被同时期的发达资本主义积极生产出来的东西,而不是某种时间性的"过去的遗续"。简言之,对于"地理哲学"(geophilosophy)而言——这是德勒兹和加塔利在他们最后一次的合作(《什么是哲学?》)中提到的——普遍性属于作为一种同时性(尽管是不平衡的)关系的多元网络的资本主义世界市场,而不属于作为一种单线时间发展的资本主义历史。然而,无器官的身体这一概念继续充当了德勒兹和加塔利思考欲望的焦点,而且实际上在《千高原》中占据了一整个高原("第6座高原:1847年11月28日:怎样让自身形成为无器官的身体?")。

在后期合作(《千高原》和《什么是哲学?》)的背景下,无器官的身体——现在经常被称为"连贯性平面"(plane of consistency)——是作为诸多平面中的一个而出现的,其中包括哲学的内在性平面、科学的指称性平面、艺术和音乐的创作性平面等。每一个平面都以特定的活动类型为特征(思想发生在内在性平面上,认识发生在指称性平面上,情动和知觉发生在创作性平面上),欲望则发生在无器官的身体这个平面上:"无器官的身体就是欲望;它就是人们所欲望的东西和人们进行欲望的依据"(ATP:165)。在《千高原》中,无器官身体成了一种事关技术、诊断或治疗的东西,就像这座高原的特定题目所暗示的那样。[6]同时,《反俄狄浦斯》的历史乐观主义让位于《千高原》中对于欲望和无器官身体之关系的极大的谨慎。在更早的时候,无器官身体展现了解码和再编码、精神分裂(即从被编过码的意义中解放出来的欲望)和偏执狂(即在某些条件下——尤其是资本主义解码,在那里,意义不再适用了——对固定意义的渴望)之间的斗争。而现在,斗争通过连贯性平面——它和器官组织性平面(the plane of organ-ization)上的分层化相对立——而被打响,欲望所面临的危险也越来越多。欲望可以像癌症那样过度扩散,或者它可以挣脱并跳入虚空。欲望所要求的最大照顾就是自由地占据无器官身体,一方面不过度凝结并趋向固定,另一方面不陷入野蛮的混乱。在以生理学为基础的本能和由社会引起的习惯的重压之下,无器官身体会屈服于器官组织:为了满足由社会秩序规定的"需求"和"责任",本能和习惯可以把知觉和行动与(接合性)认识以及有待分配的对象及任务之完成连接起来。但欲望对于所有这些器官组织来说都是不利的:它总是想把它去组织化并从本能和习惯中解放出来,以便实验新的感知和行动方式、新的存在方式。

这就是为什么德勒兹和加塔利坚持认为——稍微有点令人吃惊——欲望本身和满足是对立的,因为满足趋向于压迫。从这个角度看,和执迷于"真实的"满足对象相比,执迷于某些源于压迫的低劣的替代性症状(poor-substitute symptom)无论是更好还是更糟,它们都中止了欲望(无论是通过堵塞还是疏导),而不是给予欲望以自由的领域,以便充分地投入无器官身体并探索它的连贯性平面。德勒兹和加塔利提出的这些关于无器官身体的欲望的例子——受虐狂(masochism)、典雅的爱情(courtly love)等——说明,不同于愉悦和需求,欲望的目的就是以无限期的、非确定的方式来维持并继续对无器官身体的投入。在这里,与拉康的"欲望的转喻"(metonymy of desire)[7]这个概念的比较(尽管这个比较实际上是在《反俄狄浦斯》中进行的)很有指导意义。对于德勒兹和加塔利来说,"对象 a"的缺失并不是一出让人类那恢复以前的存在满足感的意图一下子落空的悲剧;相反,它是一种愉快的解放,摆脱了一切以"自然"方式、社会方式或神经症方式强加的对象或活动。

正是这种解放使欲望能够反过来保持对无器官身体的投入并探究一系列持续更新的、开放的欲望轨迹。所以,对无器官身体的欲望来说——只要它不执迷于符码或在虚空中被抛出——其作用就是像差异引擎(difference-engine)那样运转,持续不断地塑造、损毁、改变着热切联系现实的诸种模式。

就其本身而论,这个差异引擎和德勒兹与加塔利强调的其他许多差异引擎——最重要的是资本主义,正如我们已经看到的,它自身通过让质的符码(qualitative codes)从属于货币关系的量的运算(quantitative calculus),从而推动了差异化(differentiation)——一样平起平坐。然而,资本主义并非唯一的差异引擎:进化(evolution)是一个引擎,表现则是另一个引擎。在所有这些情况中,都存在着一种(姑且可以称之为)差异化和俘获的"辩证法"。在资本主义经济中,市场既(通过劳动分工)分化了生产,也(通过消费主义)分化了消费,剩余价值由此而被俘获。在有关生命的例子中,随机的基因突变使差异多样化,自然选择由此统一(或"缩并")了器官和物种。在关于表现的例子中,皮尔斯(Peirce)称之为"无限衍义"(infinite semiosis)[8]的东西在能指和所指中产生了差异关系(differential relations),它们随即在符号功能(sign-function)中被积淀的习惯、成文法典和表象统一在了一起,或者说被俘获了。在所有这三个活动场所中,对无器官身体的欲望都偏爱差异化的时刻(the moment of differentiation)而不喜欢缩并的时刻(the moment of contraction):作为一种生命的表现,自由形式的欲望解散了有机体的器官组织;由于和市场的解码结成了同盟,精神分裂的欲望把生产性活动从外部的限定条件中解放了出来;在表现的领域,欲望解码了表象并把指号过程(semiosis)置于持续的变化当中。

德勒兹建构了欲望的概念，从而把内在运作着的自由意志概念、创造性地发挥作用的权力意志，以及现实世界中起着生产性作用的类存在结合了起来。

注释

1　参见《判断力批判》，邓晓芒译，人民出版社 2002 年版，第 12 页。——译者注

2　参见《实践理性批判》，邓晓芒译，人民出版社 2003 年版，第 122 页。——译者注

3　同上，第 122 页。——译者注

4　语出马克思的《1844 年经济学哲学手稿》，原文为："自然界，就它自身不是人的身体而言，是人的无机的身体。"《马克思恩格斯选集》第一卷，中共中央编译局，2012 年版，第 55 页。——译者注

5　安托南·阿尔托（Antonin Artaud, 1896—1948），法国演员、诗人、戏剧理论家。1920 年代曾一度与超现实评论合作，并写出和演出超现实主义作品。后来受象征主义和东方戏剧中非语言成分的影响，形成了"残酷戏剧"的理论。他主张把戏剧比作瘟疫，在经受它的残忍之后，观众得以超越于它。其见解对热内、尤奈斯库等人的荒诞派戏剧有重大影响。——译者注

6　指的是《千高原》上文提到的"怎样让自身形成为无器官的身体？"这个标题。——译者注

7　"转喻"（metonymy）也可译为"衍称"、"转接"或"接续"。它"通常的定义是一种比喻，其中用来指称对象的语词本意另有所指，但与对象有紧密的接续关系而得以转指对象。这里的接续关系可能是物与物的邻接（如用'30 张帆'来指'30 艘船'），但也可能不是（如'我没读过莎士比亚'指的是'我没读过莎士比亚所写的东西'）"，但是，拉康使用"转喻"或"衍称"，"除了接续的意思外，跟上述定义并无太大关联。它的定义是来自雅各布森（Roman Jakobson）的启发。雅各布森建立了衍称和**代称**

（METAPHOR）的对照（Jacobson 1956）。拉康根据雅各布森的说法,认为衍称与语言的接合轴而不是代换轴关系较密切。例如,在'我是快乐的'这句话中,'我'与'是'这两个字连续出现,便是衍称的接转关系,而'快乐'和'悲伤'两者可以相互替代,则是因为两者之间形成代称的代换关系",这里的"衍称"和"代称",也就是通常所说的"转喻"和"隐喻"或"组合"与"替代"的关系。在这种语言学认识的基础上,拉康在1957年写的《自弗洛伊德以来字符在无意识或理性中的代理作用》(L'instance de la letter dans l'inconscient ou la raison depuis Freud)这篇文章中认为衍称就是"表意链(SIGNIFYING CHAIN)中表给与表记的时序关系。因此,衍称指的是表记在单一表意链中相互接合/链接('水平'关系),而代称指的则是表记脱离原表意链,进入另一表意链取代其表记('垂直'关系)。代称加上衍称,就可以说明意义产生的过程"。

而所谓"欲望的转喻"或"欲望的衍称"则是说,欲望也像语言的接合一样,是一个不断延后的过程:"由于欲望永远是'对别的东西有欲望',欲望对象一旦落入掌握,便不再可欲,主体也会转移目标,将欲望投向其他对象。因此,拉康指出:'欲望根本就是一种衍称。'"以上解释引用自狄伦·伊凡斯(Dylan Evans)编辑的《拉冈精神分析词汇》,刘纪蕙、廖朝阳等译,台湾巨流图书股份有限公司2009年版,第191-192页。——译者注

8 "无限衍义"(infinite semiosis)是符号表意的基本方式,艾柯称之为unlimited semiosis。皮尔斯认为:在符号接收者心里,每个符号都可以获得一个新的意义,变成一个新的符号,从而构成无尽头的一系列相继的解释项并呈链条状分布。由此,他给符号一个悖论式定义:"解释项变成一个新的符号,以至无穷,符号就是我们为了了解别的东西才了解的东西。"这样一来,符号过程在理论上就是不可能终结的,因为解释符号的符号依然需要另一个符号来解释。符号的意义本身就是无限衍义的过程,没有衍义就无法讨论意义,解释意义本身就是衍义。因此,从本质上来说,符号学是流动的,是衍生的,永远没有尽头。

查尔斯·桑德斯·皮尔斯(Charles Sanders Santiago Peirce, 1839—

1914),美国著名的自然科学家(化学家、天文学家、大地测量学家)、数学家、逻辑学家和哲学家,美国实用主义创始人。1872 年在美国哈佛大学"形而上学俱乐部"做了长篇报告,后经修改,形成《信念的确立》和《怎样弄清我们的观念》两篇论文,发表在美国《通俗科学月刊》1877 年 11 月号和 1878 年 1 月号上。这两篇论文首次阐明了实用主义的基本原则,即任何观念的意义都在于它所能达到的实际效果。实际效果规定意义,无效果即无意义(参见《现代西方哲学辞典》,夏基松主编,上海辞书出版社 2007 年版,第 132 页)。——译者注

第 2 部分

相　遇

意义、级数

⊙朱迪斯·L.波克森　查尔斯·J.斯蒂瓦尔

1960 年代末,德勒兹发现,他自己同时处于一种既麻烦又令人振奋的境地。麻烦在于,他罹患结核病,他的余生都要忍受这种疾病的影响。然而与此同时,在 1968—1969 年,他当时已经完成了法国大学体制内要求的学位论文答辩工作,其中包括"第二论文"(secondary thesis)——他 1968 年的论斯宾诺莎的书,这本书被翻译为《哲学中的表现主义:斯宾诺莎》(*Expressionism in Philosophy*:*Spinoza*)——和"第一论文"(principle thesis),即同样出版于 1968年的《差异与重复》。[1] 然而,与此同时,德勒兹还在发展他的另一项研究——《意义的逻辑》(*The Logic of Sense*,1969),这项研究继续考察了表现、情动、差异和重复等概念,由此和同时期的其他文本彼此相关。但是,通过德勒兹对题目中的"意义"(sense)这个关键词的小心探索和逐渐扩展,通过他对一种替代性逻辑的表述(这个关键词或许通过它才能被理解),通过一种级数的戏剧(a play of series),这项研究超越了这些重要的著作。在本文中,我们就来探究这一概念的扩展和表述。[2]

我们可以通过和哲学传统中的"常识"(common sense)及"理

智"(good sense)作比较而开始理解德勒兹的意义概念。对于德勒兹而言,常识和理智是代表这一基本观念(doxa)[3]的两个相互补充的方面。也就是说,它们构成了西方思想的两个本质的但却不证自明的预设。常识表现于"尽人皆知"这个公式中,它假设了普遍的我思(cogito)———一个有知的主体,他的理性思想展示了一种对真理的天然的亲密关系———的存在。根据这一理解,人类的一切能力都是在先验同一性(transcendental identity)———它仿照上帝同一性(identity of God)而设并反映了认识对象的同一性———的旗帜下共同产生的。[4] 在常识的领域中,认识被简化为再认(recognition);我们知道我们看到的狗是狗,这是因为我们再次认出了,它就是我们已经感知到、想象到或者记忆起来的那只相同的狗。显然,再认和常识的作用就是,通过忽略这只特定时刻的特定的狗的一切微末的细节来驯化差异,而这个特定的时刻或许不会促使我们把它再认作一只狗。我们错失了与这条独特的狗的相遇,而只好将就于一只再现了我们事先存在的狗之理念(pre-existing Idea of dog-ness)的狗(DR:131-7)。

同样,对于德勒兹来说,理智的作用是在一个统一性(unity)和同一性(identity)的可预见模式中容纳差异。理智断言,时间只按照从过去到未来这一个方向展开,而符合逻辑的思想则从最大差异前进至消灭差异,也就是说,从特殊情况走向普遍概念。在理智的范围内,此时此刻(present moment)承担了为时间之流整顿秩序的责任;因此,理智的本质作用就是预见即将到来之事。如此一来,理智就像常识一样,把我们围困在以再认和表象为基础的思想形象之中:我们之所以知道明天将看到一条狗,是因为我们会再认出今天所预见的那条狗(LS:75-8)。相反,正如我们会看到的,德勒兹所写的意义是作为纯粹事件(pure event)而出现的意义,它本身就是对差异自身的确证。

68

通过评论柏拉图的二元论——这个二元论奠定了对意义的惯常理解的基础——德勒兹开始了《意义的逻辑》一书的写作。这并非我们从西方思想中预见到的身心（或灵魂）二元论，而是身体内部的二元论；德勒兹认为，对于柏拉图而言，在接收了理念之行动（the action of an Idea）的身体（柏拉图的摹本［copies］）和未能接收这种行动的身体（柏拉图的拟像［simulacra］）之间，存在着一种根本的二元论。也就是说，存在着通过分担那个本质来"表象"纯粹形式的永恒本质的身体——它们也是对那些形式的合乎理性的摹仿——也存在着只是作为摹本的摹本的（摹本的……）身体，或者拟像，它们是不合乎理性的。对于柏拉图来说，摹本的领域就是实存（being）的领域，而拟像的特点则是无限生成（unlimited becoming）（LS：1-2）。

德勒兹替换了这个柏拉图式二元论，他提供了一种源自斯多葛派思想的十分不同的二元论，斯多葛派并不是在摹本和拟像之间进行区分，而是在实际存在的身体——"伴随着它们的张力、身体的特性、行动和热情以及相应的'事务状态'（states of affairs）"——和由身体的互动或混合产生的非实体性效果，或事件之间进行区分。对德勒兹来说，就像对斯多葛派一样，只有身体（从最大可能的意义上理解的身体，它包括所有有生命的和无生命的事物）才具有深度和真正的存在，而事件漂浮于身体的表面且不能说它存在（ex-ist）着，而是在与身体的关系中存活（sub-sist）或持续着（per-sist）（LS：4-7）。身体是充满活力并以自我为原因的（self-causing），而事件——包括理念——则是由身体引起的。从语言学角度来说，身体和名词联系在一起，而事件是动词，特别是动词的不定式（infinitive forms of verbs）。身体存在于纯粹的当下，存在于实存中，而事件存在于过去和未来，存在于生成之中。这个超越了柏拉图二元论的斯多葛派二元论，其价值在于它容许德勒兹宣告身体之于理念的第一性;正如他所强调的,"身体以其状态、性质和数量假设了实体和原因的一切特征,相反,理念的特征则被放逐到了另一边:理念和非实体性除了是一种'效果'外,什么都不是了"(LS:7)。通过这种方式,身体再也不表象未被身体化的理念了,而差异——以前只被理解为同一性的一种副作用(side effect)——现在被从雷同性(the Same),即从常识或表象的限制中解放了出来。

但是,这些彼此矛盾的二元论和意义又有什么关系呢?通过思考有关语言(语言在陈述中得到了具体的例证)和事件之关系的流行见解,德勒兹为他的意义概念奠定了基础。德勒兹强调,"在至少具有可能性的陈述中,事件的特征就是被表现性(expressed)和可表现性(expressible),被表述性(uttered)与可表述性(utterable)",而为了找到陈述借以能够表现事件的可能性条件,德勒兹回到了他所描述的"陈述中的三种不同关系"(LS:12)。这些关系中的第一种是指示(denotation),它把陈述和一个特定的外部事物状态联系了起来。也就是说,指示是陈述的一种属性,这个陈述允许它传递关于这个世界的某种内容。第二种是表现(manifestation),它把陈述和发出这个陈述的讲话人联系在一起,表述她的欲望和信念。第三种是意指(signification),它把陈述和普遍的或一般的概念联系在一起,并通过某种接力建立了一张与其他陈述相联结的关系网;也就是说,意指词项(signifying term)充当了某些陈述的前提,而其他陈述也充当了意指词项的前提。若在这种模式上思考,那么陈述的基本功能就是预言:"那条狗是黑白的。"这意味着,仅限于被理解为指示、表现和意指的陈述依赖于常识;我们把"狗"、"黑"、"白"再认为"人尽皆知"的固定观念,通过这种能力,我们便能表达这个陈述。显然,如果德勒兹要把语言和思想从表象中解放出来,它必须清楚地说出陈述的第四个维度。

此外,这一计划的难题在于,这些关系当中的每一种关系——指示、表现和意指——都处在一个无穷无尽的自我指涉的圈子中并以其他两种关系为前提。德勒兹在它后面要寻找的,是陈述的一个维度,即它能充当其他三种关系的理据而且本身就可以解释"陈述能够表现事件"的可能性。那个维度就是意义(sense),即"在陈述中被表现出来的……留存或存活于陈述中的纯粹的事件"(LS:19)。对于德勒兹来说,意义既不等同于陈述本身,也不等同于被陈述所指示、所表现或所意指的东西。相反,意义是一个平面,陈述沿着该平面和它所指示、表现、意指的东西进行接触,这个平面也把真实身体的领域和虚拟的理念结合在了一起。反讽的是,意义的本质或许在对无意义、荒谬和悖论的考察中最清楚地浮现了出来,因为在那里,语言最为明显地摆脱了其指称功能。无意义的言辞——它在刘易斯·卡罗尔的作品中得以典型地表现——就根本不能脱离语言而存在;它们并不指示真实的对象,表现真实的人的信念或欲望,或者意指有意味的概念。但它们仍然传递意义,并通过这么做来证实意义之于语言自身的内在性。所以,如果指示、表现和意指能够解释这种可能性——即仅仅通过把语言和语言之外的某种东西联系在一起,语言就可以表现世界——那么,德勒兹的意义概念就无须设置任何外部的所指对象(referent)作为表现之可能性的条件。

级数(series)这个相关概念在这里出现了,它对于我们理解德勒兹的意义概念十分关键。我们已经看到,意义是一个平面,既联合又分离真实的身体领域和虚构的事件领域,但我们现在需要理解为什么真实和虚构的领域作为级数被组织了起来。级数对德勒兹很重要,因为它用实例的方式展示了一种差异的组织模式,这种模式躲过了表象的陷阱——差异在其中被相似性、同一性、类比和对立等机制驯服了。级数避免了这些陷阱,首先因为"级数形式必须在至少两个级数的同时性中才能实现"(LS:36)。[5]第二,在任何一个级数中,级数项都不同于另一个(尽管它们显然都是"重复")。第三,由两个或更多的级数的并列或接触所造成的系统或结构,必然在它自身内部保持这种差异。而且,一个级数的诸项间的关系本质上是"多层连续的"(multi-serial)(LS:37):它们容纳了无限多的联系,那些联系无法被制造出来去顺应一个中心化组织。被德勒兹引用的各种各样的级数例子包括:一系列的事件和一系列的事物;一系列陈述和一系列事物的状态;一系列动词和一系列形容词。在所有这些例子中,德勒兹说,本质在于:

> [这两个级数]从不相等。一个代表能指,另一个代表所指。但多亏了我们的术语学,这两个术语才获得了一种特殊的含义。我们把一切将自身呈现为意义的某个方面的符号都称为"能指";相反,我们把和意义的这个方面相关的东西,也就是说,通过一种二元性而被规定为和这个方面相关的东西称为"所指"。

(LS:37)

在这里,德勒兹劫掠了被广为接受的结构主义术语"能指"和"所指",以便根据"一般意义上的级数关系和分布"来重新定义对意指的集中化理解(LS:39)。为了做这项工作,他比拉康更好地改写了埃德加·爱伦·坡(Edgar Allan Poe)的小说《失窃的信》(The Purloined Letter)(这篇小说曾被拉康在他的"《失窃的信》研讨班"[1966:11-61]上利用过)。德勒兹的目的是揭示在故事的不断变换的诸多级数中,部长的位置制造了"一个吊诡的情形,它确保了两个级数的相对的移置,确保了一个级数对另一个级数的超量,但却没有被化约成这个级数中的任何一项或这些项之间的任何一种关系"(LS:40)。这个吊诡的情形,其本质在于它通过在两个级数内部占据一个位置,保证了它们彼此之间的交流,同时仍然保持了它们无穷无尽的分裂。德勒兹在此确定了一个"极度易变的空位(empty place)"或"一个没有位置的占领者(occupant without a place)",他总是在意义之间或意义之中制造脱位(dislocation)(LS:41)。

人们或许会问,这么一个脱位机制(a mechanism of dislocation)是如何运作的,德勒兹回到了他在《意义的逻辑》里选择的参照物,即刘易斯·卡罗尔对"深奥词语"(esoteric word)的利用(例如混合词"'frumious'=fuming[冒烟的、狂怒的]+furious[暴怒的、狂暴的]"[LS:41]),德勒兹说,其作用"不仅是联系或协调两个混杂的级数,而且在级数中引入分离",这是一场级数之间的"联系"、"协调"和"分离"的可变化的运动(取决于被使用的深奥词语的类型)(LS:47)。面对着同时期(1960年代末)对意义生产的理解,也就是能指和所指的关系,这种将意指功能概念化的可供选择的模式整个地兴起了。在《意义的逻辑》和他1967年的论文《我们如何重新认识结构主义?》(到1972年才发表,DI:170-92)中,德勒兹借取并挪用了与结构主义运动关系最为密切的作者们(主要是路易·阿尔都塞、福柯、罗曼·雅各布逊、拉康和克劳德·列维-斯特劳斯)的例子,并把这些例子加以重塑,以支持一种新定义的"结构"概念。然而,正如多萝西向托托吐露心声时说的那样[6]——由于有这个以级数方式概念化的结构——"我们早已不在堪萨斯了"。[7]

72

对于德勒兹来说,结构是由两个异质性级数之间的关系构成的,一个是被意指的,一个则是意指的(正如上文所表述的),它们的诸项只能以彼此关联的方式存在。正如德勒兹一针见血地指出,"一个结构包含了对两类特异的点的分配,它们都和基础级数(base series)相对应。因此,把结构和事件对立起来是不准确的:结构包括了对理念事件(Ideal events)的记录,即内在于结构的整部历史(history)"(LS:50)。但是,这个分散的结构依赖于矛盾性因素——该因素充当着"独异性的散播原则"(the principle of the emission of singularities)——它不属于任何一个级数,也不共属于两个级数,而是在流通中保有它们,并通过它们而保持流通。正如德勒兹得出的结论,这个因素首先保证了"意义在意指的和被意指的级数中的赠与",意义同时也"以这样一种方式——它决定了能指和所指本身——而得到归属"(LS:51)。因此,没有哪个结构的存在可以"脱离级数、脱离每一个级数中诸项之间的关系,或脱离与这些关系相对应的特殊的点。但最重要的是,我们可以得出结论,没有哪个结构不存在一片虚空的场地,正是这片场地使一切都运作起来"(LS:51)。换句话说,事件——尤其是包含了意义-事件(sense-event)——内在于结构;结构无法脱离意义的事件而存在。

在本文中,我们无意提供对《意义的逻辑》的整体性阅读(即便我们有能力这么做),尽管此时我们已经仔细地处理了和"第八个级数:结构"(Eighth Series of Structure)这一章的结尾相对应的文本。我们现在打算的是,展示德勒兹的意义和级数概念在他的其他工作领域,甚至在某些文本——《意义的逻辑》的术语在其中已经转换成了不同的语域(registers)——中的运作方式。我们只能探究两个这样的语域,一个是神学的领域(the domain of theology),另一个是根茎的领域(the domain of rhizomatics)。

对我们而言,首先出现的问题是:如果意义/级数的概念消除了以陈述为代表的表象性思维(representational thinking),而且开创了一种对结构的新的理解,那这个概念如何在神学的领域中产生共振呢?我们在上面已经摆明了,德勒兹试图超越的那种语言陈述模式是和一种理念论逻辑(an idealist logic)牵连在一起的,在这种逻辑中,差异服从于同一性或共同性,身体服从于理念。而且,德勒兹宣称,理智和常识——那种语言陈述模式的孪生的基础——集结了诸多力量为自我、世界和上帝的"联盟"奠基,因为根据表象的观念(doxa),上帝是"一切趋向的最终出路[理智]和同一性的最高原则[常识]"(LS:78)。他还在别的地方写到他称之为"上帝的秩序"(order of God)的那种东西,强调这种秩序是通过:

> 作为最后根据的上帝的同一性;通过作为周遭环境的世界的同一性;通过作为理据充分的能动力量的人的同一性;最后,通过作为指示其他一切事物之力量的语言的同一性而构造的。

> (LS:292,强调为作者所加)[8]

一个统一的语言系统,它那指示"其他一切事物"的能力是这个彼此扣连的同一性系统中内在的一部分——所有这些同一性都建立在神的同一性的基础之上。所以当语言变成非表象性的,那个系统会发生些什么呢?德勒兹的意义的逻辑会给上帝造成怎样的影响呢?

德勒兹的《为了审判的终结》(To Have Done with Judgment)一文对这个问题作了回答,这篇文章收录于《批评与临床》。尽管在这篇文章中没有关于意义或级数的明确讨论,但这些概念仍通过某些方式潜伏在文章的表面之下,这些方式起到了破除德勒兹所说的"审判的教义"(the doctrine of judgment)的作用(ECC:126)。根据这个教义,人通过他对上帝欠下无限债务这一境遇而得到定义,这笔债务反过来又确保了其灵魂的不道德。这不仅是一个让德勒兹关心的关于审判的公开的神学观念;而且,即便"对知识的审判……也隐含着一种先在的道德和神学形式",其基础也正是这笔债务(ECC:127)。德勒兹说,审判的难题在于,它和存在的创造性力量相互对立;"审判阻止任何新的存在模式的出现"(ECC:135)。

为了取消审判的教义,德勒兹提出了斗争的伦理(an ethic of

combat)。[9]他坚称,虽然这种斗争一开始可能会把自己表现为对审判的反抗,但这种反对他者(the Other)——甚至审判他者——的斗争却经常屈服于它试图取消的那个审判体系。与此相反,斗争必须呈现为自我内部的斗争,通过这场斗争,某种"力量凭借占有其他力量并把自身和这些力量融合进一个新的整体——生成(becoming)——从而壮大了它本身"(ECC:132)。换句话说,德勒兹正在设想的,是面向诸多生成——它们在各种混杂的力量的聚集中被生产出来——的斗争的展开;斗争是"一种充满力量的、无机的生命力,它用力量来补充力量并壮大了它所掌握的一切"(ECC:133)。对于我们这里的目的来说,最重要的是,斗争的结果是"力量的特异体质"(an idiosyncrasy of forces),这种体质在德勒兹按照 D.H.劳伦斯的说法称之为象征(symbol)的东西中得到了最好的表现,而他对象征的描述方式明显和那些他用来表述意义和级数概念的方式有异曲同工之妙:

> [一个象征]就是一个紧张的合成物,它颤动着、延伸着,没有任何意义,但却让我们旋转,直到我们最大限度地捕捉到每一个方向上的可能性力量,而每一种力量都通过与其他力量发生关系而获得一种新的意义。
>
> (ECC:134)

在表现斗争的力量推翻了审判体系的过程中,象征表现了一种意义,它是由形成这种意义的各种力量级数的无穷互动造成的。表现意义的象征揭示出,斗争的力量是"终结上帝和审判的途径"(ECC:134)。换句话说,德勒兹的意义和级数概念逐步削弱了西方传统中惯常理解的神学的可能性。[10]

这些斗争的力量如何在我们活跃的批判活动和反抗上帝审判的精神性的,同时也是生命性的工作中起作用呢?在我们看来,通过仔细观察德勒兹如何在哲学内外进行一种独特的、颇具创意的合作(collaboration),就可能浮现出一个可能的答案。这些合作中,最有名的当然是与加塔利在《反俄狄浦斯》、《千高原》、《什么是哲学?》以及大量谈话和偶然为之的文章中的合作——但人们一定不要忘记他的重要的谈话文本《对话录》以及1988—1989年的电视访谈《德勒兹入门》,这都是与帕内特的合作。尽管出于篇幅的考虑,我们无法对这些谈话加以深入的讨论,但我们仍然可以简要地来思考一下他们对意义/级数这个对子加以延伸、变形的方式。

在《千高原》的"导论:根茎"开头的几行中,德勒兹和加塔利反思了他们共同写就的《反俄狄浦斯》,他们马上遇到了级数的意义生产中固有的多样性,"既然我们每个人都是多,那么这就已经是一个十分庞大的人群了。这里[在《千高原》中]我们已经利用了范围之内的一切,最近的和最远的"(ATP:3)。它们在这一计划中设置了自己的名号,以便使之更加难以辨认:

> 为了使我们自身难以辨认。为了让这些事物难以被知觉:不仅是我们本身,还有那些使我们行动、感觉和思考的东西……不是为了抵达某个点,人们在其上再也不说"我",而是要抵达一个点,在那里是否说"我"已经毫无意义。我们再也不是自己了。每个人都会懂得他自己。我们被协助、被赋予灵感、被增殖。
>
> (ATP:3)[11]

就像《反俄狄浦斯》开头几行有意要语不惊人死不休一样[12],《千高原》也用一种激动人心的方式改变了一切有关合作性思考(collaborative reflection)与批判性意义生产(critical sense-making)的常识性观念。

为了更好地理解这些合作计划如何顺应德勒兹式的动力——正是这个动力支撑着意义/级数这个对子——我们可以参考《千高

原》问世七年前,德勒兹对克雷索尔(Cressole)的信的回复。德勒兹耐心地,甚至以令人感动的方式细致地解释了对《反俄狄浦斯》的诸多可能性阅读——这种阅读也是延伸到《千高原》中的实践——中所固有的意义生产的运作:

> 你或者把它[13]当成里面装着某物的匣子,并开始寻找它所意指的东西,如果你更反常或更堕落,就会去寻找能指。你把下一本书也当成一个匣子,它要么被装在上一个匣子中,要么把上一个匣子装在自己体内。你评注、解释、提问、写作关于书的书,如此等等。还有另一种方式:你把书视为一台小小的非意指性机器,问题只是"它灵吗? 它怎么运转?"它如何为你而工作呢? ……这第二种阅读方式充满张力:有些信息传达到了,有些则没有。无须解释什么,无须理解什么,也无须说明什么。它就像一个电路的连接……它直接把书本和它外部的世界连接起来……它是诸多的流中的一种,同其他流相比,没有任何特殊的地位,它和其他的流——脏话流、精液流、语词流、行动流、色情流、金钱流和政治流,等等——构成了潮流、反潮流和旋流的关系。

(N:7-8)

通过详细引用这一段落,我们强调了意义生产通过中间(milieu)发挥作用的方式,它是一个属于矛盾性因素的中间地带(in-between),这个因素不停地在两个级数——例如,德勒兹级数和加塔利级数(以及他们各自的群)——之间流动,以便在"二"(the two)之间及其外部激起一股意义之流(sense-flow)。在书的级数和读者级数中,这个"二"作为一种力量发挥着作用,它不属于封闭的意指过程,也未被能指/所指俘获,而是一种能动的生产,它随流而去是为了通向新的级数和新的流。这就是德勒兹和加塔利在"导论:根茎"中所描述的、和树木的虚假多样性(arborescent pseudo-multiplicities)相对立的"根茎的多元性原则"(principle of rhizomatic multiplicity):"木偶的提线——作为一个根茎或一种多样性——并非和艺术家或操弄木偶之人那被预设的意志联系在一起,而是和神经元(nerve fibers)的多样性联系在一起,它通过与第一个木偶相联结的其他维度形成了另一个木偶"(ATP:8)。通过这一途径,根茎作为一种在级数中从事意义生产的基本方式,"把任意两点联系了起来",它甚至"启动了极为不同的符号机制,甚至是非符号的状态",它既无开端也无结束,"但永远处于中间(milieu)并由此生长并且漫溢"(ATP:21)。

人们可能会问,是否有更为实际而直接的方式来概念化这些意指(和非意指)之流,为了回答这个问题,我们要考虑德勒兹和帕内特如何来解决一个问题,即"怎么用别的方式进行对话?",1977年的《对话录》对此给出了明确的解答,而在《入门》中只是有所暗示。在《对话录》中,德勒兹赞颂了他的知识工作中的相遇(rencontres),特别是"搭便车的方法"(pick-up method)(D:7-10),因为通过和朋友的相遇(他列举了他的朋友让-皮埃尔、他的妻子范妮、福柯和加塔利等人的名字),我们才抵达了"那片荒地,才能够在我们自己身上进行试验,[它]是我们唯一的认同,是我们获取寓居于我们身上的一切联合的唯一机会",而通过"对这些部落[它们居住在这片荒地之上]的秩序化……通过消灭掉其中某些部落而让另一些兴旺发达",这项试验总是被扼杀掉(D:11)。从帕内特这边来看,她怀疑德勒兹(和加塔利)是不是做了充足的工作去打破二元论,相反,她提议在多样性中寻求逃离(escape),这种多样性内在于"'和'(AND)之中,而'和'是某种位于诸要素或诸群组之间的东西。和,和,和——口吃"(D:34)。凭借"和"的不断增殖,人就可以"通过跟踪在两个词语或两个群组之间穿行而过的逃逸线,从内部消灭二元论……把它们双双纳入非平行的演变过程,纳入一种混杂的生成"（D：35）。尽管这个方法看起来仍然独具一番二元色彩，但德勒兹的观点涵盖了帕内特所欣赏的口吃，而帕内特正是在《对话录》后面章节里的集体阐释的诸种可变的中间模式内表达了她的欣赏。德勒兹和帕内特"通过不断地、故意地移置作者身份（第三章有些许例外）而不断前进，思想与概念——它们由两个谈话者共享，而这两个人实际又是一群人——交错折叠，其结果就是，一个思想的中间地带（an in-between of thought）通过友谊的褶子，也就是通过共振、差异和重复——它们只有在这种调停的亲密性中才能看到——涌现出来。[14]

相反，凭借像 ABC 启蒙书一样的展开方式（"A：动物［Animal］"、"B：醉酒［Boire］"、"C：文化［Culture］"等），《入门》的情节运动考虑到的是围绕主题的某种编排（weaving），而不是德勒兹和帕内特十年前寻找的那种中间物（in-between）。甚至在某一个环节（比如在"C：文化"中），当德勒兹谈到他如何通过与电影摄影师的相遇来探求理念的冲击力时，帕内特几乎陷入恐慌，她突然止住他，说："你就要开始搞我的［字母］'I'了！快停下来！你就要开始搞我的［字母］'I'了！"[15]不管这部八个半小时的电视访谈有多丰富，显而易见的是，由于这种交流必然是线性的展开，所以帕内特后来意识到了该对话的局限性。因此，在 2004 年发行的 DVD版《入门》中，帕内特和导演—制作人皮埃尔-安德烈·布唐（Pierre-André Boutang）通过提供一个新的理解模式——"通过中间"（par le milieu）——来寻求解决方案，也就是说，提供这三张分开的光盘各自与主题要点之间的联系，而不是和每一个字母开头的联系（当然，也是看得见的联系）。帕内特甚至在一个写着《对话录》的摘录文字的方框中解释了这个装置：

　　　摆脱按字母顺序排列的字母专制吧。吉尔·德勒兹已经表明，依靠某种中间物进入或离开：那就是这部 DVD 现在提供给我们的东西,音乐性思想运动的别样的重音、微小而又无限的变奏。"中间(milieu)和平均数毫无关系,它不是一条中间路线,亦非某种中庸的形式。相反,它是绝对的速度,从中间生长出的任何事物都被赋予了这样一种速度"[D:30]。

(《入门》DVD)

尽管这台装置并非毫无漏洞——例如,它仅限于每一张特定光盘那些可见的联系(光盘1[A-F]有六种联系,光盘2[G-M]有九种联系,光盘3[N-Z]有七种联系)——一个技巧娴熟的DVD浏览者可以学着迅速理解光盘之间的不同级数或那个中间(milieu),从而创造成果斐然的跳跃,生产意义的变奏和表现,是它们重新打开了德勒兹的思想。[16]

正如德勒兹在"C:文化"中的其他地方提到的,恰恰是通过像冲浪者那样生活在波涛的褶子之中,人们才不仅最大化了相遇的裨益——通过中间(milieu),在级数之间进行新的意义生产的通道——而且实现了德勒兹通过哲学来摆脱哲学的理想。这种透过特定的级数并在它们之间、之外展开的意义生产的并列,恰恰是德勒兹——或者通过他本人,或者通过和加塔利的合作——在1970年代和1980年代所从事的工作:打开了横向关系(transversal relations)、意指的微观政治(micropolitics of signifying)和非意指装置(asginifying assemblages)的种种高原,它暗示着陌生的欲望和情动模式,创造了新的关系和前所未有的生成;通过绘画、电影和文学来超越哲学的诸多运动,伴随着它们的感觉的逻辑、结晶的时刻和风格上的生成-少数(becoming-minor);以及在最后几年中清晰地表述了褶子(folds)和批评与临床(the critical and clinical)的诸多运动,它们被表述为理解哲学的中间(the milieu of a philosophy)的方式,而这种哲学总是在寻找用其他方法被概念化了的意义和级数。

注释

1　德勒兹(和加塔利)详细的传记信息可以在弗朗索瓦·多斯的研究中看到。

2　我们的探索必然是一次有限的探索,但读者们现在可以获益于詹姆斯·威廉姆斯对《意义的逻辑》的一项完整研究(2008)。威廉姆斯喜欢在他翻译德勒兹的题目时省略"the",正如他正确指出的,"法语标题对我们应该采用 a logic(une logique)还是 the logic(la logique)是模棱两可的……把这部作品理解为"*The*"*Logic of Sense* 的那种阅读,有失去其解释的试验的多样性的危险……正是这种多样性支持着一种更具创造性也更为随意的阅读,这种阅读是在考虑了德勒兹的思维运动的情况下建构了它的'意义的逻辑'的版本"(2008:22)。也可参见本书中威廉姆斯的《事件》这篇文章(第 6 章)。

3　doxa 即希腊文 δοξα,特指那些"不管理据是否充足的意见、观念或判断",也就是说,它指的是那些未经深刻反思的、似乎不言自明的"定见"。此处作者用这个词要暗示的,正是"表象"的那种不言自明性和无反思性特征。——译者注

4　德勒兹在《克罗索斯基或身体语言》(该文作为附录 3 而被收录在《意义的逻辑》中[LS:280-301])探索了这种对同一性的秩序化,他称之为"上帝的秩序"(order of God)。

　　皮埃尔·克罗索斯基(Pierre Klossowski,1905—2001),法国著名的编剧、演员。代表作有《索多玛 120 天》。——译者注

5　对德勒兹来说,卡罗尔的《爱丽丝镜中奇遇记》中的骑士之歌是一个典型的例子(参见 LS:29-30)。

6　多萝西(Dorothy)是童话故事《绿野仙踪》中的主人公,托托(Toto)是桃乐茜养的小狗。——译者注

7　"我们早已不在堪萨斯了",这句话是《绿野仙踪》里多萝西向小狗托托说的一句话,后来成为俚语,用来形容人们脱离了熟悉的环境,进入新的地域或空间。在这里,作者借此表达这个新定义的"结构"完全不同于结

构主义运动中经典的"结构"。——译者注

8　在前面提到的论克罗索斯基一文的附录 3 中(参见注释 4),德勒兹扩
展了他对上帝秩序的批判。

9　通过引用若埃·布斯凯(Joë Bousquet)的"成为那个属于你的不幸的
人;学会让它们焕发完美和光辉"这条训谕,德勒兹已经预见到了《意义的
逻辑》中的事件伦理学。为此,德勒兹补充道:"没什么可以再说了,也没
有什么是曾经说过的:让发生在我们身上的都变得值得吧,渴求并释放事
件吧,让我们都成为自己的事件的子孙吧,让我们重生吧,让我们再活一
次,与肉体的出生决裂吧"(LS:150-51)。德勒兹以此得出结论:"行动者
与其说像造物主,不如说是'反造物主'(anti-god)",因为行动者为了生存
于"最准确的"当下("行动者属于 Aion"),就避开了上帝生活于其中的
"永恒的当下"(eternal present)("上帝是 Chronos"),同时,他"使事件现
实化了,但它采取的方式完全不同于对事物深处的事件的现实化……因
此,他成了自己的事件的行动者(the actor of one's own events)———种反
现实化(a counter-actualization)"(LS:150)。关于事件的伦理学,请参见
柯林斯(2010)和斯蒂瓦尔(2010),以及尤恩和史密斯的论文集(2011);也
可参见鲍登(2010)。

　　Chronos 和 Aion 是德勒兹区分的两种时间模式。德勒兹认为:"我们
已经看到,过去、现在和未来根本不是单一时间性的三个组成部分,而是
形成了两种对时间的阅读,它们彼此完善却又互相排斥:一方面,是永远
有限的当下(the always limited present),它把实体的诸行动判定为原因
(causes)和它们深层的混合(mixtures),这就是 Chronos;另一方面,是本质
上无限的过去和未来(essentially unlimited past and future),它在一个平面
上把诸多事件作为效果(effects)集聚起来,这就是 Aion"(*The Logic of
Sense*, translated by Mark Lester with Charles Stivale, edited by Constantin V.
Bounds, London:The Athlone Press, 1990, p.61)。可见,Chronos 的唯一
的时间维度就是"当下",它表现的是事物之间的因果关系和混合状态;相
反,Aion 强调的是每一个"当下"对过去和未来的无限敞开,以及在这种敞
开里的不断生成(becoming)。也就是说,"当下"并不是铁板一块的"现

实",而是经过一种分化的、指向过去和未来的时间向度,它是意义和效果的散播,在纷繁复杂的流变中凸显出自身的存在。德勒兹认为,只有这样的"当下"才能称得上是"最为准确的"的"当下"或者说呈现出"当下"的真实面貌。——译者注

10　另一篇文章要处理的问题是,意义和级数的概念为另一种神学扫清了道路吗? 至于对德勒兹的反思、反神学以及对上帝的评判,请参见波克森(2001)。

11　关于《千高原》的开头,请参见本书中克丽斯塔·阿尔布雷希特-克兰的《风格,口吃》一文(第11章)。

12　"它在所有地方都起着作用,有时候平稳地运作,有时候则是间歇性的。它呼吸,它发热,它吃。它拉屎、性交。它在任何地方都是机器——真的机器,而非比喻意义的机器:驱动其他机器的机器,被其他机器所驱动,伴随着一切必要的联结与关系。器官-机器(organ-machine)被放入能量-能源-机器(energy-source-machine)之中:其中一台机器生产了被另一台机器所中断的流(flow)。乳房是一台产奶的机器,嘴巴是一台连接乳房的机器……因此,我们都是能工巧匠:每个人都有他的小机器。对于每一台器官-机器来说,能量-机器向来都是流(flows)和中断(interruptions)。施雷伯大法官(Judge Schreber)通过他的肛门获得了圣光。圣光的肛门(A solar anus)"(AO:1-2)。

"施雷伯大法官"是弗洛伊德心理治疗的一个经典案例。在该案例中,年轻有为、学识渊博、举止优雅的首席法官施雷伯患了极为严重的妄想症。他幻想自己和上帝建立了直接的联系,是被上帝选中的拯救者,能够看到圣光、听到圣音、见证奇迹,而要完成这种拯救任务则必须变成女人并"以一个女人的身份经历交媾"。德勒兹此处论及的是施雷伯法官和肛门(排泄)的关系。施雷伯法官认为:"无论是奇迹,还是那个声音,都是出自上帝(也就是说,圣光)的……正如其他与我身体有关的事情一样,排泄的需要也受到来自奇迹的刺激。这种刺激出现在排泄物沿肠道下行之时(有时也在其反向移动时出现);如果遇到因日常排泄而导致缺少该类物质的情况,那么至少,我的肛门内始终还附着少量肠道内容物的残余。

79

这是一个奇迹,由较高的(upper)上帝创造的奇迹,它每天都会重复发生多次。……通过以奇迹调动大便冲动的方式,破坏智力的目的就达到了,而圣光也就由此得到了彻底抽身的机会。在我看来,要从根本上理解我这种念头的产生,人们必须首先认识到我的一种基于排泄行为之象征含义的误解,即一个与圣光的关系密切如我的人,从某种意义上说,已经获得了向整个世界排便的权利。……当我感到那种必要并终于排便时,我通常都是在一个便桶上进行的,因为我总是在这种时候发觉厕所已经有人。每到这种时候,我的灵魂中就会同时涌起一阵最强烈的性欲快感。在排泄物加诸肠道之上的压力解除之后,性欲神经就会得到安宁,在排尿时也有同样的情况发生。由此看来,每到大小便之时,所有的圣光就都结合起来。"(参见《弗洛伊德心理治疗五大案例》之"关于一个妄想症病例的分析报告('施雷伯大法官')",上海科学技术出版社 2014 年版)——译者注

13 这里的"它"指的是书籍。德勒兹在此分析了两种读书方法的异同。——译者注

14 这些共振、交叠实际上在许多方面都是德勒兹《差异与重复》的延伸。关于德勒兹的这项重要工作,请参见詹姆斯·威廉姆斯(2004)。

15 这里是说,在《入门》这个电视访谈节目中,德勒兹和帕内特已经更换了一种节目组织方式,即按照主题来编排。而此时,德勒兹过早地开始了原本要在"I"部分才进行的访谈工作,所以帕内特才急忙阻止了他。方括号里的"字母"(letter)一词应该是本文作者的解释之辞,以便把节目编排中作为序号的"I"和第一人称代词的"I"区别开。——译者注

16 关于德勒兹和帕内特在《对话录》中进行的实验(及其限度)以及早期访谈和《入门》的关系,请参见斯蒂瓦尔(2008)。

事 件

◎ 詹姆斯·威廉姆斯

一切都是事件

在 1987 年 3 月 10 日的一堂课中——这是他最后一批课程的其中一节——德勒兹回到了事件(event)这个概念。他对事件及其在哲学中的地位的关注从《差异与重复》和《意义的逻辑》就开始了。因此,有一条线索把这些 1960 年代末的名作和后期的讲座课程以及由此而形成的作品——《褶子:莱布尼茨和巴洛克》(*The Fold: Leibniz and the Baroque*)联系在了一起。这一联系是通过莱布尼茨和斯多葛派建立的。它也是通过事件概念的特点建立的,这些特点保持稳定长达 20 多年。在后来的讲座中,德勒兹在他的伟大的事件思想家名单上又加上了阿尔弗雷德·诺斯·怀特海(Alfred North Whitehead)[1]的名字。这样就有了《褶子》中论怀特海的一章(FLD:76-82)。

这个讲座令人瞩目,因为它证实了德勒兹思想的一个重要特质。他在说和写中的各种实践形式反映了它们的内容。就像他早

期因之成名的所有课程一样,他这个课本身就是一个事件。然而,
这或许被看作一种空头评论,因为任何课程都可以被认为是一个
事件。作为事件的德勒兹的教学有何特别之处呢?乍一看,答案
是矛盾的,但它却很重要,因为它提取出了事件的那些特征,而这
正是德勒兹试图在他的哲学中传达的。

　　对于德勒兹来说,从《差异与重复》和《意义的逻辑》到后期的
课程,"一切都是事件"。他在课程一开始就坚定而又明白地提出
这个论断,其中回响着源自早期著作中的一个更为复杂的断言,即
每一个事件都参与到一个大事件(great Event)中,"一个唯一而又
相同的大事件"中(LS:152)。所以,作为事件,为什么德勒兹的课
就有些与众不同呢?这是因为一切事物都以特定的、不可思议的
方式成为事件,而不同的事件在不同程度上表现或展演这些特质。
一切都是事件,但有些事件比其他事件更好地抽取出了它们的事
件性特质(event-like qualities)。那么,这些特质是什么呢?

　　一个事件就是一个过程(process)。它不懂得限制,因而任何
一个事件都彼此相连。作为过程,事件也透过新奇的事物而涉及
深远的变化。它们也涉及交流,但不是信息的直接理解或交换。
甚至,那些明显没有生命的事物也是事件,只要解释了它们如何处
于一种新颖而独特的过程之中,我们就可以感知到它们。事件在
不同程度上表现了它们的生成过程。有些东西压制了它们持续的
转换并扼杀了变化。它们有愧于作为事件的自己(LS:149)。这
样的事件紧贴着同一性和相同性,就像每年在不同的但又同样无
聊的课堂上重复着的陈词滥调。另一些事件则重新强化了它们内
部的独特变化和把它们与其他所有事件联系起来的生成线(the
lines of becoming)。这样的事件猛烈地震动了它本身和其他事件,
使之进入更大的变化和更高的强度之中,就像德勒兹带领他的思
想家同伴们经历了一次共同合作的实验,他对每位参与者身上的

81

变化和潜力都十分敏感。

德勒兹在 3 月 10 日那堂课的一开头,就表现了过程(process)和持续生成(ongoing becoming)的意义。他不是通过引发阅读,也不是通过发布指令或向听众表示欢迎而提请人们注意;相反,他只是说"我们该工作了"(On travaille)。这堂课是个事件,因为它是一件正在发生的事情,一项公共的新的工作(a communal new work)。通过某种共同的努力(一种共同的但又相异的力量的聚集),而非通过一整套观念、事实、信息和意见的传播,其中的某些东西产生了变化。每一堂新课都是一个新事件,因为每个事件都是一项新的工作,而作为那个完全相同的事件(the self-same event),它又是不可重复的。或许这就是为什么那些曾参加过德勒兹课程的人在试图推进与他共享的事件时,德勒兹仍会不停地去会见他们的原因。

不过,对于德勒兹而言,事件和课程不是被分隔开来的岛屿。相反,他的课不仅依靠各个课程系列之间形成的通路,也依靠作者、问题、参与者、讨论、概念、思想、话题、主题和例证,从而重新提及以前的课和还没上过的课。因此,一堂作为事件的课就是和它所连接的一切事物的一种独特联系,也是对它所连接的一切事物的新的转变。如果我们按照德勒兹的教学方式和对事件的定义方式,那么一切事件都彼此触碰。它们因此在一个大事件(great Event)中相遇,在一种囊括一切的奇特变化中相遇,好像它们都被表现在"一"中。

自从《差异与重复》之后,德勒兹已经成了知名的差异——作为生成的差异,而不是作为对立或否定的差异——哲学家。相对于——比如说——理念难题(the ideal problem)这个关键概念,事件的概念在那本书中也是很重要的(DR:189-90)。他也已经是一位知名的有关重复——作为差异之变体的重复,而非对同一性的重复——的哲学家了。他对事件的讨论回答了有关现实事件(actual occurrences)的问题:"万物的差异是怎样的?"和"谁在重复?"一切都是差异,因为一切都是作为生成的事件,而非同一性或牢固的现实。事件通过使用一种独特的方式——它和共同享有的理念难题相关——改变其他一切事件,从而对它们进行重复。

在他的这堂关于事件的课上,当面对那些不变的事物——稳固的实体和不变的同一性——的显而易见的证据时,德勒兹深刻地意识到了这些论断的困难性和奇异性。与他的书和论文不同,讲座课程直接思考实例,有些取自莱布尼茨,有些取自怀特海,其他的例子则来自那些对于德勒兹来说关系疏远但又持续存在的资源,例如博尔赫斯。这里有几个他关于事件的例子:一个花园、一把椅子、巨大的金字塔、和公共汽车的碰撞、犯罪的亚当、一场音乐会。通过一种发人深省的陈述和论述风格,德勒兹写出了一系列反对他立场的意见并给它们草拟了答案。这种批判的、怀疑的辩证方法是他已经发表的所有作品的基础,但是在已经发表的材料中,批判的问题仍然隐而不彰。每个文本都给人一种单方面描述的印象,而这一方法的产生回应了怀疑的问题和批判的反对立场,这种立场在课程中体现得鲜明得多。因此,它们的美和趣味部分地体现在对他的辩证法及其教学环境的揭示之中。

我以前对"特质"一词的使用背离了德勒兹的著作,由于这种背离,他在定义事件时遇到的障碍以及他那论断的根本特性也得以展现出来。为了解释强度和生成之于事件的定义的重要性,我把它们定义为事件的"特质"(qualities)。这意味着重点在于德勒兹定义中的变化性,同时也保持了和我们对事件的一般运用的联系。然而,"特质"一词预设了一个实体,"特质"则是这个实体的某种"特质":这个事件快速地展开。但对德勒兹来说,当一切都是事件时,那么从本质上来说,一切就都是生成。不存在任何"在这里,却又不在这里"生成的独立实体。所以我们应该把事件思考为不同的生成模式和不同层级的强度：一种较快的展开，而后又是较慢的展开。

很难抵抗我们的语言和常识中对实体与同一性的固守，这是因为，比方说意指（"这个 A"）总是被控制着，指向一个确定的事物，或者是因为总是把属性和实体及某些特质相联系（"A 的某种性质"）。从哲学上来看，德勒兹对事件的解释，其基本性质可以被视为对实体作用——这种作用可以往回追溯到亚里士多德——的无情批判和一种努力，即努力说明事件不过就是样式（modes）而已——这个命题来自斯宾诺莎和尼采的奇妙混合：摆脱了实体的斯宾诺莎和沉思的形而上学家尼采。

当德勒兹展示了我们愿意承认为生产过程的事件和那些我们将分配给同一性与相同性的事件之间的对立时，这堂课达到了它最易让人理解的层面。如果它们被定义为过程的话，那么，一个偶然事件、一株正在生长的植物、一座摇摇欲坠的大厦或者因命中注定而造成的分化，就都可以被很容易地划归进事件的范畴。但是，一把椅子、一座花园，在既定年代里修建的大金字塔或亚当曾经犯下的罪：这些难道不是随着时间流逝而保持同一的吗？答案源自怀特海、柏格森和莱布尼茨。事件总是多样性的过程，甚至当它们看起来似乎自我同一（self-identical）的时候也是如此。用怀特海的语言来说，它们是"多"（many）。在柏格森对时间的解释中，它们是延续（durations）。如果我们按照莱布尼茨对色彩的解释，那么它们又是振动（vibrations）与和谐（harmonics）。因此，分配给椅子、分配给任何事物的同一性都是抛在许多过程身上的幌子，每一个过程都是一种不可分割的生成、一种延续，除了样式之外还是样式，它们都通过共享的振动而进入和谐。一把椅子——任何东西——就是一个事件，这个事件就是多样的生成过程的和谐。

83

　　这个定义把德勒兹引向了两个针对他的事件论断的更深入的反对意见:首先是科学,其次是相对于分歧与背离的和谐的性质。为了反思事件哲学之于物理学的关系,德勒兹回到了怀特海。当代的一位最具影响的怀特海解释者伊莎贝尔·斯唐热(Isabelles Stengers)参与了这堂关于事件的讲课,德勒兹与她就怀特海、事件和物理学展开了长期的交流。德勒兹试图找到一种关于事件的形而上学的,但又和物理学相容贯的定义。这并不意味着事件必须通过物理学来定义,而是说对术语的深沉的哲学思考不应和物理学产生龃龉。然而,德勒兹谨慎地指出了一种关于物理学的相反的情况,因为物理学理论也有向哲学的细察(philosophical scrutiny)敞开的形而上学预设。

　　阅读德勒兹关于这些观点的课程手稿是很有趣的,因为它展示了德勒兹的幽默和偶尔的苛刻。这些愤怒和报复的时刻富有启发性,因为它们正是情动的符号,而为了这些情动,他在比如说斯宾诺莎的至福(blessedness)或尼采的遗忘(forgetting)中找到了一副批评与临床的解药。对于德勒兹来说,宣称现代科学已经摆脱了其祖先的形而上学预设是"白痴一样的"行为。也许是通过挑战或至少是抨击这些愚蠢的现代假设,德勒兹把事件(the event)定义为凭借多元级数进入了和谐共振的、多样性的诸事件(events)。他认为这个定义和物理学是一致的,同时承认这一论断是暂时的而且欢迎不同的解释。

　　和谐的问题关乎聚集(convergence)和分离(divergence)。为什么事件中有级数的聚集?为什么这种聚集不会导致稳定的总体(totality)?在讨论事件的课上,德勒兹表示,存在着由于变化而产生的聚集,这是不同级数之间的共振,它把各种变化拉拢在一起——德勒兹宣称这个思想来自怀特海,尽管他实际上在更早的关于斯宾诺莎和莱布尼茨的课上也提出了这个思想。之所以存在着分离,是因为作为聚集的事件,其产生依赖于前面的级数的多元分裂,即在一切事件中的分裂的多(divergent many)。这些分裂不仅是事件的产生条件。它们在事件中持续存在,使得任何事件都成为聚集与分离的易碎的、短暂的和谐。事件因此是一个分裂的多(a disjunctive many),它无须失去分裂的过程——这是它产生的前提条件——就进入了和谐。椅子事件、金字塔事件或音乐会事件通过联系不同的级数而把它们聚集在了一起。实际上,这些事件中的任何一个事件都把无穷的级数聚集在了一起。每个事件都是从特定角度观看的世界整体。

级数在事件中的这种脆弱而又强大的聚集以及它们此前和此后的毁灭或许可以在德勒兹关于音乐会的例子中得到最好的理解,与此相关的许多课程都通过"今晚有场音乐会"这句话提供了这种理解。音乐聚集了大量被艺术家和听众引入音乐会事件的路径(paths)和生命(lives)。它们在事件中聚集,但没有哪条路径在事件中消失或能被事件完美地予以解释。当与会者各走各的道儿,他们会记住它并对它作出不同的反应。他们也以相异的方式被聚集在一起。"当今晚举行一场音乐会时",一个短暂的事件就把所有这些关于世界的观点都聚集起来,不是通过一套固定的事实,而是通过一个共享的过程,这个过程不能被化约为这样的事实,但却是它们当中任何一个事实的基础。

无愧于事件

如果一切都是事件,它们的意义何在呢? 既然我们向来无法摆脱事件,我们就注定要过政府管制——政府永远被"事件,亲爱的孩子,事件"[2]这句话所困扰——的生活而又无力控制它们吗? 为了理解相对于事件定义的事件的意义(significance),回到德勒兹的《意义的逻辑》及其第 21 个级数——"事件"[3]——是非常有益的。在这本书中,根据现实的事件(actual events)、理念的纯粹事件(the ideal pure event)以及二者之间的强度表面(a surface of intensities)这样的三重区分,事件(the event)也被区分开来。这个区分考虑到了对事件的选择,因为一旦我们有了事件的这三个不同而又不可分割的方面,就可以根据它们的地位,更重要的是,根据它们在三重区分中的功能来辨别行动与模式。

不同于那源自外部,波及主体的庞大事件,我们所拥有的是一种变化,这种变化关乎主体内部持续运动的级数,也关乎通过级数展开的交流。每个事件都是一系列物理级数(physical series)、理念级数(ideal series)或意义变化中的事件,都是处于物理级数和理念级数之间的关系强度中的、作为变化的事件。在《意义的逻辑》中,后面这个具有强度的层面(intensive aspect)被称为实体性事件(corporal events)和意义事件(events of sense)之间的表面(surface)。例如,如果我们回到"今晚有一场音乐会"这句话,音乐会就是对物理世界的一个改变:舞台搭建起来了,乐迷欢聚一堂,乐器音高得到调整,声光设备得到测试,音乐家则找到了共同的节奏。但它也是一个理念事件或意义事件:激动的心情和某个独特事件的理念联系起来了,和重生的意义及围绕着未来的新理念而生成的可能性联系起来了,那些未能到场的人可能会有些许遗憾,而其他人则思考着他们以何种方式来对这场音乐会作出反应。

事件的这些物理的和理念的方面就是物理级数(物理性事物,它们是以级数形式不断变化着的关系)和理念级数(生成的思想及其关系,希望、悲伤、激动、学习、创造)。据德勒兹所言,这些级数通过两种不同的而又互相依存的方式联系在一起。首先,在物理级数和理念级数中存在着强度的变化。其次,凭借一个相关的"载体"(carriers)结构———一个没有位置的占领者(a placeless occupant)

和一个空位(an empty place)——事件按照级数形式被成双成对地
运载着。因此,在被赋予级数的重要性和优先性中存在着一种变
化——这是关系强度之中的变化——在级数的结构中也存在着一
种变化,这个构造就好像一个没有位置的占领者或一个空位,变化
以彼此联系的成双成对的方式沿着它们而运动。当"今晚有一场
音乐会"的时候,有些物理空间的重要性上升了,改变了空间级数,
而有些理念也变得更为强烈(例如,对不同音乐类型的状态进行革
命性转化的思想)。随着音乐会被逐步筹划,我们就有了没有位置
的占据者:它将在哪里举办呢? 这些又和空位并驾齐驱:它将在这
里举办? 还是这里? 这些共同意味着事件是根据一个结构而对级
数的聚集,是现实的两个面向,是在物理和理念之间的平面上变化
着的关系强度。

86

在《意义的逻辑》中,这个复杂的结构使得德勒兹得出了关于
事件的一整套令人惊异而又具有原创性的论断。这些论断关乎事
件的本质以及如何用它们来进行工作。我在这里给出这些论断,
其顺序不同于它们在事件的级数中出现的顺序,因为级数是从一
个个案研究开始的(一项关于法国超现实主义作家若埃·布斯凯
的生平与著作的研究)。它随后扩大到了更广泛的课程中:

(1)每个事件都是一个伤口(wound)。这是因为每个事件都
是在物理级数中被"肉身化"的,成为某种来自外部的、逼迫它改变
的东西。这个物理事件是作为当下对过去和未来的强烈而紧急的
集中(concentration)而产生的。音乐会开始了并改变了城市及其
居民,就像新的占领者通过许许多多的空位占领了他们的位置一
样:新的事物正在接管。

(2)每个事件也都和它所呈现的一切潜在意义的永恒的、理念
的方面相联系。每一个没有位置的占领者,每一个意义和所有潜
在的强度层级都"盘旋"在对它们进行表现的物理事件之上。通过
不确定性和通往事件之未来的开放性,可以感受到这一点。或许

会发生一些不同的事情(LS:149-50)。

(3)对事件的物理层面和理念或虚构层面的区分,通过两个更加重要的差异而被复制了。我们可以谈论物理事件的原因,但我们也必须谈论给理念层面造成的效果。对于意义和强度来说,只有效果而没有原因(LS:12)。这意味着我们无法通过意义和强度追溯变化的物理原因,物理事件也没有任何效果。它们只改变其他物理原因的力量。因此,德勒兹的体系和对事件的解释有一种本质的开放性,因为它们反抗因果关系的决定论(casual determinism),反抗对可能的意指过程的系统性限制;新的效果和新的原因总是在任何既定的事物状态之外被产生出来。

(4)这种开放性意味着事件也关乎自由(LS:149)。德勒兹说它关乎自由的人。在稍晚于《意义的逻辑》的《批评与临床》中,他会说事件关乎即将到来的人民。事件变成了自由人开展斗争的地方,变成为了未来而即将到来的地方。事件因而是德勒兹哲学中最具肯定性和现代性的时刻,也就是说,它是那个让不一样的新世界从我们的伤口和斗争中脱颖而出的地方。

(5)但这种自由被事件中的命运观念给抵消了。事件——它们发生了并且伤害了我们——就是我们的命运(LS:169-70)。令人震惊的是,德勒兹说我们理应拥有这些事件。正是在这一点上,他借用自斯多葛派的思想便承担了一种风险,即它最大限度地接近于斯多葛派对事件的屈从,好像事件总是不得不被我们接受似的。然而,有两点澄清使德勒兹远离了这种对斯多葛主义的明显粗疏的理解。我们通过行动——这些行动正是我们用来迎接事件的行动——而理应获得事件,因此,如果我们屈从或怨恨某个事件,那这个事件就是消极的。尽管事件是我们的命运——例如,通过因袭而得到的软弱和激情——但这样的事件的道路并不是必然的。我们可以用不同的方式来重演它们。

德勒兹阐述了一个重要的原则和关键的概念,来回应这种屈从的危险和命运与必然性之间的区分。我们必须无愧于事件。我们可以通过对事件进行"反现实化"(counter-actualizing)而无愧于事件,这就像行动者扮演一个角色,他可以给这个角色赋予新的含义和强度,赋予新的、独特的语调变化,而这些都被馈赠给尚未出现的行动者:

> 行动者把事件现实化,但是其方式完全不同于在事物深层对事件的现实化。更确切地说,行动者用他自己的方式进一步扩大了这个宇宙或物理的现实化过程,这是非常表面的——但这又是因为它更加独特、鲜明而且纯粹。因此,行动者确定了一个具有独创性的人,使之摆脱了抽象的线条,只从事件中保留了它的外形和光彩,因而生成了属于他自己的事件的行动者——一种反现实化(counter-actualization)。

> (LS:150)

这里的深层(depth)是指事件的物理层面,即它伤害我们的方式。尽管伤在身体,行动者却从伤口中抽取出新的意义和新的强烈的情动。这些都是从物理身体中分离出来的表面的东西。但它们也更为独特,因为它们是独一无二的,通过一种也具有普遍性的方式而适应于这个事件和我的身体。所以,反对将事件现实化就是通过把事件再创造为一种可传播的意义和强度,从而使事件和他者的事件相互交流,在这里,意义并不意味着一个特殊而固定的意指过程,而是意味着他者根据他们独有的事件而表现的一个普遍的潜在意义。

批判的问题

88

比起其哲学的其他方面,德勒兹对事件的讨论用一种更为具体的方式把理论和实践联系了起来;它本身也招致了更具压力的关于批判的问题(critical questions)。我们已经看到了这些有关"如何忍受或反抗事件"的问题的实践的一面。理论的一面则引起了和事件的本体论定义相关的不同种类的问题。已经对这些本体论观点作出回应的重要评论家是阿兰·巴迪欧(Alan Badiou),但是在回到他的分析之前,值得把其他基本的批判观点简单地罗列出来。这些观点可以被分成三种主要的批判。首先,德勒兹把事件置于时空定位之前。我们不是应该反过来说事件发生在特定的时间和特定的空间吗?例如,印度分治发生在1947年的英属印度。否则不就是对这个事件的歪曲吗?

其次,德勒兹宣称一切都是事件。这难道没有遗漏一个观点,即有些事情是事实而非事件?你的出生或许是一个事件,但你的出生体重却是一个事实。我们果真不用参考这类事实及其解释的重要性——比如,当出生体重过低的时候——就能说明事件吗?再次,事件难道没有自然的界限,比如生命的开始和终结?如果有的话,那么,声称它们在和其他所有事件接触之前,原则上都没有限制,这岂不又是一个歪曲?死了以后,生命变成了一个不同种类的事件,以至于把腐烂的尸体或零落的骨灰仍然视为作为事件的生命的一部分已经毫无意义了。

对这些批判观点的回应为我们更好地理解德勒兹事件哲学的范围及性质留出了余地。根据他的定义,我们不是不能讨论事件的时空定位。而是说事件决定了它们的空间和时间而非相反,因此不存在独立于事件的空间和时间。当一个事件被选中,当它被反现实化(counter actualized)时,它就决定了它的时间和空间。所以,说印度分治发生于1947年是错的,这取决于我们在事件中如何作出反应,它在1617年就已经发生了并且持续到了今天。类似的,事件的空间界限的变化也取决于我们如何复述它,如何观察它的反响。分治可以在大英帝国边界之外,或者边界内部更深入的地区进行。对于德勒兹而言,没有独立于事件的事实,因为一切事件的意义、与一切无理数相连的意义和强度,都取决于我们如何把那

个数字和表现这个数字的物理的、理念的变化联系起来。就意义
而言,你的出生体重的减退恰恰意味着一个健康的、扩展的生命远
离体重而得以延续。当婴儿躺在恒温箱里与他的生命进行搏斗的
时候,同样的数字既变成了更为艰难痛苦的意义的中心,又成为理
念效果的中心。如果没有赋予它们以生命的事件,数字就什么都
不是了。

89

对于德勒兹来说,原则上并不存在事件的时空界限。当他讨
论死亡和事件时,德勒兹用尽全力提出这一论断。对他而言,如果
我们仅仅把死亡视为一个终结,我们就不会理解作为死亡的事件。
应该联系临终(dying)来理解死亡,这里,死是一个生成的二元过
程:不仅是走向终结的衰退,也是和其他所有临终事件的联结。这
种联系不应被视为消极的,或被物理性死亡和削减所决定的东西。
相反,死也和新的生命与未来事件相连,不仅通过它们对"死"(to
die)的普遍性的表现,也通过它们对"别样的生"(to live differently)
的普遍性的表现:

> 死亡与我和我的身体有一种极端的、明确的关系,它是我
> 的基础,但它与我也毫无任何关系——它是非实体性的、不定
> 式的、非个人的,它只是它自己的根据。一方面,存在着一部
> 分被实现和被完成的事件;另一方面,"存在着一部分无法实
> 现其完成的事件"。

(LS:151-2;引文引自 Blanchot 1982:155,译文有改动)

德勒兹在《意义的逻辑》中解释了"所有事件在一个大事件中
相联系"这个观点,这个解释形成了巴迪欧在他最近的《世界的逻
辑》(*Logiques des mondes*)中批判德勒兹对事件的讨论的基础。巴迪
欧认为德勒兹是通过"一"(the One)来思考事件的(Badiou 2006:
404)。这很重要,因为,按照巴迪欧的说法,这暗示着德勒兹错失
了事件的多样性。这种简化不会过分否认存在着许多事件,但是

会掩盖一个事实,即任何事件都具有内在的多样性以及事件的多样性无法化约为单一的本体论整体。如果巴迪欧是对的,那么这对德勒兹的哲学就具有严重的影响,因为它暗示他对事件的定义无法使之成为真正新的东西,这是由于任何新事件都不得不屈服于"一"的逻辑。它还暗示德勒兹的哲学不能在政治上思考真正的多样性和差异,因为一切多样性都永远被指向作为"一"的事件中那更高的统一体。

然而,德勒兹在他对事件的定义中从未使用过"一"这个词。因此,巴迪欧是强加了一个外部的术语。他这么做是公正的吗?这似乎是不可能的,如果我们承认德勒兹在事件内部对其实体性方面和理念方面、对其作为表面强度的意义和透过独特生成过程的表现所作的区分的话。对德勒兹来说,事件从来不是"一",因为任何事件都是唯一的,是通过作为一个大事件(one great Event)的诸事件产生的独特的强烈回响,而不是它们对整体或同一性的化约。即便死亡事件,也不是回到"一",而是从同一性和自我转向对一个大事件中的所有事件之交流的独特表现。

因此,事件对于德勒兹而言从来就不是一个单位(unit)。相反,它源自分裂(disjunction)和双重的级数(double series)。因此,事件之于他的哲学的重要性通过这种位于《差异与重复》核心的二元性而得到了证实。在那里,德勒兹试图通过事件来定义问题,而这正是他对观念和解决方案之间的关系进行解释的基础:

> 在这个意义上,展现事件的一对级数——它们在两个平面上展开,重复而又互不相似——是正确的:现实的事件处于被想出来的解决办法这个层面上,而观念的事件则被嵌入问题的环境之中,比如那些把我们的历史双重化的诸神的行动或梦境。

(DR:189-90)

每一个事件都是级数之间的内在振动。这种重复没有被外在的相似性逻辑或任何其他限制性逻辑所封闭。事件是当下的开放性和偶然。它由过去和未来所引导,它不被认为是负担,而是作为物有所值的馈赠而被欣然接受。

注释

1　阿尔弗雷德·诺斯·怀特海(Alfred North Whitehead, 1861—1947),英国数学家、哲学家。"过程哲学"(process philosophy,亦称"有机体哲学"或"活动过程哲学")的创立者。代表作有《过程与实在》。怀特海认为,世界应分为两个:一个是可能的世界,即"永恒的客体";另一个是现实的世界,即"现实的事物"。整个世界的一切都处于变动不居的过程之中。"各种事件(现实的事物就是事件)的综合统一体构成机体。从原子到星云、从社会到人都是处于不同等级的机体。机体有自己的个性、结构和自我创造能力;机体的根本特征是活动,活动表现为过程。过程就是机体各个因子之间的有内在联系的、持续的创造活动。它表明一机体可以转化为另一机体,因而整个世界就表现为一个活动的过程,在这个过程的背后并不存在不变的物质实体。唯一的持续性就是活动的结构,而这种结构是进化的,所以自然界是活生生的、有生机的。"参见夏基松主编,《现代西方哲学辞典》,上海辞书出版社 2007 年版,第 144 页。——译者注

2　这句话出自英国前任首相哈罗德·麦克米兰(Harold Macmillan, 1894—1986)。1950 年代末、1960 年代初,麦克米兰接受了一次记者采访,当被问及什么最容易使政府脱轨时,麦克米兰用"事件,亲爱的孩子,事件"这句话予以回答。哈罗德·麦克米兰是英国著名的保守党政治家,曾于 1957—1963 年担任英国首相。——译者注

3　《意义的逻辑》一书的每一章都是一个级数,比如,他的第一章标题为:"第 1 个级数:纯粹生成的悖论",第二章标题为:"第 2 个级数:表面效果的悖论",以此类推。因此,这里所说的"回到第 21 个级数"意思就是回到《意义的逻辑》一书的第 21 章。——译者注

装　置

⊙ J.麦格雷戈·怀斯

　　装置（assemblage），当它在德勒兹和加塔利的著作中被使用时，是一个处理偶然性和结构、组织和变化的作用的概念；然而，我们也应该记住这几对词语是牵强的选择（D：99）。[1] 这个词[2]在法语中是 agencement，通常被翻译为"聚集"、"安排"、"布置"或"装配"（Cousin *et al*.1990：9-10）。重要的是，agencement 不是一个静态词；它不是安排（the arrangement）或组织（organization），而是安排、组织、装配在一起的过程（process）。这个词当它在德勒兹和加塔利的著作中被使用时，通常被译为装置（assemblage），即正在被装配的东西。[3] 一台装置不是一套被预先确定的部件（比如塑料飞机模型的零件）——它们按照顺序被组装在一起或组成一个已经被设想好的结构（飞机模型）。一个装置也不是事物的随意聚合，因为装置给人一种感觉，即装置是某种整体，它表现了某种同一性并宣告了一个界域的范围。一个装置就是把诸要素聚集在一起的某种生成。

　　通过观察装置一词如何在不同语境中使用，我们便可以理解它的意义。在地质学领域中，它指的是"具有某特定岩层特征的、同时出现的一组化石"(《装置》,未注明出版日期)。对于化石出现的诸要素来说,存在着一种偶然性,它们多少有些随机,这取决于是什么样的可怜生物在什么样的特定时间、什么地方、以何种方式死亡,又以何种方式而被保存下来。当然,它不完全是随机的,因为只有某些动物以那种方式生存于那个时间、那个地点。同理,对于安排本身来说也具有一种偶然性。但是这些化石不只是一起出现在岩层中;它们还构成了一个群组(group)而且表现了一种独

92 特的性质(character)。这个词在考古学、古生物学和生态学中也以类似的意义而被使用着("偶然地共享了同一习性的一组有机体")(《装置》,未注明出版日期)。同样,装置的观念在艺术和建筑学中也有其根源和使用。

　　这些例子说明,一台装置就是杂多的要素的聚集,但尤其重要的是这些要素之间的关系。这些要素是通过特殊关系而被聚集在一起的各种各样的物(things),比如在考古挖掘中发现的日常生活的瓦砾:碗、茶杯、骨头、瓦片、小雕像等。这种物的聚集及其关系表现了某种独特的性质:例如,伊特鲁里亚性(Etruscanness)。[4] 但是,构成一台装置的诸要素也包括当下的特性(qualities)(大的、有毒的、良好的、失明的等)以及装置的情动和效用,即不光有它之所是(is),还有它之所能(can do)。对于解释德勒兹和加塔利而言,直到明白了它之所能——它如何运作——我们才能理解什么是装置(ATP:257)。装置从环境(milieus)中选择要素[5],并用特定方式把它们聚集在一起。"我们将把每一个由独异性(singularities)和特性(traits)组成的合成体称为装置,这些独异性和特性是从流之中被抽绎——被拣选、被组织、被分层——出来的,并通过这样一种方式使之能够人为地和自然地聚集在一起(容贯性);从这个意义上说,一台装置就是一个名副其实的发明"(ATP:406)。德勒兹和加塔利提到的装置的要素不光是物,因为物本身就是特性、速度

和线。[6]

德勒兹和加塔利举出的一个例子会有助于说明这个观点。在重读弗洛伊德的一个案例时,他们对一个孩子进行了描述,这个孩子透过窗户看到一匹马正在拉车并被这个景象触动了。那匹马在大街上已经精疲力竭,并且正受到马夫的鞭打。这匹马极有可能要死了。德勒兹和加塔利把这一场景描述成一个装置。一方面,这个装置是马—马车—街道(物体通过特定关系的聚合),但它也是:

> 个体化装置背景中的一系列能动的和被动的情动,而这些情动则是装置的一部分:眼睛被眼罩蒙住,带着一个马嚼子和辔头,趾高气扬,长着一根大鸡巴,拉着沉重的货品,被鞭子抽打,倒下,腿乱蹬,乱咬,等等。这些情动在装置内部流通、转化:这就是马之"所能"。

> (ATP:257)

装置创造界域(territories)。界域不仅是空间:它们拥有界桩、所有权,它们进行表现(我的房子,他们的牧场,他的长凳,她的朋友)。这匹将死的马宣示了一个界域,而不只是占据了一片空间。界域并非一成不变,但却总是被建立又被毁灭,被再界域化又被解域化。这种持续的建立和毁灭过程和装置是相同的:它们总是聚集而又离散。装置面向层(strata),它们在这里产生并被组织起来(从字面意义上讲:这种人工制造的装置发现于一个特定的地层,一个由特殊类型的土壤或岩石构成的特定的地层)。但是德勒兹和加塔利写到,装置也面向无器官的身体(Body without Organs)——不稳定的、变化着的、大量的运动、速度和流——它们在那里被拆卸,它们的要素在那里流通。但是,虽然装置是流动的和偶然的,它们仍然具有很强的黏着性和顽固性。

让我们举一个特殊类型的界域或界域装置(territorial assemblage):家。"探索人或动物的界域装置:家"(ATP:503-4)。

93

家庭是我们为自己建造一席之地、为表现自己而安置手工艺品、特性和情动的方式。[7]我说的并不是那种资产阶级的"我就是我的家居风格"(I-am-my-home-décor)方式,而是那种为我们自己表现一个舒适空间的方式。德勒兹和加塔利描述了一个孤独且惧怕黑暗的孩子(ATP:311)。这个孩子轻哼、吟唱一支小曲,一个叠句来抚慰自己。吟唱小曲营造了一个舒适的空间:家。人们无须固守着自己的住所去构建家:飞机座位、居住区的闲逛、每天上下班的往返车辆、野餐的草坪上的空间、沙滩上的空间,这都是家。因此,家不是一个预先存在的空间;它不是房子。它是通过对物品、实践、感觉、情动进行安排,从而为我们自己营造舒适空间的持续不断的尝试(参见 Wise 2003)。

让我们思考另一个例子。最近,我乘飞机去参加一场学术会议,我将在机场会见我的一位好朋友和她的一位同事。由于我朋友的同事和我素昧平生,因此她向他简要地描述了我,以便让他能够辨认。存在于这个局部描述中的特性构成了一台装置,它是一套多少有些随机的因素,这些因素整个地但又是局部地装扮了我,表现出了我的特点,或者说,在这种情况下表现出了某种形式的同一性。这里的关键在于,这台装置无须包括这些特定的要素,甚至相似的要素:我并未按我惯常的方式打扮,而是蓄起了络腮胡子。更确切地说,虽然没有那些按照特殊方式装配起来的要素,那个同事也发现了其他的特点——行动、举止——并把它重新装配成了同样一个东西,那就是我(或对我的重复)。

装置(和家以及我们为了获取同一性而利用的东西)不是物品和特性,而是速度和线。我的同一性装置(identity-assemblage)是慢性、黏滞、加速和断裂的集合体(ATP:4),是步态、风格、不自觉的行为、习惯、节奏(啪嗒啪嗒的脚步、缓慢的凝视、步履蹒跚——踱来踱去的步伐)的集合体。

但装置还有另外一个维度。除了我们已经讨论的物、行动和激情的系统外（德勒兹把它称为机器性装置［machinic assemblages］），装置也是符号的系统，符号学的系统（semiotics systems）（ATP：504）。也就是说，装置的要素包括话语、语词、"意义"及联结能指和效果的非实体性关系。德勒兹和加塔利把这称为阐释的集体性装置（a collective assemblage of enunciation）。考古学的装置不只是被挖掘出来的那些物品以及它们的特性和关系，还是一个话语的装置（discursive assemblage），物品、特性和关系通过这个装置，凭借专有名词、行业术语和考古发掘的符号学而被表现出来：这是一个把茶杯变成巴契罗杯（becchero cup）[8] 的符号学系统。[9] 家-装置（Home-assemblage）不只是物品、实践、感觉和情动的集合体，它们也接受了独特的语言、词语和意义。前面对我本人的描述也包括讲话风格、发声习惯、词语的总汇、表现和意义，总之，就是能指。[10]

通过接纳或讨论快、慢、效果和语言的独特关系，我们就能进入装置。这样，人们就可以进入另一种意义上的家或者认同（这完全不同于走进某人的家或模仿他们的言谈举止）。它不是模仿的过程而是生成（becoming）的过程。小汉斯——那个观察将死的马的孩子——渴望进入那台装置。对于德勒兹和加塔利来说，"问题在于小汉斯是否能够赋予他自己的要素以动与静的关系和情动，正是这些东西使他生成为马，去除了形式和主体"（ATP：258）。要提醒的是，尽管我发现谈论进入装置十分富有成效（好像它是一种自愿的行动），但我们应该记住，我们总是被多种装置纠缠着、建构着。

总之，德勒兹和加塔利写到，装置有两条轴线。一条轴线是在层（strata）上的界域的建造，它在无器官身体上来往于建立（辖域化）与毁灭（解域化）之间。有些解域线（lines of deterritorialization）

"打开了界域装置,使之面向其他装置……而其他装置……则打开它,使之面向一块怪异的、无法追忆的,或尚未到来的土地"等(ATP:504-5)。另一条轴线是内容和表现,"机器性装置和阐释的装置"(ATP:504),技术("实用系统")和语言("符号学系统")。装置沿着这每一个维度建立并毁灭。[11]

95　技术性装置

在本文的第2部分,我想说明装置概念如何有助于我们更好地理解技术研究中的一个特定问题,即人与技术之间的关系(参见Slack & Wise 2002,2005)。由于提出这个问题的传统方式毫无成效,而且显然十分粗疏,所以装置概念提出了一种思考人—技术关系复杂性的更为新兴的方式。在本文的这一部分中,我会描述并批判三种常见的对人—技术关系的理解(公认的观点,环境论观点和接合论的观点),运用移动电话的例子来说明每一种观点。通过评述这个人—技术的问题,我们会看到装置如何能够推动对这一问题的思考并制造新的联系。

人和技术的最常见的关系结构——斯莱克和怀斯称之为"文化与技术的公认观点"——把人和技术都假定为完全不同且相互作用的特殊的事物。根据这个观点,我可能会被各种技术(电话、计算机、电子表格程序)包围,但它们都外在于我本人:它们只是工具。技术不是人,人也不是技术。当技术和人开始融合的时候——要么人变得更技术化,要么技术变得更人性化,或者技术通过移植变成人的一部分——持有这种观点的人就变得相当不安。这种公认的观点引发了似乎无休止的、关于技术是否正在控制人(技术决定论)或人是否完全掌握了技术(社会决定论)的争论。不管哪一方,都是把技术和人视为(应该分开研究或连起来研究的)

彼此分离的实体。

例如,如果人们想从这个角度研究手机,就要去探索技术本身的发展以及今天的手机在功能、力量和尺寸上有怎样的变化(人们甚至会发现自己说手机在以某些方式"进化")。人们还会研究技术对人类与社会的效应——通常是用"重大影响"这个词提出的,比如"手机对公私观念的重大影响"——或者这些手机如何给用户随时强加一种有待他理解的命令,或者它们怎样增加安全感或危机感。人们可能还会研究社会和社会需要给电话技术造成的影响(例如,强调被视为商业技术的手机如何重视特殊的功能和特性,而被视为私人技术的手机如何重视其他的方面)。不管怎样,这种观点把手机视为拥有属于自己的同一性的独立的物品,可以通过自身而得到独立的研究。

关于人—技术关系的第二种观点认为,我们需要在环境中考察这种关系。技术不脱离它们的环境,人也一样。因此,我们不能孤立地思考一项技术;它总是在某种环境中被使用着。菲利普·霍华德(Philip Howard)做的一项关于互联网使用的研究采纳了这种视角——他称之为一种嵌入式媒体视角(embedded media perspective)——他认为"对于以社会环境为基础的交流来说,新式的媒体机制也是满载文化的工具"(2004:22)。霍华德认为:

> 通讯技术极为迅速地、深入地嵌入个人生活中,同时在我们与他人的互动及我们认识世界的方式之间起着中介作用。理解网络社会要求理解网络的嵌入性——通讯工具如何嵌入我们的生活,我们的生活又如何被嵌入新媒体。

> (Howard 2004:2)

霍华德说,这种研究方法有两个好处:它"既在地又直接"却不抽象,而且,人和技术相互限制:"通讯工具为人类活动既提供了能力,又提供了限制……个体用户负责利用这些能力,并克服日常使用中的限制"(Howard 2004:24-5)。注意,这种方法把社会决定论或技术决定论视为环境性(contextual)的而非绝对性的。然而,如果某物被说成是"嵌入"在另一物中,难道就不能被"脱嵌"(disembedded)吗?如果能的话,那么这种方法就仍然假设技术和人是分开的、独立的。

回到我们的手机的例子,嵌入的观点更多地集中于技术的日常应用:谁运用技术?什么时候?为了什么目的?这些是不能以抽象或当成普遍性来回答的问题,而应该通过对现实的日常实践的关注来回答(在这个环境中的这些人使用了手机的这些特别的功能)。例如,有研究已经关注了日本、斯堪的纳维亚、韩国和别的地方的青少年如何用手机的短信功能整日跟同伴联系,如何让父母随时知道他们的地点和行动,如何监测、掌控通讯和创建"脸"[12],如何调情卖俏打游戏,还有其他的使用(参见 Katz & Aakhus 2002;R heingold 2003;Yoon 2003)。采纳这种观点,人们就会把手机仅仅看成青少年日常生活节奏的一面,并且观察这些使用者如何利用手机的某些功能,如何谨慎地设置通讯模式和语言以应对信息长度的限制。但是,尽管手机是以某些方式使用着的一个东西,而且有时候已经成为这些群体日常社交与文化实践的一个重要部分,但这个观点仍然把手机当成一个独特的实体来处理,它并非环境的一部分,而是被带入到环境之中并在这个环境中被使用着。换句话说,手机是一个可以被脱嵌的东西。

第三种理解人—技术关系的方法就是接合的方法。接合的概念是这样一种思想,它认为,为了创造整体和同一性,不同因素可以被联结(被接合)起来或被切断联系。斯图亚特·霍尔[13](1986)使用了接合在一起的运货卡车(一种半卡车[semi-truck],驾驶室和拖车是分开的)这个形象。不同的驾驶室可以接合不同的拖车。每一次联结都导致了一个特殊的整体:一辆卡车,但每次都是一辆不同的卡车。詹妮弗·斯莱克(Jennifer Slack)部分地回应了上面概括的环境论观点,她认为环境的概念,用她的话说,是"一个重大理论问题"(1989:329),因为各种研究可能都会以不同方式来定义相关的环境。相反,斯莱克提出了一种接合模式,这种模式把环境看成由技术构成的,反之亦然。技术不能被脱嵌。借助一种更宽泛的接合理论,斯莱克认为:

> 在这片广袤的宇宙中,被铸就的或被打破的整体不是简单的物理对象,比如卡车,而是要素的复杂联系,它们本身就是诸种接合。这些要素或同一性可能是社会实践、话语陈述、意识形态立场、社会力量或社会群体……它们形成的整体可以由这些因素的任何联系所构成。

(1989:331)

任何接合在历史上都是偶然的。接合必须在具体而特定的实践中被制造、被维持、被转变、被毁灭。因此,要接合、制造或切断事物之间、观念之间、事物和观念之间的联系,就要使用力(power):"力不仅在完全不同的要素——同一性在其中得到分派——之间抽取或重新抽取联系,而且,在这个过程中,力把这些接合当中的某些接合指派为支配性的,把其他接合指派为从属性的"(1989:333)。技术也可以被视为一个持续不断的接合级数(an ongoing series of articulation),人也可以作如是观。

如果我们从接合的环境中来看手机研究,我们就得到了一系列问题,这些问题与上面的例子中所提到的问题十分不同。手机技术如何与特定的功能和用途(文本和声音,加上计算器、网页浏览、电子游戏、秒表和其他功能)接合起来?手机如何与进步、便捷、效率的话语及时尚接合起来?手机如何与特定的人群(年轻人,商人阶层)接合起来?手机如何与(强调个体自我表现的)新自由主义话语及政策接合起来?手机如何与性别实践和话语,以及

98

性别化身体接合起来？手机与经济的接合又是什么？手机是由哪些接合构成的(作为一个整体,它必然是特定的几种接合的结果)？接近这种方法的是那些立足于技术观点的关于社会构成的研究,尽管它不是完全利用接合的观点。例如,伊藤水子(Mizuko Ito)写道:

> 我们不赞成那种观念,即多变的技术应用是一门普遍技术(手机)遇到了特殊的国族文化(日本)的结果;技术和文化都具有内在的多变性和独特性。日本人对手机(keitai)的使用不是日本文化的透明结果,而是源自日本社会内部和外部的、具有历史特殊性的一系列妥协和争执。

(2005:15)

对接合的讨论让我们回到了装置;或许装置是一种更为复杂的接合模式。它也涉及把杂多的部分联合成一个暂时的、偶然的整体。然而,装置在许多方面都不同于接合。首先,装置不仅仅是被接合到一个结构中的物、实践和符号,而是特性、情动、速度和密度。其次,装置通过力量之流,而非具体的力的实践来工作。也就是说,接合是一种实践,装置是一种生成。再次,虽然接合强调要素之间的偶然联结与关系,但装置还涉及它们的辖域化和表现及其要素与关系。也就是说,接合强调复杂性,装置强调事件。

所以,为了从装置的角度继续讨论手机这个例子并和理解这项技术——我们已经对它有所论及——的其他方法作对比,我们将讨论拇指-键盘-软件-传播装置。这不仅是说手和手机以特定方式被结合在一起,而且是说在创造这台装置的道路上,手生成了手机,手机生成了手。在日本,打字的青少年被称为 oyayubisoku,即拇指族(Thumb Tribe),而在芬兰,手机被称为 känny,即芬兰语中"手"这个词的昵称形式(Rheingold 2003：4,12)。尽管他们不是德勒兹派,但人类学家希瑟·霍斯特(Heather Horst)和丹尼尔·米勒(Daniel Miller)对他们的牙买加手机研究的描述却呼应了作为互相生成的装置的观念：

> 不存在任何一个叫作手机的固定的东西,或叫作牙买加人的固定的群体。确切地说,这本书将试图发现由于使用手机,牙买加人变成了什么,以及由于牙买加人的使用,手机变成了什么。

(2006:7)

手机装置也应该包括出现在别处的人、交际性通讯(比如纯粹为了交流的原因发短信以维系感情的桥梁)、公开地变成私人、理解、拥有一部昂贵的手机,和装置所做的事情:它如何形塑空间、如何改变行为、如何响动、如何吵闹、如何强烈表现情感。装置是对要素的特殊安排和组织,它们有属于自己的动静型式;请描述一个在人行道上打着手机,以一种特殊的方式走路和说话着的人吧。但是装置不只是环境,不只是时空的团块和手机-人行道-时刻,而是一片界域,它从环境中抽取出某些东西并把它拉进和其他环境的关系中。装置散开了,诸要素也就随之移动到了不同的关系和配置中(口袋中的手机,运动中的变化和与他周围那些人的关系)。然后手机响了,人又再次进入装置,同时进行解域化,但却采取了一种不同的方式。

抽象机器

尽管这些例子(考古发掘、临终的马和手机)已经相当地在地化和具体化了——与之相伴随的是显得相对个人化的装置(我的装置、你的装置,等等)——但重要的是同时关注一台装置和大规模装置的特殊性和偶然性,以及诸装置穿越多元场所时的运作方式。"诸装置可能会把它们自己组织成一个构成'文化',甚至'时

100

代'的极端庞大的集合体"(ATP:406),德勒兹和加塔利说,而且他们以福柯论规训和监狱的这部著作(1977)为例。如果我们只关注一个具体事实,即监狱装置的规训功能,那我们就遗漏了更大的联系,即它和其他装置——例如,教育体制、车间和医院,这里只举三个例子——之间的交叉联系(ATP:67)。德勒兹和加塔利给出了另外两个例子——战争机器和国家机器——作为两个更大规模的装置。

再次回到手机的例子,只关注个人或某群体对手机的使用,就没法让那些特殊装置表现出一套更广泛的功能或原理。德勒兹和加塔利把这些功能或原理称为抽象机器(abstract machine)。在手机的例子中,我们可以指出一种装置,借用雷蒙·威廉斯(Raymond Williams)[14]对电视的讨论(1975),我们或许可以称之为移动的私有化(mobile privatization)机制。也就是说,根据威廉斯的说法,电视是在一个强调"家"的私有领域,强调1950年代新的郊区住宅的流动性的社会集合体中发展起来的。透过新自由主义,我们或许会辨认出一个类似于移动的私有化——它强调移动性、自治性、私人化和个人的授权——的抽象机器(参见Rose 1999;Hay 2000)。那台抽象机器调整好自己,随即渗入装置之中:"在装置的维度当中,一台或多台抽象机器在形式和实体之中得到了实现"(ATP:511)。所以,我们将要处理的不只是一台装置,而是一个拥有多台装置的体制,在移动的私有化这个例子中,它不仅包括了手机和其他移动设备(参见Goggin 2011),还包括一系列自助的或自我检查的装置及其他装置。[15]但每个装置都是以一种在地化方式而被讨论的:我拿起电话并开机;我的身体改变了速度、路径和容贯性;我进入了一台语言装置,一台阐释的集体装置——行动、陈述、"属于身体的非实体性转换"(ATP:88)——它使得有些陈述变得可能,有些则变得不可能。那个阐释的集体装置被带入一种和"身体、行动、激情"——也就是机器性装置——的特殊关系之中(ATP：88)。通过进入这台装置(但永远无法到达,它总是处于过程之中),我将规定这个移动私有化的抽象机器,而它也将规定我。

装置概念向我们展示出,机构、组织、身体、实践和习惯如何互相确立又互相毁灭,同时相互交叉、转变:建立界域然后毁灭它们,将其解域化,打开作为一切装置之可能性的逃逸路线,但同时也关闭它们。我通过卡槽刷卡并被允许(或不准)进入或接近,而与此同时,我的位置可能就被标注在地图上了,除非我故意突然拔卡,篡改这个过程,从而以此破坏这个过程。在德勒兹最后的文章中,有一篇写道,"我们处于某种新事物的开端"(N：182),这是一个新的装置机制,他称之为控制社会(a control society)。"我们正在走向控制社会,它再也不是通过对人进行限制,而是通过持续不断地控制和瞬息万变的通讯来运作"(N：174):不断的教育,总是和办公室联系在一起的流动的、可移动的工作间,对获假释人员持续的远程监视,对消费习惯和偏好的不断累积。我们不应该被技术本身——比如手机和自动贩卖机那一类的机器——分心:"机器什么都不解释,你必须分析集体装置,机器只是其中一个组成部分"(N：174)。也就是说,你必须分析我们进入其中并创造着的装置,或者那纠缠着、建构着我们的装置。我们需要能够倾听"持续不断的未来、新的欲望、机器和陈述装置的低语之声,这些装置把自己嵌入旧的装置之中并捣毁了它们"(K：83)。对控制装置的抵抗需要"在我们的每一个运动的层面上进行评估"(N：176)。

致 谢

我要感谢查尔斯·斯蒂瓦尔和戈登·孔菲尔德对本文之前的草稿所进行的评点;他们的贡献要重大得多。我还要感谢詹妮弗·斯莱克,她推动我在我的工作中充分地发展了装置概念,她一直都是我工作进程中的重要的对话者。

注释

[1] 的确,对"装置"一词的支配性的理解方式,是在社会理论中既用它来维护,又用它来挑战结构(structure),正如乔治·马库斯和埃尔坎·萨卡(2006)已经指出的,比起德勒兹和加塔利规划的那种可供选择的现代性,这一用法更适合于社会理论的现代主义轨迹。它忽视了比如说装置和事件之间的关系(Phillips 2006)。例如,凯文·哈格蒂和理查德·艾瑞克森(2000)用装置思想在理论上改变了源自福柯和奥威尔的监控模式。虽然他们有效地利用这个术语描述了身体和系统(肉体、信息、机器)以及权力的根茎性而非等级性关系,但界域、情动以及对装置思想至关重要的事件等维度却付之阙如。请参见威廉·博加德对哈格蒂与艾瑞克森观点的具有细微差别的拓展(2006)。

[2] 即"装置"这个词。——译者注

[3] 关于这个翻译的问题,请参见菲利普(2006)。对我来说,一个关键问题是"装置"这个词十分容易滑入一种静态结构的思想。人们需要记住法语动词 agencer,也就是一个合并和装配的持续不断的过程(an ongoing process)。

[4] 伊特鲁里亚(Etrusca),也译作伊特拉斯坎、伊特鲁利亚、埃特鲁里亚、伊楚利亚等,是处于现代意大利中部的古代城邦国家。伊特鲁里亚的位置在包括了现今托斯卡纳,拉齐奥,翁布里亚的区域。伊特鲁里亚被认为是伊特鲁斯坎人的国家,后来被罗马人吞并了。伊特鲁里亚在公元前罗马城之前是意大利半岛上一个重要城市,古罗马的伊特鲁里亚时期是其鼎盛时期。——译者注

[5] 环境(milieus)是"特定时空中的物质关系的总和,即时间—空间的致密的物质团块"(Grossberg 2010:31)。

[6] 请参见伊丽莎白·格罗斯关于物与流动性的讨论(2001);以及简·贝内特关于物与活力的讨论(2004)。

102

7　关于德勒兹对"情动"(affect)的使用的特殊性,请参见格雷戈里·J.塞格沃斯为本书撰写的文章(第14章)。

8　巴契罗(becchero)是指一种瓷器风格和样式,它流行于意大利中部,由伊特鲁里亚人创造。——译者注

9　例如,请参见布鲁诺·拉图尔关于土壤和植物标本如何与科学机器和命名系统联系起来的描述。尽管装置并非拉图尔所使用的术语,但是亚马逊森林和稀树草原,还有研究它们的科学家都包含了大量的装置。

10　例如,在对卡夫卡作品的研究中,德勒兹和加塔利问到,K这个人物在所有的三部长篇小说(《审判》《城堡》《美国》)中是否一样?它们并没有把K写成一种同一性或主体,而是把他写成一个装置的部件。"K不会是一个主体,但却会是一种扩散的一般性功能,他不停地分裂并散布于所有环节"(K:84)。后来他们写道:"最终,K的问题不在于他是一个为个体所理解的一般性功能,而在于他是一个多价装置发挥功能的过程,独立的个体只是这台装置的一个组成部分"(K:85)。

11　然而,我们应当谨慎,不要过分简化装置,这是曼纽尔·德兰达在他论装置和社会理论的书——这本书影响巨大,但又显然是纲要性的和形式主义的——中遇到的危险。博加德警告说:"德勒兹和加塔利对制造一种装置的形式类型学不感兴趣"(2006:104)。劳伦斯·格罗斯贝格(2010)把德兰达的理解看作过于黑格尔化的,它依靠的是与德勒兹和加塔利不符的内在性(interiority)与外在性(exteriority)的观念(参见2010:297-8)。

12　此处应当指的是创建"脸书"(Facebook)的个人主页。——译者注

13　斯图亚特·霍尔(Stuart Hall,1932—2014),当代文化研究的主要奠基人,英国著名的社会学教授、文化理论家、媒体理论家,曾任英国伯明翰大学"当代文化研究中心"主任。他将符号学理论引入意识形态分析,创造了独特的"编码—解码"理论,为文化研究作出了杰出贡献。代表作有《电视讨论中的编码和解码》《文化研究:两种范式》等。——译者注

14　雷蒙·威廉斯(Raymond Williams,1921—1988),英国著名的马克思主义文化批评家,文化研究的主要奠基人之一。他提出了著名的"文化唯物主义"理论。代表作有《漫长的革命》《马克思主义与文学》《乡村与城

市》等。——译者注

15   自助服务是那些无须和真人打交道就能让你查阅馆藏图书、查看并支付货品以及办理登机手续的机器。ATM 机是这种机器的先驱,贩卖饮料和零食的机器也是。

微观政治

⊙ 卡伦·霍尔

但是,教条(doctrines)如果不是来自创伤(wounds)和至关重要的箴言(vital aphorisms)——它们通过控诉堪称典范的挑衅而成为太多的思辨的秘闻(speculative anecdotes)——又来自哪里呢?

(LS:148)

堪称典范的挑衅(exemplary provocation)

周二早上。我的"女性研究导论"课。一个永远被政治化了的空间。大概有100张苍白的或敌视的面孔。主要是白人,主要是女性,主要是中产阶级。这周的主题是:"以暴力为基础的性别"。在阅读了《保护我们的女性地位:加拿大大学里的暴力》(Harris 1999)之后,学生们必须完成一项分配给他们的千篇一律的任务:"实事求是地、充分地描述性骚扰如何影响了你的生活"。他们每个人都会把打印好的报告放在信封里,再把另一项任务拿出来。阅读它。然后"回答"它,哪怕只是签上自己的名字。

周四早上。完成的任务——包括我自己的——被塞进了信封里。我已经告诉这个班,我也会做这项练习,因为性别-暴力(gender-volience)把它自身深深地刻写进了我的生活,还有我认识的和我所爱的人的生活。我所从事的这项我称之为女性主义的工作,并不是和这种刻写只具有偶然关系。我们每个人都抽出一张看似无辜的答题卡并对它作出回应。

周四下午晚些时候。今天,我已经看到了10个学生。在他们当中出现的不是一副苍白的面孔了。9个女生,1个男生。每个人最终都抽出时间告诉我遭受过性侵犯。直到现在,他们都从未尝试思考它究竟意味着什么,毕竟这都是过去的事儿了。每个人现在都花了时间。整整一天。10个身体。紫红色头发的女子嘲讽我说:"好吧,指望我现在能做些什么呢?!"她离开了,她被击溃了并对我和这项活动大发雷霆。在我的脑海中,我能听到约瑟夫·康拉德(Joseph Conrad)在提醒我:"我们没法忍受妇女讲真话。我们没法忍受。那将会引起无限的悲伤,并在这个十分平庸但仍旧理想的愚人乐园中带来最糟糕的骚乱,而我们每个人正是在这个乐园中过着属于自己的小生活"(Conrad 1984:131)。在开启活动的过程中,我把我的学生们用力地揪出了他们的愚人乐园,揪出了他们中规中矩的、以实用为主的生活,然后,像汉赛尔与格莱特那样,把他们分别丢在了那个令人毛骨悚然的森林里,没留下任何面包屑的痕迹[1]……我怎么来判断我的行为,我的所谓政治化教学实践呢?

那只是一天。一个主题。一项任务。

失败的整个社会生态学是什么? 女性在局部地域遭受的痛苦以及她们这个遭受全球性不幸的大家庭:枯萎的珊瑚礁;艾滋病遍布的撒哈拉以南的非洲;极端富有和一贫如洗的人之间日益加深的鸿沟;儿童卖淫,和/或在绿山墙的安妮[2]住的田园牧歌式的海岛上,由12岁的小女孩儿给体育明星提供的口交服务;(除了其他原因之外)由喷气式飞机的航迹云造成的不稳定的气候(这是一个已被证实的因果关系,感谢9·11之后24小时停飞期的好意);每天早晨,到处鸣叫的鸟儿越来越少了;遍布在母乳和独角鲸鲸脂中的致人畸形的化学药品;等等。

> 失败。失败和正在损失。悲伤、失败、破裂、麻木、不确定、恐惧、情感的死亡、梦想的死亡。世界那绝对残酷的、无休止的、习以为常的不公正。[这样的]失败对个体意味着什么呢?作为一种持续的活动,它对整个文化以及生活在其中的整个人类又意味着什么呢["我们日常生活的暴虐之苦"(Foucault 1983:xiv)]?

(Roy 2003:53)

我们如何才能想象——更别说敢于实现了——某种政治(a politics),它能够应对(responsive)这种无法估量而又无休止的内耗的命令,应对这种"世界信念"的丧失(Rajchman 2000:25)?通过什么样的故事,什么样的冲动,我们才能想象一条撒满面包屑的小路[3],更别说实现一个更好的未来呢?一个无法估量的更好的未来。

> ……你尚未老朽,并且时间仍非太晚
>
> 潜入你那不断扩展的深渊……

里尔克,《你看,我想要的太多》(1981:27)

微观政治和宏观政治

为了恰当地应对这种挑战——我们发现这就是自己生活于其中的事物状态——为了"反抗它"(Marcuse 1991:63)而不是从它身旁疾驰而过,为了召唤一种"破坏"而非助长这种挑衅的回应方式,我们并不需要一种具体化的、普遍的政治理论,这种理论带有同样模糊不清的"具体的普遍性(权力、反抗、资本、劳动)"(DeLanda 2008：177)：我们需要一种直接交战的"分析学"(analytics)(Foucault 1978：82)。德勒兹和加塔利通过他们对微观政治(the micropolitical)和宏观政治(the macropolitical)的区分为我们提供了这样一种分析学。

在《千高原》中，"微观政治和节段性"(Micropolitics and Segmentarity)这座高原通过本体论的形式展示了这种分析学,它解释了实在界(the Real)各部分的组分(components)和性质,还有它们的关系。对于德勒兹和加塔利来说,实在界——包括社会、个人("现实"[the actual])和虚拟(the virtual)——完全是由线(lines)和节段(segments)构成的。本体论是制图学(cartography),即对那些线的研究,也是一门政治学(politics),即"对每一条线的风险的研究"(ATP：227)。这项"研究"是——或至少打算激发起——对当下的介入(intervention),它和理解那些线及那些风险的本质,理解那些线和风险在特定领域中如何运作是同步的。因此,我用"微观政治学"来指称三种可能的事物：(i)对线和诸多参照系统的仔细考察,它们可以作为一种解释学用于调查和行动的领域；(ii)对断裂的实践的关注,一种线或节段——分子(molecular)——和一种装置——变化的抽象机器——尤其胜任这种实践；(iii)一种介入的模式,德勒兹和加塔利认为它不同于所谓"宏观政治"且比它更为合适。改革的自由民主计划——例如把伊拉克"民主化"——是后者的一个好例子。[4] 微观政治的介入并不自外于,也不限于通常被认为是"政治"的那些操作性表演(例如选举和草拟宪法)。它是一种实实在在的可能性,反现实化(counter-actualization)的可能性,伴随着整个实在界领域。实践一种微观政治可能要涉及这三个方面的全部。"微观政治和节段"这座高原把这三个方面全部都卷了进去。

区分线:无关于大小

一切都是线,而所有线都是被节段化的(segmented)。德勒兹和加塔利把"树状的"、树形结构的节段设置为"根茎的"节段性("rhizomatic" segmentarity)的对立面。用前者构成的那些事物和事物状态被称作克分子装置(molar assemblages);而那些主要是由后者构成并主导的,或者产生了后者的则被称为"分子装置"(molecular assemblages)。"这两种形式不是通过大小而被区分的",正如所牵涉的术语暗示的,"好像一个是小形式,一个是大形式;尽管分子的确在细密地工作、小规模地运转,但这并不意味与克分子组织相比,分子装置就和整个社会领域有更少共同的时空范围"(ATP:215)。

德勒兹和加塔利的政治本体论并没有在个人和国家之间设置对立,而是在出现于个人和社会之中并对它们产生影响的各种线和作用之间设置了对立:

> 每个社会和每个个体都同时被两种节段所渗透;一个是克分子,一个是分子。如果它们彼此不同,那是因为它们没有相同的项、关系、本质,甚至多样性的类型。如果它们是不可分割的,那是因为它们彼此共存,彼此进入对方之中。虽然形态有别……但两种节段性始终是前提。简而言之,一切都是政治的,但每一种政治都同时是宏观政治和微观政治。
>
> (ATP:213)

这种精心阐述的唯物主义本体论和政治思想有何关系呢?这种哲学对于女权主义这样具体的政治又有何深意呢?这种本体论确实比我们倾向使用的阶级政治本体论更为复杂。"因为德勒兹通过非个人的和前个人(preindividual)的力量来审视物质性,物质性——即便它本身并非不定形的——无法轻易地被具体的、能为政治话语承认的形象所说明"(Cheah 2008:156)。被政治话语所承认的具体形象,比如"自主的代理人"、"公民"、"阶级"或"性别"等是克分子(二元的)范畴,它们不能很好地有助于确定挑战和介入——它们位于这些形象之中并跨越这些形象——那多元的甚至矛盾的错综复杂性。德勒兹和加塔利的说法告诉我们,这些克分子阶层(molar classes)中的每一个阶层都包含着尚未被说明的"群众":

> 他们不进行相同的运动,不具有相同的分布,也没有作为克分子阶层的同样的目标,不实行同样的斗争……群众是一个分子性观念,它通过一种节段性运作,而这种节段性不能被简化为阶级的克分子的节段性。

> (ATP:213)

107 　　阶级政治的本体论并不擅长对我们如何才能"对那控制并利用着我们的特殊事物产生欲望"(Foucault 1983:xiii)作出解释。而且,对我来说,要反抗我上面描述的令人麻木的损失和失败主义,从而制造一切进步,关键的因素还在于有效地面对矛盾。德勒兹的本体论坐实了一个论断,即我们不是同质的类型——我们处于种种主体性和多样性之中,也在它们之间穿行,并且包容了它们——有些把我们拖往一个方向,其他的则把我们拉向与那些目标和身份相反的地方。

　　因此,比起自由主义和激进政治话语,微观政治的本体论提供的至少是一个更加细致入微、更加完善的描述政治的模式。由于被理解为一种扩展性的(expansive)而非延伸性(extensionist)的观点,这意味着政治并不以有意识的人类主体为起点,或者说,它并没有完全停留在人类世界的边缘,而是把整个语域(社会的、精神的、自然的/物质的)都编织进了政治。在这个过程中,一种微观政治模式并没有对实在界进行充分的描述。它没有把"政治介入"的场所局限于已经被确认的坐标,也没有把"成功的介入"局限于一定数量的已经被规定好的、衡量过的成果;它也不认为政治家就是那些采取某项措施或待在办公室里的人。

微观政治既能激活,又能质疑这些政治的"基本范畴",就此而言,它是一种更为灵巧、合适的工具,以便我们理解复杂的、不断变化的难题,例如文化多元主义、污染和性别暴力。正如保罗·帕顿(Paul Patton)所评论的那样,"离提出一个民主政治的替代方案还很远,而他们的微观政治概念丰富了我们对民主政治进程的理解"(2010:9)。

在这些问题当中,每一个问题都是那持续不断的、发人深思的、最基本的伦理—政治问题的变体,即"我如何活着?"德勒兹和加塔利的回答——存在着两种要从事或要实现的生活——似乎已经转到了那个较好的选项。一种致力于生命的微观结构中的内在可能性,另一种致力于宏观结构中的内在可能性。在一个语域中看似不可能的东西,可能会对另一个语域施加活跃的力量。艾萨克·斯特恩(Isaac Stern)——他是一位伟大的小提琴演奏家,死于2001 年 9 月,享年 80 岁——说过,演奏音乐使他成为一个"永远的乐观主义者"(Kozinn 2001)。那种乐观主义并非来自对任何一首特定乐曲的圆满完成,相反,看起来近乎吊诡的是,它来自斯特恩经历的一生,这一生一直伴随着一种不可能性,即不可能复制每一场演出。斯特恩永远致力于"试验性结果"这个极其重要的事实,即从未被提前预定好的,而是每次必须要承担十足的风险的结果,这证明它不是厌倦和沮丧的源泉,而是某种特定的东西,让他永远相信下一次演奏的乐章会更好一点。他所秉持的是面向更好的状态(toward the better)的"信仰",而不是对更好状态(in the better)的信仰[5];这是一个方向和"欲望与现实的一种联系……[它]拥有革命的力量"(Foucault 1983：xiv)。

"无法被遗忘的永恒的可能性"

克分子和分子之间的这种区分"不仅意在指出一个过程的两种状态,也意在把两个不同的过程分开"(ATP：212)。那些不同的过程,一方面是一种引入和/或保存同质空间(相似性)、抑制"共振"的(宏观政治的)倾向;另一方面,是一种引入或保存异质空间、组织"共振"的(微观政治的)倾向。

> 的确,德勒兹把权力的制度化形式理解为组织的克分子形式,它们对生活进行分层和限制,他用生成的微观政治来对抗这些组织形式,生成的微观政治释放了具有创造性的力量或构成有机形式的多元独异性。
>
> (Cheah 2008：156)

微观政治装置"通过'群众'的本质——它是量子流(quantum flow),与克分子的、被节段化的线相对立——……来定义"(ATP：217)。流。某种移动的、逃逸的、规避了防卫的、从门下淌淌流出的东西,即微观政治使之成为可能,又定义了微观政治的那些过程。树形线(arborescent lines)——比如家庭、国家和宗教——是被超编码的抽象机器制造而成的。它们企图耗尽贝特森(Bateson 1972：506-9)所说的,存在于想象、身体、社会中的"灵活性的预算"(budgets of flexibility),并且把这些转变成严格的二元对立、一分为二的节段、层级制度。偶然的几个小块进入一个组织(line-up)当中,它们相对于一个中心化的外在原则而存在,并且只相对于这个原则而产生"振动",这个原则是一个权力中心,掌控着一个有秩序的、同质的级数整体。从这个组合中可以抽取出可预见的功能。这是一个基本的宏观政治的过程,无论它发生在电子自旋管(各种层级的电子自旋被严格地转换成顺时针方向和逆时针方向的自旋,由此就可以产生一种电流形式)中,还是出现在一份产生某种法律制裁形式的法律文件中。《世界人权宣言》(Universal Declaration of Human Rights)把"什么是人"原则化了(尽管它没有描述任何现实的人),而且它以此一视同仁地向我们讲话。在这种编码之下,我们人类群体的存在就是通过这些外在的、同样节段化的焦点而构成的。这个原则并未阻止在我们之间发生的人类权利的滥用。但是,对我们来说,我们在这类滥用事件中日渐呼吁的恰恰就是与给我们宣讲的那些东西相反的内容(参见 Foucault & Deleuze 1977:211)。

被施加和被引入到这种树形系统中的变化——无论是重大的还是轻微的——倾向于制造量的而非质的改变。同性恋权利活动家为了赢得合法婚姻而发起的挑战宪章运动(Charter challenges),会带来更多已婚人士,但对制度及婚姻的"性质"不会有任何根本的改变。宏观政治系统所"射出"的,是"被确定为它们的实体、形式和关系的僵化的节段"(ATP:212)。存在着"一种倾向,即只通过一种绝对的标准或先在的同一性的立场来认识和评价差异"(Patton 2000:47)。相反,微观政治装置"射出"的是"基于存在的变化"(exsitential mutations)。这些"质的多样性"中固有的差异并非次要的或派生的。它是"差异本身"(difference as such):一种联结、结合、中断或断裂,它并没有确定或提供一种连续性;相反,它激起了一种杂多性(heterogeneity)、一种在种类和语域上的转变,或者完全不同的第三种事物、一种独异性(singularity)、一个容贯性平面(a plane of consistency)、一种不被包含在先前的级数中的剩余。[6]正如我们看到的斯特恩的例子那样,只有当密切地涉及不可能性,只有当我们面向真正具有创造性的新增事物(additions)时,某个特定躯体中包含的无限的能力、"永恒的可能性"(Foucault

1994b：146)才能被表现出来或不被遗忘,这种潜能无法被为它作铺垫的一切所想象和预言,而是作为一种可能性被包含在它们之中(AO：42-3)。基于存在的变化并不涉及特定的、事先就适合的"被接受的"解决方案;相反,它包含着由诸多成员参与的试验的真正可能性,或使这种可能性成为现实,以便"从内部形成和指导他们自己的计划"(Guattari 2000：141),并且和他们自己独有的难题性(problematics)保持直接或间接的关系:"这是对我们的夫妻生活、家庭生活……或者身体生活方式的重新创造"(Guattari 2000：34)。从微观政治中射出的是一种"别样的逻辑"(Guattari 2000：44),即以变化为目标的那种能力,这种变化并不指向任何可以设想的目标。德勒兹和加塔利关于政治性的听上去不太可能的观点,在关键的点上和许多其他思想家的态度产生了共鸣,特别是雅克·德里达的态度。正如谢永平(Pheng Cheah)谨慎地指出的那样,德里达关于不可能的政治性(politicality of the impossible)和这种微观政治性"十分接近,但也十分遥远"(Cheah 2008：150)。他们仅仅在这一点上是最接近的。微观政治是一种潜能(potency),一种既非对抗(opposition)又非反制力(counterpower)的制宪权(constitutive power)。它也不是乌托邦的(utopian)。它是一种突如其来的力量,作为宏观的、线性的存在秩序中的某种断裂而被我们体验着,而这种断裂又反过来迫使经验主体去行动,依靠并朝向那独特的、杂多的、尚且不可想象的东西而行动。"不可能性",德里达写道,"把它们的特定时刻给予欲望、行动和决定……它有它的硬度、紧密性和急迫性"(Derrida 2005：131,引自 Cheah 2008：147)。

有一种独特的、非常宝贵的情感性(affectivity)伴随着微观政治,即关于"事情还可以是别的样子"这种理解的共同的情感效果。这种情感性明确地,但又是暂时地处于特定的位置和时间,在那

里,一切都尚未被确定。[7] 约翰·赖赫曼在谈论这种"情感"以及这种情感的政治性时说:

> 对尚未被容纳到我们的计划方案中的新力量,以及与之相伴的新的思考方式是感到乐观、悲观还是感到切实可行,这并不怎么重要;相反,这是一种确信,即确信要有什么东西出现,虽然还不能完全确定它到底是什么。

> (2000:7)

由于它同时提高了分裂的可能性并(重新)相信了结果性(outcome*ness*),微观政治可以说对逐渐扩大的现实的深渊,即"无法预测之事的命令"(Negri 2003:182)构成了更为恰当的、有意义的回应:一种即将发生在我们身上的事情的价值。[8]

失去时间

微观政治中固有的这种能力,必须被理解为和德勒兹与加塔利的时间本体论具有紧密联系,对此我只能在这里指出来。"经人类努力而制造的一切伟大成果,当它们产生时,都有赖于利用独特的点(singular points)"(Guattari 2000:11)。当下的生成既和过去的生成纠缠在一起,也和那些由我们的当下构成了其本身的展开条件的生成纠缠在一起。[9] 事件会以多变的方式来接受"即将到来的事物"(Rajchman 2000:12;Negri 2003:258)。相比于宏观政治的介入,微观政治是,或乐意接受"一种首创性(firstness),一种力量或偶然,一种尚未被习惯或法则确定的事物的新鲜性"(Rajchman 2000:55)。在那些尚不明确的习惯中,有一种就是时间沿着一个方向移动的习惯,而原因(cause)就顺从地和它连成了一体。

通过对柏格森的"绵延"(durée)的巧妙重读,德勒兹表述

111

了那种为他的方法所要求的时间结构:现实存在是同时作为
当下和过去而被建构起来的;整个过去,它本身就被保存在一
切的当下之中;而过去则从来不是当下,也从来不是未来,而
未来也永远不会成为当下。

(Boundas 2006b:401)

通过对这样一种当下的有价值的回应,我们可以根据德勒兹和加
塔利对时间的解释,"回到事件中去,并在其中把某人的位置理解
成一种生成,同时变老或变年轻"(N:170)。丹麦电影导演拉尔
斯·冯·特里厄(Lars von Trier)说过一句妙语:"好东西就是你永
远不知道它会成为什么的那种东西,你只知道它是如何生成的"
(Feinstein 2004:11)。这种对它如何生成的了解(coming to
know),根本没有取消深入生活的实际介入(Guattari 2000:8)。这
样一种批判、介入的时刻(Foucault 1994b)永远是当下的,介入结果
的性质和当下通过人的公开的首创性而从事这种介入的性质互相
纠缠。[10]当下的行动,当下的恰当回应涉及双重看法:"对预先存在
的潜在质料之征兆的保守性解释与前瞻性解释;对独异性的实际
应用和对新的主体化参照系的建构"(Guattari 2000:150)。

　　每一个时刻的展开都牵涉大量的损失,而且它的损失是极难
估量的:可能性的损失——这些可能性本身并没有被当下现实化;
可能性的界域的损失——为了未来的存在,这些可能性被同一个
当下取消了。虽然这种损失的现实——这种损失永远包含着当
下——不可避免,但微观政治的概念提醒我们,那些损失不是,也
不必是相同的。有些损失比其他损失要更好。考虑一下这点:在
《千高原》中德勒兹和加塔利写道,"问题……不在于女性的地位或
那些身处底层的人们更好还是更糟,而在于引起那种地位的组织
类型"(ATP:210,强调为作者所加)。这是一条令人惊讶的评论。
它把行动和评价(政治或伦理罪责)的支点从行动的结果转移到了

作为某种结果之基础的性质上,而正是在这个基础上,结果才有可能成为未来对特定情境的某种形式的解决方案,或者被创造出来。所以说,作为结果性(outcome*ness*),某个事物或某种事物状态的价值存在于其生成的条件中。分子-生成的条件在质上不同于克分子-生成的条件。与当下相始终的那些损失——我们在其中行动和思考——虽然不可避免,但它们可能会变得更少,也更少具有暴力性,并且刚好达到这样一种程度,即让我们以微观政治的方式介入,继续使"首创性"的到来成为可能。[11]

112

回到挑衅

德勒兹写道,"伦理学要么毫无意义,要么,这就是它想说的:发生在我们身上的事并非没有价值——除此之外,它也没什么别的可说了"(LS:149)。那句话总是触动着我。价值大概只不过是存在于我的当下的那些"更好的损失"和"更少的暴力"的情感的共同作用(the affective co-efficient)之中。它是对即将移动和即将被移动的能力的一种记录。这种价值成全了一种至关重要的信任并让它发挥了效用,即"确信要有什么东西出现,虽然还不能完全确定它到底是什么"(Rajchman 2000:7)。

当我教学的时候,我使用了两个声区。这些声区并非同一键盘上的两个不同的八度:它们是完全不同的乐器。一个是克分子,为女性研究所分配的问题:"实事求是地、充分地描述性骚扰对你的生活的影响方式"针对的就是它;另一个是分子,指向它的是对某种恰当回应的内爆(implosion)。前者问的是模式(patterns),它们的产生以及对自身的再生产,倾向于和完全固定的事物或事物状态联系在一起,而这些事物或状态就被命名为"男人"、"女人"或"强奸"。稍微挖掘一下,整个级数(男人-女人-强奸)就可以被识别出来,它确实和令人忧虑的稳定性产生了共鸣,而且非常令人痛苦地遵循着第一个级数——克分子的"人"的级数——从而存在于许多的例子中。但是,当紫红色头发的女子怒气冲冲地离开我的办公室时,我认为这是由于在非常短的时间内,她和一种真正的音区的多元性——而非音区的贫乏性——产生了交感并为它所激动。

　　首先,令人不寒而栗的性别模式迫使她面对所有侧翼(同学、导师、记忆),这就打破了那个单一叙事的专制,而正是这个叙事在她的思想中搭建了一个舒适的窝巢。当人们无法让自己去倾听那些讲给自己的无聊的、导致幽闭恐惧症的故事(包括那些来回循环的故事,如"做女人,就是做牺牲品!",还有人再也不要成为牺牲品!)时,这种破裂几乎总是凭借被激起的愤怒而产生。当通过这些垮掉的克分子范畴来工作时,才能够有效地抵抗这种对严格的二元性的重新组装:

113　　　　如果我们思考一下那些庞大的二元性集合体,例如性别或阶级,那么很明显,它们也要进入具有另一种本质的分子装置当中……因为两种性别[克分子组织]包含着多样的分子联合体,它们不仅发动了女人中的男人,也发动了男人中的女人,而且还发动了它们各自与动物、植物等之间的关系。

(ATP:213)

　　让学生们透过模糊不清的双光镜去写作和阅读不可能的、无法估量(但却可以表达的)个人经验,同时"要求"他们尝试对那些同样的语词作出恰当的回应,这项"任务"的目标恰恰就是把那些微小的节段呈现出来,激起他们的情感的外露,而我显然只是招致了一种具有高度局限性的二元差异(男人/女人)。"如果它们不回到克分子组织去重新安排它们的节段、它们对性别、阶级、党派的二元分布的话,那么,分子的逃逸和运动就什么也不是"(ATP:

216-17）。因此，这是一项让学生直接地、亲密地和政治的不可能性进行对话的任务，目的是使他们自己的政治性更具活力和生命力，而不是一篇文章，上面写着它一开始就计划描述的那些损失。这是一条承载着性别的重负以及在经验上令人痛苦的性别界域，从而继续前进的恰当道路吗？谢永平表明：

> 或许，最好不要问这些新的唯物主义之于政治思想是什么样的关系，以及它们和具体的政治有什么牵连，而要问它们是如何以激进的方式质问政治理论的基本范畴，包括政治本身的概念。因为，我们所认为的具体的政治形式、制度、实践和活动，还有滋养着它们的话语，比如理性选择理论、实证主义、经验主义和辩证唯物主义，都是被物质和生命的本体论所支持的……而这种本体论正是德勒兹的唯物主义要质疑的。
>
> （Cheah 2008：156）

要回答"什么是'微观政治'？"这个问题，人们可以改造德勒兹和加塔利对"什么是哲学？"的答案：一门政治学的伟大之处要靠事件的本质来衡量，它的力量把我们召唤向这些事件，或者，它使我们能够作出响应（WIP：34）。政治是非愚笨的、非自动的、非习惯性的响应（Rajchman 2000：11）。每一响应都形塑或再塑了事件的生成。微观政治既需要对即将被召唤的、扩展的、多元化的能力作出响应，也需要即将作出响应的能力。"德勒兹式政治的活力不能单从它潜在描述的关系性或影响去评价，而是必须用它当下的效力来衡量"（Garo 2008：55）。

114

微观政治是目前反抗"一刀切"（one size fits all）这种诱人堕落的法西斯主义及其邪恶同党（"讲给人们的一个故事好像就是唯一的故事"［John Berger，引自Roy 2002］）的最具希望的选手。正如保罗·帕顿所说：

对于德勒兹和加塔利来说,哲学就是发明或创造概念,其目的不在于准确再现事物是怎样的,而在于帮助生成新的土地和新的人民这一乌托邦任务……和马克思、福柯及其他思想家一样,他们把哲学实践看成服务于创造未来这个更大的目标,这个未来不同于过去而且在某种意义上比过去更美好。哲学通过创造概念以让我们另眼看待事物,从而服务于这个目标。新概念提供了描述问题——政治思想对这些问题进行了回应——的新方式,并给我们指出了新的解决方式。

(Patton 2010:41)

"微观政治"是一个概念。它是德勒兹和加塔利发明的一个概念,通过这个概念,政治性的非对抗的和非被动的力量——对另一个更好的、未知的结果的鲜活的、乐观的信念——才能发生:在我的办公室门外有10条一字儿排开的不同的道路;81年间有1 000首小提琴协奏曲;永远新的人民当中有永远新的土地和永远新的生成。如果这就是微观政治以及微观政治所能做的,那么,活动家和知识分子就同样应该在当下思考它、实践它。

注释

[1] 典出《格林童话》,故事的主人公是一对兄妹,是樵夫的前妻所生。他们在后母的威逼之下,被父亲两次抛弃。第一次,汉赛尔沿途用石子做记号,兄妹俩重新回到了家中。第二次被遗弃,汉赛尔用面包屑做记号,却被鸟儿吃得干净。兄妹俩于是在森林中迷了路。有一天遇到了一个用面包做屋顶、用糖果做窗户的小屋。他们随即啃起了屋子,以求果腹。谁知这竟是巫婆设下的圈套。于是哥哥被巫婆反锁屋中,妹妹则被迫给巫婆干活。就在巫婆要吃掉哥哥之时,妹妹将巫婆推入炉中,解救了哥哥。随后,兄妹俩带着巫婆的财宝,回到了家中。后母已经去世,兄妹俩和父亲一起过上了幸福的生活。——译者注

² 《绿山墙的安妮》(*Anne of Green Grables*)是一本小说,为加拿大女作家露西·莫德·蒙哥马利所著,出版于 1908 年。这部小说描写的是女主人公安妮在风景宜人的爱德华王子岛上被马修和玛瑞拉兄妹收养的故事。——译者注

³ "面包屑的小路"仍然是借用前面的格林童话典故,在这里代指人类未来的出路。——译者注

⁴ 德勒兹的微观政治是否能够、在何种程度上"像它所宣称的那样,建构一种真正的政治……而不是一种关于民主,关于今日全球文化现实的傲慢态度?",对此有一场活跃的、持久的争论。(Mengue 2006:256,自译)。在证实这一点的过程中,人们在或大或小的程度上发现了马诺拉·安东尼奥利(2003,2006)、曼纽尔·德兰达(2008)、尤金·霍兰德(2006,2008)和保罗·帕顿(2000,2010)。较少赞颂性质的有阿兰·博利厄(2006)、罗西·布拉伊多蒂(2002)、彼得·霍尔沃德(2006)、托德·梅(1994)和菲利普·门居奇(2003,2006)。我的观点更接近于加罗,他说:"在两条矛盾的轴线交叉的地方,德勒兹主义通过持续不断地把战斗(engagement)与撤退(disengagement)联系起来——两者是同样具有斗争性的——从而保持了一种矛盾的特点"(2008:54)。

⁵ 我想起了阿尔都塞对那种话语——它是"打算跟意识形态决裂的话语,使之有勇气成为关于意识形态的科学(即无主体)话语的开端"(1971:162)——的意义的评论。(引文取自陈越编,《哲学与政治——阿尔都塞读本》,吉林人民出版社 2003 年版,第 364 页。——译者注)

⁶ 这三种断裂对应于德勒兹和加塔利所讨论的综合(synthesis)的三种形式(AO:42-84)。

⁷ 布莱恩·马苏米(2002a)描述了身体及其本身的不确定性之间的关系,它们以相似的方式运动、变化。

⁸ 在《德勒兹和世界大同》一文中,约翰·塞拉斯给我们提供了一种最具意义的伦理学形式,塞拉斯把它发展成为一个有趣的论断,即德勒兹的政治学"和政治思考中的世界大同主义传统共享了很多内容,而它也可以被视为世界大同传统的一部分"(2007:30)。

115

9　在量子物理学中,"纠缠"(entanglement)是这样一个术语,它指的是"一种奇怪的存在状态,在这个状态中,两个粒子被紧密地联系在一起,它们共享同样的存在……伴随着纠缠,一个小粒子也可以运行很长时间。让250个量子比特纠缠在一起……你就可以获得比宇宙中的原子数量还要多的数据"。

10　值得注意的是,这种从事介入的模式和性质正是德勒兹本人试图在生活中表现和设立为榜样的。

11　关于对环境恶化的第二轮危险——环境恶化不是指特定的土地或物种的消失,而是指即将丧失的能力,以及与之相关的对未来的信念与信任的丧失——的分析,请参见我的《更正,或我们何时存在过》(Houle 2010)。

生成-女人

⊙ 帕蒂·索迪瑞

生成-女人（becoming-woman）这个概念既有趣又富有争议。虽然生成-女人典型地体现了德勒兹（和加塔利）思想的巨大贡献和创造，但它也挑起了严厉的批判，特别是来自女性主义学者的批判。我以对生成概念的简介为开端来讨论生成-女人。然后我会在两个语境中讨论生成-女人，这两个语境都在《千高原》中得到了描述：女性主义语境中的生成-女人和少女语境中生成-女人。

生　成

通过生成的概念，德勒兹反击了我们对存在（being）与权力（power）的迷恋。"存在"和一些问题有关，这些问题让哲学家、科学家和神学家忙活了好几个世纪：什么是生命的本质？什么让我们成为人？它在生物学、文化、历史、精神层面，对生存意味着什么？我们对权力的迷恋让我们汲汲于有关控制、占有和秩序的问题：有机的和无机的生命，特别是人类生命是如何被秩序化的、是如何被分成三六九等、如何被分配的和管理的？我们怎么才能控制发生的事情、塑造我们的可能性、反对那些阻止我们实现我们的需求、雄心和梦想的权力?

对于德勒兹来说,这样的问题没能成功地涉及生成的持续展开和生命中的活力、能量及潜能。生成超越了我们理解(真理,什么是真的,什么让我们成为人)的需要;超越了我们控制(生命、自然和宇宙)的决心;也超越了我们消费/占有(欢乐、美、好处、纯真)的欲望。在《千高原》中,德勒兹和加塔利假定了一条以生成-女人为起点的生成线(a line of becoming):"往近了说,我们遇到了女人的生成、孩子的生成……往远了说,我们发现了元素的生成、细胞的生成、分子的生成,甚至难以感知物的生成"(ATP:248)。他们还补充道,"生成-女人比其他一切生成都更具一种特殊的引导力量"(ATP:248)。正如我要讨论的,生成-女人的这种特殊作用引发了大规模的女性主义论争。为了讲出这些论争,我简单地处理关于生成的五个驱动力:德勒兹的"能动的本体论"(positive ontology);"生成的团块"(the block of becoming);阈限的重要性(the importance of thresholds);内在性(immanence)和作为非表象性的生成(becomings as non-representational)。

"能动的本体论"

德勒兹的工作经常因为它追求的"能动的本体论"而获得掌声。凭此,学者们承认,德勒兹关心用"生命所能做的"和"生命往何处去"来进行试验的解放的可能性。换句话说,通过打开"思考和生活的那些新道路"(May 2003:151),超越那些路径、关系、价值和意义——我们的生物构造、我们的进化遗产、我们的历史/政治/家族同一性以及文明化生活的社会与文化结构似乎都为我们安排好了这些东西——德勒兹肯定了其他事物的可能性,肯定了证实差异本身的可能性。在这当中有一个关于生成的可能性的激进的论断,那就是我们不能用逻辑和道德的方式去思考:生成只能被感受到、感觉到或变幻出来,它要求我们冒风险、做试验,确证生命的生命力、能量及创造的生气。

对于有些女性主义者来说,这种能动的本体论和女性主义的生命力完全可以兼容。不光是恢复和重申女人的历史、生命和可能性,许多女性主义者超越了我们此前已经设想过的那些东西,倾尽全力打开了新的生活、思考和爱的方式。例如,克莱尔·科尔布鲁克(Claire Colebrook)就赞成女性主义思想的德勒兹式"能动生成精神":"这提供了一种思考新的生成模式的方式——不是作为某个主体的生成,而是面向他者的生成,一种面向差异的生成,以及一种透过新问题而产生的生成"(2000a:12)。她表明,这种生成:

> 和女性主义问题的特有形态以及女性主义斗争的活跃本质产生了共鸣。当面对某种思想的理论或实体时,女性主义倾向于问一个极具动态的问题,不是"它的意思是什么?",而是"它怎么起作用?"这个概念或理论能干什么? 这样一个理论怎么才能存在或被实践? 它的力量是什么?
>
> (2000a:8)

生成的能动的本体论很有可能和女性主义问题的这种活跃的、内在的性质结成同盟。[1]

生成的团块

起源于生成-女人的生成线暗示了身份的革故鼎新,并且招致了对一般意义的女人(Woman)或作为物质存在的女人的被误导的关注。我们可能会被诱导着去思考当我们出生和死亡时我们会在哪儿、我们会是谁,从而借此来考虑生成。但生成无关乎起源、发展和终结;相反,它只涉及线(lines)和强度(intensities),涉及"扩展、传播、占据、传染、移居的诸种模式"(ATP:239)。生成"总是处在中间",是一种中间状态(ATP:293)。生成的团块(the block of becoming)这个概念把注意力从作为一种变化——从一种身份变成另一种身份——的生成上转移开来,而是专注于德勒兹和加塔利所说的"多样性"(multiplicities),这种多样性是在一个充满活力的结合体中由杂多的独异性构成的。

为了用另一种方式强调这一点,德勒兹和加塔利把生成的运动描述为"根茎的"(rhizomatic),这个术语指的是地下的根系的生长,即根系的蔓延的、密集的扩展,薄荷、杂草这类植物就具有这种特征。每个根茎都顺着自己独有的方向岔开,并和其他的根茎、蠕虫、小虫、石块或不论什么东西彼此纠缠,形成了一个充满活力的结合体,它们是"跨领域的[和]反自然的分享"(ATP:242),没有被指定的形式或结局。在这里,重要的是指出,根、石块、昆虫都有它们各自的"克分子的"或者独立的配置。而这类"克分子"配置是由无限的微粒构成的;生成线可以分解这些微粒,对它们加以重组,使之解域化,脱离它们在某个克分子配置中的恰当的位置。正因此,比起女性的改变(the transformation of women),生成-女人和根茎式重组(rhizomatic recomposition)之间的关系更为紧密。例如,探究性欲的生成-女人的女性主义理论家可能会在以异性恋为标准的配置之外描绘情感强度和性能量的线,以便重新改组那种抑制了新的性化世界(new worlds of sexualization)的性交配。

119　　阈限的重要性

阈限是两种多样性的"中间"区域,德勒兹和加塔利称它为"邻近性区域"(zones of proximity),在这里,各种多样性的要素彼此进入、穿越对方。阈限先于那把一种多样性和另一种多样性区分开来的分歧和差异。正如德勒兹和加塔利观察到的,"自我只是一个阈限、一扇门,是两种多样性之间的生成"(ATP:249)。虽然我们会把自我当成我们自己的,当成我们的独特性之所在和使我们区别于他人的特征,但在这一观察中,德勒兹和加塔利却把自我打造成了先于自我组织(self-organization)的这些形式和功能的东西。因此,阈限的重要性就在于,这些"中间"(in-betweens)都是生成。当我们处于"中间",处于阈限上时,把我们和这个或那个区别开来的东西就变得难以辨认,或难以区分,或难以感知了。尤其是,德勒兹和加塔利提出了少女(the girl)概念,作为处于其他生成之间的阈限。女性主义者对这个概念的回应总是太过执着地关注少女们的政治和经历,忽视了阈限的重要性。正如我马上要讨论的,对德勒兹—加塔利式的少女花点功夫是值得的,尽管并不会忽视具有社会历史性的少女本身。

内在性

到目前为止,我已经强调了生成的彻底的创造性以及充满活力的生命。但是,生成的内在性才是它最重要的方面。德勒兹的哲学经常被称为内在性的哲学,因为它关心的是:当我们通过生成、多样性、线和强度而不是本质性的形式、预先被决定的主体、结构化的功能或先验的价值来从事思考时,生命能做什么,身体能做什么。这样的形式、主体、功能和价值构成了组织的平面,也就是只能通过其效果才能理解的隐藏的结构,例如,以父权结构、异性恋标准的主体、再生产功能和犹太教—基督教共有的价值为基础的"核心家庭"。相形之下,内在性平面(a plane of immanence)没有任何结构,也不生成任何预先决定的形式和主体;相反,这里只有"动与静、快与慢的关系……分子和形形色色的微粒"(ATP:

266)。德勒兹和加塔利把这个平面称为无器官的身体(Body without Organs),即BWO:一个没有按照恋母关系、生物学功能、有机体的形式或文化—历史价值组织起来的身体。相反,一个无器官的身体摧毁了这些看上去不可侵犯的安排,它用分子线或流,用阈限和生成把微粒、强度、能量都解域化了。

德勒兹和帕内特把内在性平面的运动解释为"凭借阈限而前进,建构生成、生成的团块,标示强度的连续体、流的联合体"(D:130)。多样性、阈限、生成是相互交叉、相互跨越、同生共长的,就像不同声音——鸟的鸣唱、暴风雨的轰鸣、雷声、小孩儿的哭声——的共振,它们在某个时刻的内在性中汇聚一堂,生成一个独特的声音,所以每一种振动的独特性就变得难以感知了,甚至好像我们听到的就是这种不可感知性(imperceptibility)。这就是对生命的描述:多样性、阈限、线和强度在"纯粹事件的不确定的、虚拟的时间"中共同存在(Smith 1997:xxxv)。时空维度的同时崩毁并扩展,成为纯粹事件或"存在的个体性"(haecceities),它包含了"此性"(thisness),而这正是我们的内在存在(immanent existence)。

作为非表象性的生成

最后,生成是非表象性的:"生成当然不是模仿,或和某个事物的同一;它不是退化-发展;不是对应……[也]不是繁殖……生成是一个动词,拥有完全属于自己的容贯性"(ATP:239)。对德勒兹和加塔利而言,生成就是欲望的过程。当他们谈论生成-女人的时候,他们坚持这种运动、邻近性和欲望的非表象过程:

> 我们在这里所说的克分子实体——比如说——就是这样的女人,她被其形式所限定、被赋予器官与功能、被分派为一个主体……[生成-女人]不是模仿或假装成女人的形式,而是射出粒子,它们进入了动静关系、邻近性或微观的女性气质区

域,换句话说,在我们身上产生了一种分子性的女人,创造了
一种分子性的女人。

(ATP:275)

生成-女人和做一个女人(being a woman)、像一个女人(being like a
woman)或代替一个女人(standing in for a woman)毫无关系。相
反,德勒兹和加塔利提出生成-女人,把它作为逃逸线的关键阈限,
这条线穿越了那规定并限制着我们生活的二元差异。生成-女人是
首要的阈限,因为生成总是分子性的解域化过程,也就是说,它是
诸多效果,解域了占据支配性地位的克分子形式和关系。"最杰出
的克分子实体"就是男人,理性的、白种的、成年的男性(ATP: 121
292)。因此,根本不可能有"生成-男人",因为,生成只和以男人为
支配形象(the dominant figure)建构起来的二元论——男人/女人、
成年人/儿童、白人/非白人、理性/情感,等等——中的从属性形象
(the subordinate figure)产生共振。正如科尔布鲁克指出的,生成-
女人"使男性的自明的同一性发生了短路,就此而言,她是一种享
有特权的生成"(2000a:12)。生成-女人破坏了性别二元论——诸
如男人/女人、异性恋/同性恋、男性气质/女性气质,而正是它们组
织了我们的身体、经验、各项制度和历史——的严格的等级制度。
德勒兹和加塔利认为,为了对二元的性别构造进行解域,男人和女
人都必须生成-女人;性别随即变成了"千百种性的生产,它们是太
多的不可控制的生成"(ATP:278)。这就是欲望的宣泄、生命的展
开和不可感知性的阈限。

生成-女人:女性主义政治和妇女的闲聊

生成-女人提供了一种替代传统女性主义政治的批判性方案,
这种女性主义政治集中于对抗、谴责和废除二元对立——诸如女

人/男人、女性/男性、女性气质的/男性气质的、母亲/父亲、自然/文化和情感/理性——中的对立性权力关系。虽然他们承认,女性为了定义和掌握她们自己的身体、历史和主体性而进行斗争当然是必要的,但德勒兹和加塔利提醒说,持续地对抗历史、社会、哲学和科学这种"庞大的二元论机器"只会强化和巩固二元关系,而不能把女人从中解放出来。相反,他们教促女人们设想一种分子性的政治运动,它"滑入到对克分子的对抗之中,在它们之下、之间来回穿梭"(ATP:276)。换句话说,一种具有活力的女性主义政治必须成为根茎式的而非对抗式的,而且必须要让它本身成为 BWO,即无器官的身体,这样,女性主义就再也不局限于女性权利、身体、历史和压迫的主体了,不局限于以同一性为基础的、表象性的政治模式了。通过成为"根茎的",女性主义政治就可以投入一种"传染性"的微观政治运动,它"能够穿越和浸渍到整个社会领域"(ATP:276)。但是,如果分子性的女性政治是根茎式的,是一种无计划、无逻辑的、面向难以感知的生成的蔓延过程——它"潜入并穿梭"在克分子同一性之间的对抗中——那么,作为一种政治力量的女性主义的生成是什么呢?

122   女性主义学者早就警告过,通过把"生成女人"打造为生成中的一种具有特权的、未分化的状态,德勒兹和加塔利冒险弱化了女性主义的政治力量,也否定了生成一个女人的性别特殊性。在对生成-女人进行的第一次扩大化批判中,有一种是艾利斯·贾丁(Alice Jardine)的批判(1982,1984,1985),其中,她控诉德勒兹和加塔利以(男性的)后结构主义方式盗用了女性,忽视了性别差异的特殊性,重新恢复了性别的陈规旧习,而这些最终与女性主义斗争及思想毫无关系。随后的对生成-女人的怀疑产生了一系列对德勒兹的生成-女人概念的关切。[2]在这些关切中,都是指控生成-女人把性别差异、特殊性和自主性中立化了(Grosz 1993:167)[3];指控它对女人和女性主体阴茎崇拜般地进行盗用与盘剥(Grosz 1993：177)，以便服务于"相对于异性的男性计划"(MacCormack 2001)；指控它通过越出主体性和同一性，磨灭了女性主义的政治力量，"最终导致了女人从历史情景中的消失，导致她们作为一种历史力量的隐退"(Braidotti 1991：119)。提及这些关切似乎已经成为德勒兹式女性主义研究的必需了，同时也导致了杰里·弗利格(Jerry Flieger)那带有偏向性的警告，"德勒兹的女性主义是一种逆喻(oxymoron)吗？"(2000：39)。

与此同时，在罗斯·布拉依多蒂(Rosi Braidotti)、克莱尔·科尔布鲁克(Claire Colebrook)、莫利亚·纪登斯(Moria Gatens)、佩拉贾·古利马力(Pelagia Goulimari)、卡米拉·格里格尔斯(Camilla Griggers)、伊丽莎白·格罗斯(Elizabeth Grosz)、塔姆辛·洛兰(Tamsin Lorraine)、多萝西娅·奥尔科夫斯基(Dorothea Olkowski)和其他人的著作中，生成-女人却已经为女性主义思考和行动赋予了能量。[4] 例如，格罗斯(1994：174)认为无器官的身体为女性主义提供了一个不稳定的身体，一个反抗传统的等级制度、压迫和二元论，从而进入微观斗争(micro-struggle)、狂乱的微观特异性(micro-particularities in wild)、不可预知的轨迹和关系的身体。生成-女人从二元对立的性别构造中逃逸而出，通过"释放居于少数的'性'的碎片或微粒(性再也不在那个统一的、被生殖器化的性别身体构造的层面上发挥作用了)，释放那些破坏并渗入二元集合体的逃逸线"，创造了"千百种微小的性别"(Grosz 1993：176)。这种版本的生成-女人必需对女性主义的重要意义和激进的未来作出至关重要的肯定。[5]

要彻底发展德勒兹的观点，就要和各种地位已经确立的哲学家打交道——他们当中有些人是坚定的反德勒兹派——例如埃莱娜·西克苏(Hélèn Cixous)[6]、朱迪斯·巴特勒(Judith Butler)[7]、唐娜·哈拉维(Donna Haraway)[8]、露丝·伊利格瑞(Luce Irigaray)和朱利安·克里斯蒂娃(Julia Kristeva)[9]。例如,有人对调解德勒兹和伊利格瑞的性的生成抱有持久的兴趣。尤其是,塔姆辛·洛兰(1999)利用伊利格瑞纠正了德勒兹—加塔利的生成女人思想中的大男子主义式的监督和利用;毕竟,她注意到,"生成-女人这一计划对于女人和男人来说将是极为另类的",它就是伊利格瑞所说的那种可能性,即"能够持续地把流动的变化和其他事物一齐合并起来的、对女性主体的能动的刻画"(Lorraine 1999:186)。[10]但是伊利格瑞——她自己的计划是超越男性主体性来思考性别特殊性,这一计划早就预示了女性主义理论——认为以男性特征为起点的逃逸线无法迎战性生活的物质事实,这使得有必要彻底地重新描绘男性气质和女性气质,"既要对它们各自进行描绘,也要把它们放在一起进行描绘"(Irigaray & Howie 2008:73-83)。[11]伊利格瑞认为,德勒兹的生成-女人概念"并不真正尊重女性为解放自己所做的努力"(Irigaray & Howie 2008:79)。

和这些"故意作对的"表述一道出现的,是新近的各种对生成-女人的激活,它们服务于各种各样的女性主义计划。[12]本章无法提供它们的全部资料;只要说出这点也就够了:生成-女人激起了女性主义者的怀疑和戒心,但也激发了对"女性主义的理论化能够做些什么"的彻底的重新思考(Braidotti 2002)。正如康利(Conley)所声称的,控制社会的全球消费资本主义的强化确保了女性主义学者对生成-女人的认可:现在,"女性要保持警惕、避免克分子式的女性主义的生成、要不断地离开当下的处境并继续描绘新的逃逸线,对此而言,生成-女人显得格外重要"(2000:36;也可参见Braidotti 2006a:44-58)。

妇女闲聊的生成-女人

通过思考妇女的闲聊——乱侃、流言蜚语、少女的碎语、发牢骚——我提供了有关生成-女人的一个延伸的例子。属于克分子的同一性的标签有：女子气的（feminine）、被女性化的（feminized）和女性化的（feminizing）；它们意指"被玷污的"（denigrated）和"具有诋毁性的"（denigrating）（参见 Bergmann 1993）。这种言谈——琐碎、龌龊、爱管闲事、刁钻刻薄——的强度经常被归咎于女人那肉身化的、本质性的特征：月经、荷尔蒙激素、每月都有的烦躁和永远都有的不安全感、嫉妒和愤恨（Pringle 1988：238）。更有甚者，对平凡的细节和关系的谨慎关注也经常被认为是女人的生物学属性和社会历史属性，这种属性被归因于女人的责任，即照顾我们的家庭、家居和情感生活的细枝末节。最终，闲聊之乐就注定要成为女人的社会性及口头文化的典型样态：亲密的谈话、友谊的约定、秘密的拉帮结派和微不足道的胜利（参见 Jones 1990）。毫不奇怪，这种谈话经常被视为天生的女人性（femaleness）的表演（参见 Ashcraft & Pacanowsky 1996）。

然而，我认为，女人的闲聊——流言蜚语啦，发牢骚啦，少女的悄悄话啦，乱侃啦——并未把女人要么表象为其生物化学的本质表现，要么表象为对其性别从属地位的投降或抵抗的方式。用德勒兹—加塔利的话说，闲聊就是一个阈限，就是一个生成-女人，它以不让人觉察的方式——但又太容易让人察觉了——在纷扰的日常关系中运动着。德勒兹和加塔利的意思是，我们可以因为"事物的最不重要的方面"——包括闲聊的浅薄和琐碎——而被"投入生成之中"（ATP：292）。并非闲聊本身（per se），而是情动（affects）、能量（energies）、流（flows）和联合（alliances）——闲聊所能做的事情——构成了它的生成-女人：它是速度和联系，正是通过它们，意见、自信、侮辱和判断才被分散到整个社会群体当中；它是凭借冲动对老规矩、旧的等级制和理性进行解域的情感流，是经常具有非逻辑性、有时候甚至具有毁灭性的力量；它是强烈的情动——不满、偏狭、浅薄——的共存;它是所有这种微观层面上的冲动——它威胁要扰乱日常生活的宁静——的异质性。

生成-女人的概念允许我们用另一种方式来思考女人的闲聊,即通过"它如何起作用"和"它的力量是什么"来思考。女性主义者不需要恢复、重申闲聊,也不需要对女人的闲聊道歉(参见 Sotirin & Gottfried 1999)。相反,女人闲聊的生成-女人为传染性的微观女性主义(contagious microfemininism)打开了可能性,这种女性主义并不在任何特定的身份和问题上"表明立场",而是超越了二元性的支配与压迫关系——它构成了传统性别政治的克分子式立场——创造了狂乱的共振线和强度。

正如德勒兹和加塔利提醒我们的,如果没有"一个微小的细节开始扩张,把你卷走",就根本不会发生对强势群体的偏离(ATP:292);闲聊的生成-女人需要这样一些微小的细节:荷尔蒙激素的嬗变、不友善的评论中的一点恶意、怨恨的剧烈痛苦、刺耳的声调——这些就是可以把人沿着根茎式的生成线席卷而走的微小细节。这样的细节不是模仿性的;它们并不表现或反复重申特定的女性特征。相反,这些情动和强度都是生成线(lines of becoming)。所以,女人们闲聊的声音是生成-动物的线(a line of becoming-animal)的阈限,是把女人和母鸡——咯咯叫、责骂、"母鸡啄食一样吹毛求疵"(hen-pecking)——或猫咪——尖声嘘叫、发出呼噜声、哀嚎——联系起来的共振和调性。咯咯叫和尖声嘘叫这种音调的特性可以被认为是情感强度的微粒,它以极快的速度在女人的社会网络中移动,在巩固了这些有关女人闲聊的刻板印象的自然/文化二元论之下、之中来回穿梭。通过这条生成线,生成-女人、生成-动物和这些微粒没有模仿、表现、重复或戏仿以异性恋为基准的、拟人化的符码,以及对克分子同一性和克分子差异的叙述。闲聊的生成-女人反而能够创造新的结合线(lines of alliance),启动新配

125

置——它打破了平庸生活的不平等状态和对这种生活的臣服——的社会性。

闲聊——特别是流言蜚语、满腹牢骚和少女的悄悄话——的核心就是秘密(secret):心藏秘密、告知秘密、保守秘密,但大多数时候是把秘密泄露出去。当德勒兹和加塔利描述秘密的时候,他们似乎把女人们的闲聊装在心里:

> 男人们轮番谴责[女人的]轻佻和饶舌及其不团结与背叛。但奇怪的是,一个女人怎么可能在毫无隐藏的情况下,又通过透明、纯真和速度来让自己变得神秘莫测……有这样的女人,她们告知一切,有时候还运用了一种惊人的技术细节,但是最后知道的却并不比一开始多;通过迅捷的速度和透明性,她们已然隐藏了一切。

(ATP:290)

根据德勒兹和加塔利所言,有三种关于秘密的生成:生成-儿童(becoming-child),它藏有秘密(用嘲讽的语气说,"我有一个秘密"),但失去了其内容;生成-女性(becoming-feminine),秘密变透明了,成了一个人尽皆知的秘密,但它失去了其作为秘密的形式;还有一个生成-分子(becoming-molecular),因为内容变成了太多的传染性微粒,形式则变成了一条"纯粹的移动着的线"(ATP:290)。在关于秘密的生成中,女人的闲聊使诸多要素——琐碎、平凡、日常、这里和当下——彼此脱节,在一个情动的、强度的、声音与振动的内在性平面中将这些要素现实化。对于市民生活的真相和现实而言,通过流言蜚语而被人分享的秘密具有臭名昭著的不负责任性;秘密的传播通过传播网络和情动的迅速传染,以根茎的方式运动,战胜了理性的或伦理的考虑。同时,闲聊永远被恢复或被再辖域化;由于运用普通的智慧就可以掌握它,所以闲聊维持了女人们的(克分子)地位。

126

或许闲聊这项工作的最鲜活的例子,就是被大众读物封赠的"少女的私密文化"这种东西:这是一张情动与能量的网,闲聊,特别是秘密,在一大群密密压压的校园少女们中间传播,创造而又毁坏着声望、友谊和自尊。[13]秘密、含沙射影的讽刺、谎言都以传染的方式在这种大堆的人群中活动着,变成了背叛、攻击、忠诚和爱慕的微粒,变成了纯粹的线,变成了孤立和包含、自我凝聚和消解之间的阈限。这是那些能够衍生出来并形成沮丧、恐惧、忧虑和自我毁灭的黑洞的线;它们也承担着"成为废弃的线、毁灭的线、他者和自我的线"(D:140)的风险,渗透在少女的事件之中。这就是生成的风险(the risk of becomings)。

生成-女人:少女

我引入少女这个形象并非偶然。德勒兹和加塔利在描述生成-女人的时候强调了少女,进行这种强调的原因和已然增加的对它的关注值得玩味。少女是一种生成,德勒兹和加塔利说;她是一个生成-分子,一条逃逸线,"一个生成的团块,和每一个对立项——男人、女人、儿童、成人——都同时存在"(ATP:277)。对于所有那些最致命的二元论来说——是它们把我们建构为主体,并且为我们的最基本的关系赋予意义——少女身上存在一种"中间状态"(in-between)。生成-女人是诸多生成的一个引导性环节,因为少女是具有自动的诗性(autopoetic)的生成力量:"少女不属于一个年龄群体,也不属于哪个性别、秩序或王国:她们到处滑行,穿梭于秩序、行为、年龄、性别之间;她们在相对于二元论机器的逃逸线上制造出 n 个分子性的性别"(ATP:277)。少女是一项实验,持续地横穿过儿童和成人、无邪和觉醒、幼稚和智慧、顺从与任性之间的界限。她并不会变成一个女人;她永远是生成-女人,她所依靠的并不是以女人的方式萌发出来的那些属性,而是"快与慢的纯粹的关系,除此之外,别无其他"(ATP：271)。

德勒兹在和克莱尔·帕内特的谈话中提供了一个关于少女的内在性的有趣的例子。他描述了一个年轻的外省女孩第一次和海的相遇:她目瞪口呆地站着,失魂落魄,在雄伟壮阔的景象中失去了自我(ABC："E:儿童[Enfance]")。我提出这个例子并非鉴于德勒兹的童年记忆,而是把它作为情感强度的一种形象:这个少女被感动了,超出了语言和认识,超出了惯常的差异和同一性模式;在和"无时间性的"声音、力量、节奏以及大海的辽阔相遇过程中,少女的激动之情被缓和了。这个少女本身就是生成-不可感知性(becoming-imperceptible),它位于分开的世界的阈限上,"把某些无法容忍之事推向一种新的、海洋的情感性和逻辑"(Buchanan 2000：93)。[14]

然而,少女-生成-女人有几个恰好为女性主义者公开反对的方面。首先,尽管德勒兹和加塔利反对这样的事实,即少女的身体"从她那里被夺走",由此,她总是变成男性欲望的对象和父权制经济的财产;但"少女不过就是'快与慢'"这种观念似乎也"剥夺"了她的身体。其次,男人和女人都有必要成为生成-女人,这种必要性否认了少女的任何性别特殊性。由于使少女的性别特殊性悬而未决,生成-女人剥夺了批判和介入的女性主义立场。再次,由于生成-不可感知性是生成-女人的内在结果,少女似乎不知不觉地重现了少女在文化和历史上的从属地位和所受的压迫,她们在父权制经济内部的不可感知性否认了或合理化了女性所遭受的压迫,以及性别歧视与压迫(杀害婴儿、割礼、儿童性骚扰)的最令人震惊的实践。少女们悄无声息地频频滑入到公共政策、制度性的安全防卫、共同体关注和家族特权的雷达探测器之下。

　　但这些反对意见是用表象的方式来理解少女，而且忽视了这个形象对女性主义政治及理论的价值。少女既不是对生成-女人的表象，也不是生成-（一个）女人的起点。相反，少女是欲望的力量，它把微粒从克分子结构（例如，我们对女人和男人、年轻与年老、性取向——比如异性的、同性的、双性的、变性的和/或酷儿——的建构）中分离出来，制造了蔓延性的传播、传染线，以及"联结而成的生成的多样性"（ATP：278）。用德勒兹—加塔利的话来说，少女懂得如何去爱："懂得如何去爱并不意味着保持一个男人或女人的状态；它意味着从某人的性别中抽取出微粒、快速与慢速、流、n 种性别，正是它们构成了属于那种性别的少女"（ATP：277）。在这种描述中，对爱的看法和肉欲、俄狄浦斯化的欲望或厌女症患者的浪漫传奇无关。"懂得如何去爱"不涉及陷入爱河、被爱或做爱。相反，少女的流（flows）和结合（conjugations）构成了一个充满活力的情感结构，它悄无声息地运转着，但却拥有贯穿一切人和事的巨大力量。因此，"懂得如何去爱"是"生成的内在结果"。由于一切人和事都是克分子实体的集合体，生成一切人和事——也就是说，处于中间状态的、生成-不可感知性和不可识别性——就是要制造一个别样的世界（ATP：280）。少女是插入这个可取而代之的世界中的根茎线和阈限。这是一个关于爱、关于生命、关于世界会变成什么样子的引人深思的概念。

结　论

　　生成-女人和少女是具有创造性和激动人心的德勒兹式概念。但是，需要注意女性主义者和其他人对生成-女人的男性中心主义的偏见提出的严肃的关切，特别是它所预示的女性主义政治力量的消失和黑洞及不可感知性的危险，它们在作为生成-女人之阈限的少女概念里似乎都被忽略了。因为这些关切而放弃生成-女人的概念,依旧会将它所提供的可能性再辖域化并且驯化生成那活泼的潜能。我已经说明了,生成-女人打开了创造的可能性,提供了一个强大的代替女性主义克分子政治的方案,而且和理论化的女性主义最具活力的冲动与情感性产生了紧密联系。作为哲学概念,生成-女人和少女使得我们能够以另类方式进行思考,想象新的生成模式、欲望的活跃力量并且打开了通往新世界的大门和阈限。

注释

1　杰里·弗利格(2000:59-62)认为,内在性、质料、具有颠覆性的女性主义很容易和德勒兹—加塔利式的分子性生成结成同盟。

2　参见格罗斯对这些女性主义关切的概括总结。她给《千百种微小的性别》(A Thousand Tiny Sexes,1993)所写的导论很有用,尽管大部分阐释的是对《千高原》之前的德勒兹作品的解读。她在《易变的身体》(Volatile Bodies,1994)中的讨论——第七章,"强度和流"——重复了这种概括,但在其中加入了《千高原》。

3　对于这种关切的最新哲学变体,请参见豪伊对德勒兹的批判,他认为德勒兹由于生成的先验经验主义而没能彻底处理性别差异(2008)。

4　这些学者当中的许多人都参与发起过"澳大利亚女性主义"的有关身体混合的理论化过程,德勒兹和加塔利则在其中扮演了批判的角色。参见科尔布鲁克(2000b)和麦科马克(2009)的综述。

5　从这个意义上说,有必要注意最近对女性主义的生成概念的"修正",比如梅(2003)追溯了德勒兹早年对生成概念的发展以及它之于特殊生成的关系,包括生成-女人;还有,伯奇尔(2010)认为有一个关于生成-女人的时空性的更为"内在"的概念,这被当成是对有关女人的女性主义理论的贡献。

6　对于把德勒兹和西克苏联系在一起讨论的最新著作,请参见康利(2000)和扎亚克(2002)。

[7] 巴特勒承认,她反对德勒兹是因为他无法处理否定性(negativity)的哲学/精神分析问题,她担心"他会疯狂地抵抗否定性"(2004:198)。对于把德勒兹和巴特勒联系在一起讨论的最新著作,请参见法伯的文章(2010);希基-穆迪和拉斯穆森(2009);希尔德里克(2004,2009)和沃森(2005)。

[8] 对于把德勒兹和哈拉维联系在一起讨论的最新著作,请参见布拉依多蒂(1994b,2006a),皮斯特尔斯(1997)和哈拉维本人,虽然她对《千高原》做出了刻薄的评论。她发现,鄙视那些养着小狗的多愁善感的老女人是非常无礼的:"我不确定我是否能在哲学中找到对厌女症、恐老病、不关心动物、害怕肉体的平凡无奇等现象的更显白的表露,在这里,它们已被反俄狄浦斯和反资本主义计划的借口所掩盖了。"在这样一种语境中提出生成-女人的概念"有些犯神经"(2008:30)。

[9] 关于把德勒兹和克里斯蒂娃联系起来讨论的最新作品,请参见德里斯科尔(2000a),麦科马克(2000)和马尔加诺尼(2005)。

[10] 洛兰指出,布拉依多蒂(1991,1994a,b,1996)、格罗斯(1994)和奥尔科夫斯基(1999)都作出过同样的论断。虽然她承认伊利格瑞和德勒兹之间有重大差异,但她还是强调两者之间的共鸣,以便假装一种综合。对于把伊利格瑞和德勒兹联系起来讨论的另外的著作,请参见布拉依多蒂(2003)、格罗斯(2002,2005)、马丁(2003)和奥尔科夫斯基(2000)。

[11] 伊利格瑞并没有对生成-女人进行过任何扩大化批判,但却由于它是对女性差异和欲望的形而上学盗用,因而拒绝这个概念;请注意《这个性别不是一》(*This Sex Which Is Not One*)中的这段话:"'欲望机器'难道不是部分代替了女人或女性的位置吗?它难道不是一种供男人使用的、对'她/它'的比喻吗?……由于女人早就被分派了保存"躯体"和"无器官性"的任务,难道'无器官的身体'将占据他们自己的分裂的位置吗?"(1985:140-41)。

[12] 请参见,比如说女性主义伦理学(Berman 2004);身体性和情感的政治学(Blackman 2009;Crawford 2008;Gambs 2005;MacCormack 2006;Markula 2006);超女性主义(Corsani & Murphy 2007);女性主义教育学(Twomey 2007);女性主义田野调查(St. Pierre 2000);甚至还有组织理论(Ball

2005）。

13 时下流行的这类著作包括《怪女孩出列》（*Odd Girl Out*; Simmons 2002）、《拯救奥菲利亚》（*Reviving Ophelia*; Pipher 1994）、《校园女孩》（*Schoolgirls*; Orenstein 1995）和《蜂后与跟屁虫》（*Queen Bees and Wannabes*; Wiseman 2003）。在一项对少女闲聊作的明智的德勒兹式分析中，雷诺和林格罗斯谴责这些大众化的、"支持性的和病态化的"、"倚强凌弱的心理教育话语"。他们的分析认同"分子性的微观运动"和少女们日常生活中的节奏，它们成功地超越了少女生活中"流行的以异性恋为基准的视野"，在对"文化上显而易见的女性气质"的展现中创造了瞬间的断裂（Renold & Ringrose 2008：332）。

14 这种流和海洋的情感性超越了性别吗？或者说，这种情感遭遇是否把少女召回到关于母性和女性的流动性的本质主义比喻？这些问题和那些已经被投入论战的问题——它们针对的是《千高原》中对女性主义政治的克分子式主体（"只有让源泉枯竭或阻挡住各种流，克分子主体才能运作" [ATP：276]）的评论——相类似；还有那些围绕着少女的形象而接合在一起的问题。至于少女研究中的德勒兹式少女的例子，请参见德里斯科尔的"生成：从德·波伏瓦到德勒兹的少女问题"这一章（Driscoll 2002：191-200）。

130

少　数

⊙ 罗纳德·博格

在一篇日期为 1911 年 12 月 25 日的冗长的日记里,卡夫卡勾勒了小型文学团体的特征,比如东欧意第绪语作家,或者,居住在他土生土长的布拉格中的捷克语作家(Kafka 1977:191-5)。[1] 在这样的少数文学(minor literatures)中,卡夫卡观察到,没有一个像英语中的莎士比亚或德语中的歌德那样的名流,他们控制着整个局面,因而不鼓励创新,只欢迎谄媚的模仿。在少数文学中,文学讨论很激烈,政治和个人问题相互渗透,而且某个文学传统的构造与其人民直接相关。在《卡夫卡:走向一种少数文学》中,德勒兹和加塔利认为,卡夫卡的日记更多地是对他想置身其中从事写作的理想团体的描绘,而非对特定的艺术环境的社会学素描。他们宣称,虽然他用德语作为中介,卡夫卡的抱负是在德语文字的大传统中创造一种少数文学,一种以语言做实验,无视经典模式,促进集体行动并把个人性也直接当作某种社会性和政治性的文学。卡夫卡的例子为德勒兹和加塔利最终打开的,是一种可以延伸到整个文学当中的写作方式。

德勒兹和加塔利认为,在少数文学中,"语言受到了解域化的高度的共同作用的影响"(K:16),一切都是"政治的",而且"一切都承担一种集体价值"(K:17);因此,他们得出结论,"少数文学的三个特征就是语言的解域化、个人和政治即时性的联结和阐释的集体装置"(K:18)。少数文学把个人和政治联系起来,这是一个相对清楚的观点,但是德勒兹和加塔利想通过语言的解域化和阐释的集体装置来表达的东西则需要一些说明。

少数文学对语言的解域化,必须在德勒兹和加塔利关于语言的一般理论之中理解,这种理论他们在《千高原》的第四和第五部分表述得最为清晰。对于德勒兹和加塔利来说,语言就是一种行动模式,一种用语词来做事的方式。正如陪审团根据罪行裁定的声明把被告人变成重犯,一切语言都煽动了身体的"非实体性转换"(ATP:86)(在最广泛的意义上,被解释的身体不仅包括实在的物理对象,也包括形象、声音、幻觉——非话语性的整个范围)。语言的首要功能不是交流中立的信息,而是通过对世界进行分类、组织、建构和编码,从而巩固社会秩序。每一种语言都以权力关系的两个层级为前提:话语性的"阐释的集体装置"(collective assemblage of enunciation)和非话语性的"身体的机器性装置"(machinic assemblage of bodies)(ATP:88)。这些话语的和非话语的装置是社会行动的控制模式,一个形塑语词,另一个形塑事物,当语词通过生产身体的"非实体性转换"时,语词就介入了事物。

语言学家传统上通过常量和恒定因素来描述语言的特征,把语言的实际应用中的变化要么当成无意义的现象,要么当成对标准的偏离。因此,一个特定单词的标准发音决定了它可接受的阐释(不甚重要的变体)和不可接受的阐释(偏离)的范围。方言、社会性方言和个人言语方式被视为对标准语音的偏离,不讲语法的句子被视为对标准语法的侵犯,荒唐的用词错误被视为对标准用法的违背,等等。然而,德勒兹和加塔利反击说,变化在语言中才是首要的,常量、标准和法则是次要的,是权力关系的一种强制。语言运用、语言行动(action)的世界是一种永不止息的变化、互动、妥协和抗争,语言的使用者在其中塑造并浇铸着语词——它是不断变化的语境中的构成要素——时而把玩短语,变换时态,创造意义,时而又限制语言的变化,从而加强阶级、权益、教养、性别和社会角色之间的差别(最重要的是通过学校,但也通过法庭、职业和各种媒体等)。

当语言的使用者破坏了标准的发音、语法或意义结构时,他们就对语言进行了"解域化",他们以此把语言从惯例、符码、标签和表记那轮廓分明、布局严整的界域中分离了出来。相反,当使用者强化了语言的规范,他们就把语言"辖域化"或"再辖域化了"。解域化和再辖域化的过程永远在每一种语言内部继续着,因为标准的语言实践要么在不平衡状态中被改变和安置,要么则被重复和保持。因此,人们可以谈论语言那相对的"解域化的共同作用",相比于其他一些群体,有些语言群体更加束缚他们的持续变化的语言线的运动。德勒兹和加塔利说,在少数文学中,"语言受到了解域化的高度的共同作用的影响"(K:16),而且在他们的卡夫卡研究中,他们认为卡夫卡时代的布拉格德语是高度的解域化,它是一种脱离了固有使用传统的政府"书面语言",而且通过说捷克语的人的挪用,它受到了各个方面的影响。他们声称,卡夫卡在他的作品中运用了布拉格德语的各种解域化区域,刺激了它的不平衡倾向并且在德语这个强势语言中创造了一种少数人的、异域的腔调。但德勒兹和加塔利的观点最终并不是说,有些语言是多数人的而另一些则是少数人的,或者一种少数文学只可能存在于一门强势语言之中,因为多数和少数"限定的并非两门不同的语言,而是语言的两种使用或功能"(ATP:104)。[2] 他们的观点是,每一种语言——无论使用它的人口是多还是少——都面向一种多数的和少

133

数的使用而开放,面向对语言的成分及实践的再辖域化或解域化而开放,当居于少数的作家创作少数文学的时候,就对他们的语言中介进行了一种少数的使用。

对于德勒兹和加塔利来说,在对语言的少数使用中,形式和内容之间并无任何严格区分,因此在风格实验和政治批判之间亦没有任何显著差异。语言是一种行动模式,权力关系的持续施行,而所有语言要素——音位的、语素的、语法的和语义的——都通过话语实践卷入到了权力关系的生产之中。就此而言,语言的整个应用都直接而完全地具有政治性。居于少数的作家们从语言上解域了规定好的权力关系,因此,看起来就像是——比如说——用语法进行的单纯的风格实验,实际上是从极为复杂的政治维度进行的语言实践。反之,看上去像是对语言的再现内容的解说——比如,对儿子和父亲的相遇(犹如法官和被告的相遇)的表述——实际上是用语义学做的实验(在这种情况下,对"我是无辜的!"这句话的连续变化线的激活,大概已经超出了家庭和法庭的语境)。居于少数的作家们让语言口吃(stammer);它们用这样一种方式——即语言本身口吃了,好像语言那连续变化的虚拟的线通过新的和不可预见的联合体而被现实化了——使语言的有规律的型式变形、转换。在这个过程中,居于少数的作家们反抗并破坏着内在于语言的支配性的、强势的使用模式之中的那些权力关系。

少数文学是"少数人"的文学,但并不是就这个词通常的意义而言。多数人和少数人并不决定于单纯的数字。西方白种成年男性群体可能代表着世界人口的一个相对小的样本;但是,它们却作为多数而发挥作用,那些处于这一群体之外的人则是各种各样的少数群体的成员。少数也不是由固定的身份或特征定义的。相反,少数和多数是通过它们在权力关系中的位置,通过它们的功能而相互决定的,而不是通过对某些明确的特点的占有——无论是

134

统计的、宗教的、伦理的、种族的还是生物的。少数文学试图颠覆占支配性的权力关系，并且在这个意义上它倾向于支持少数人的斗争。但少数人写的所有作品并非都是少数文学，因为少数人可能会继续维持二元权力关系，如果他们自己不变成其他状态，不对那些决定了他们作为少数的地位的符码进行解域的话。反之，西方白种成年男性可能会创作少数文学，但只有当他们致力于一种摧毁他们特权地位的生成-他者（becoming-other）时才可以。

因此，少数文学的头两个特征是它解域化了语言，并以此"把个人和政治的即时性联系了起来"（K：18）。它的第三个特征是，它致力于一种"阐释的集体装置"（K：18），从而为政治行动打开新的可能性。德勒兹和加塔利把话语的权力关系——这是某种特定的语言使用的基础——称为"阐释的集体装置"，首先是为了得出一个简单的观点：语言不是个别的使用者发明的。相反，语言是通过社会互动而集体生产和再生产的。就此而言，所有的文学，无论是多数还是少数，都和阐释的集体装置交结在一起。然而，在多数文学中，作者试图发出一种独特的声音，并表现作为个体的他们自己，而在少数文学中，作者试图抹掉自己，传达集体的声音，特别是那些被不对称的权力关系决定其身份的少数人的声音。但居于少数的作家面临一个难题：他们不能只以某种既定的少数之名来讲话，因为那个少数是被它试图抵抗的支配性力量所定义、建构和规定的。所以，少数作家们必须尝试传达尚不存在的集体声音。他们的任务是帮助创造一种"即将到来的人民"（people to come）（ECC：90），或者至少为了在未来形成一种能动而自决的集体而增进新的可能性。他们从事这项工作，不是通过推动具体的政治行动或反抗压迫（尽管这类行动确有它们自身的价值），而是通过引发生成-他者（becoming-others）的过程，通过破坏稳固的权力关系，从而用那些先前被限制、被阻止的方式来激活连续变化的线。

135

如果我们重新表述德勒兹和加塔利的三重定义,我们可以说少数文学:(i)用语言做实验;(ii)把世界当成权力关系的网络;而且(iii)为即将到来的人民打开了可能性。这具体意味着什么,大概可以通过更进一步地思考德勒兹和加塔利对卡夫卡——他们考察得最仔细的一位少数作家——的讨论,从而得到最好的理解。他们把卡夫卡的语言实验看作从他的处境中——作为一个布拉格犹太人,讲着一口脱离自己生长环境的、标准的德语,而通过与说捷克语的人的接触,这种德语已经获得了区域性的认同——产生的。卡夫卡对捷克语的认识,还有他后来对意第绪语文学和希伯来语文本的展示,甚至促使他更加远离了他的母语,最终引导他发现了一种使用德语的隐秘地不确定的方式。尽管卡夫卡遵守标准德语文体上的规矩,但他这么做靠的却是一种毫无感情的挑剔和对素材的禁欲主义般的俭省,这使得语言具有强烈的异域性,同时也保持了技术上的正确性。德勒兹和加塔利没有提供卡夫卡风格创新的具体例子,而是引用了诸如 e.e.卡明斯(e. e. cummings)、路易·费迪南·塞利纳(Louis Ferdinand Céline)和塞缪尔·贝克特(Samuel Beckett)等作家的实验实践,作为少数文学对语言进行解域化的例子。但他们的观点是清楚的:卡明斯、塞利纳和贝克特公开做过的事情,卡夫卡只是换了种方式在做——他让语言变得陌生。

《变形记》给德勒兹和加塔利提供了一个个人与社会在少数文学中彼此渗透的恰当例证,这也是一个有关生成-他者——作为一种尝试变化的手段——的例子。这个故事经常被解读为现代人绝望的寓言或俄狄浦斯焦虑的象征,但德勒兹和加塔利坚持认为,它的主题是完全政治性的。尽管格里高尔变成虫子发生在家庭住宅的范围之内,但影响了他的权力关系却超出了家庭的门墙之外。格里高尔被他的工作所奴役是因为他父亲欠公司的债。老板的代

表,那个穿着靴子的经理走进了萨姆沙的寓所,以他父母的名义严
厉训斥格里高尔玩忽职守;经理一离开,格里高尔的父亲就抄起经
理的手杖把格里高尔赶回他的屋子。当格里高尔的父亲后来变成
一个精力旺盛的权威形象时,他被穿上了银行信差的制服,对于格
里高尔来说,他的声音好像变成了好几个父亲的声音。当萨姆沙
家最终屈服于他们的命运时,他们在餐桌前的位置被三个匿名的
房客——他们是某些无名的官僚或商业组织的代表——霸占了。
《变形记》远远不是表现了一种对父亲的神经质般的迷恋,它表现
了那些权力关系,这些关系使得家庭成员仅仅成为社会经济力量
和被编码的性别力量网络中的连接点。格里高尔的父亲不过是对
老板、老板助理、代理人和那些其影响渗透进家庭的代表人物的来
回展示。为了对他在这种力量网络中的监禁作出反应,格里高尔
变成了其他的东西,变成了努力改变他的处境的动物。正如卡夫
卡的故事中许多其他的动物生成一样,格里高尔的生成-昆虫
(becoming-insect)不是象征性或比喻性的,而是变形的
(metamorphic),它是一个为了打开逃逸线而破坏编码和对坐标
进行解域的单纯的过程。不幸的是,格里高尔的努力失败了。他
的父亲反复地堵塞他的逃逸,而他的妹妹——她起初鼓励格里高
尔成为生成-动物——在他要继续保持他的人的身份时,放弃
了他。

　　德勒兹和加塔利似乎只是提供了一个对卡夫卡故事的寓言性
解读,但他们坚持认为,卡夫卡不仅谈论了权力;相反,他致力于一
项对现实世界的实验。内在于世界的权力关系为语言符码和表象
所纠缠,卡夫卡的故事通过将其改写、改装,从而使那些关系现实
化了。这个有些独特的观点在德勒兹和加塔利对《审判》的讨论中
被发挥到了极致。卡夫卡的小说展示了作为一台复杂机器的法律
(Law),它的组成部分是杂多的物体、空间、媒介、制度和人。每个

人——K、K 的叔叔、莱尼、画家蒂托里、蒂托里画室外的小女孩儿——都和法律联系在一起,而每一个空间都是一个法律的场所。那座住宅中有一间审讯室,银行储藏室是一间刑讯室,大教堂则被监狱牧师所掌握,而蒂托里的画室则毗邻法院办公室。法律机器的最终目的不是判断对错或分辨有罪与无辜,而不过是永不停歇地、来来回回地制造、形塑、安置和控制它的组件。这台法律机器是卡夫卡在奥匈帝国看到的正在运转的权力机制的一幅讽刺画,但也是即将到来的规训机制的一幅具有预见性的蓝图。

137 　　在《审判》中,卡夫卡致力于社会政治批判,但不是通过公开的评论或精确的分析。他的批判也不推动什么具体的行动方案或提出社会组织的替代性模式。K 最初想了解他的案子的真相,从而结束他和法律的纠缠,但最终他发现彻底宣告无罪是不可能的,而他的最佳策略就是无限期地延长和搁置他的案子。没有任何一种办法能一步步地完全走出法律;没有任何一种替代方案能超越或摆脱权力的轮回,而他正是在这种权力中活动。无限期的延长和搁置是在法律机器内部发挥作用的手段,但是通过这种方式,它的机能滑脱了、短路了、抛锚了。K 从一个地方到另一个地方,从一个人到另一个人,这种运动遵从的是权力网络的联系,但是,当他行进时,他和他周围的环境相互改变着彼此。他和女人们的关系首先让他成为一个生成-女人,他和孩子们的接触让他成为一个生成-儿童,但最终,K 的变形性生成(metamorphic becoming)是一种生成-不可感知性(becoming-imperceptible),因为他达到了一种成为匿名场所的状态,在这里,机器同时起效和失效。正是法律机器的这种起效和失效、同时装配与拆卸的连接,构成了卡夫卡对权力的批判,而这一批判也是可能的社会变革的媒介。

　　我们可以说,《审判》所做的,是确认并提取内在于卡夫卡世界的表象和符码的权力关系配置,然后通过让它们揭露"已经找上门

的、未来的恶魔权力,如资本主义、斯大林主义、法西斯主义"(K:
83),从而改写、改变并转化它们。卡夫卡的小说是对他周围的制
度、符码、机制和实践的实验性变形,它揭示了它们未来的配置和
使用的倾向。持续变化的虚拟线——它或许会在官僚资本主义、
全能的斯大林主义或绝对主义的法西斯主义的各种国家形式中最
终出现——内在于卡夫卡的世界,他的小说通过它对现实关系、形
式和条件的实验性变形,揭示了那些变化线。

这些持续的变化线是卡夫卡世界中的现实权力关系潜在发展
的矢量,是有可能巩固和加强压迫性符码与实践,或者打开某些新
事物的矢量。少数文学的第三个特征是:它让阐释的集体装置发
出了声音——只有"在它们不是从外部强加的,并且仅仅作为即将
来临的恶魔般的权力或即将被建构的革命力量而存在"(K:18)的
时候。在《审判》中,卡夫卡揭示了"即将到来的集体"(coming   138
collectivity)诞生的潜在力量,但"我们也不知道这个装置将会是什
么:法西斯主义的? 革命的? 社会主义的? 资本主义的? 或者所
有这些都以一种最令人反感的或最残忍的方式联系起来? 我们一
无所知"(K:85)。卡夫卡的例子最终表明的是,尽管少数文学促
进了一种即将到来的人民的创生,但它这么做不能依靠对乌托邦
式社会秩序的描绘,而只能依靠充满风险地去煽动面前不可知的
未来的运动。

在《卡夫卡》中,德勒兹和加塔利很大程度上把他们对少数文
学的讨论限制在散文小说上,而在其他地方,德勒兹表明少数的观
念也可以通过某些方式扩展到戏剧和电影。在《一个更少宣言》
(One Less Manifesto)[3] 这篇讨论同时期的意大利剧作家卡尔梅
洛·贝内(Carmelo Bene)的长文中,德勒兹通过分析贝内的《理查
三世》(Richard III)——这是一出对莎士比亚历史剧的改编,其中,
人物线条是莎士比亚的(经过了一点意大利式的改造),但他们的

行动却是新的——勾勒了少数文学的特点(Deleuze 1993b)。贝内删去了莎士比亚的一半台词和除了理查外的所有男性角色,而且在这个过程中,他搅乱了莎士比亚关于国家权力的情节并揭示了一个理查迷恋戏中女人的潜在故事。随着理查和女性角色述说莎士比亚的线索,女人们致力于各种引诱人的行动,而理查把各种假肢捆绑在他的身体上,在逐渐变得奇怪的运动中蹒跚而行。在德勒兹的分析中,这种行动是对理查生成-女人的舞台表现,是理查远离——不是通过模仿女人,而是通过与女人互动而变成异常的、非人的"他者",通过跨越男女两性之极而远离——其官方国家身份的过程。但是除了修改、改变莎士比亚的台词之外,贝内还设置了各式各样的不平衡的戏剧成分,指导他的演员们用陌生的方式去变化他们的声调、手势和运动,利用电子作用改变舞台声音,把戏剧服装投入非传统的使用,把道具和布景安排在那些妨碍演员、阻挠观众理解行动的配置中。就像一般意义上的少数文学一样,贝内的少数戏剧通过破坏(政治的、社会的、性别的等)权力关系而对它们进行了批判,而且通过一个生成-他者的过程打开了新的可能性。然而,少数文学最值得注意的是,它不仅用语言来做实验,而且用戏剧的所有维度——嗓音、手势、运动、声响、服装、装置和舞台——来做实验,这类实验突出了语言和行动之间难分难解的关系。[4]

139　　　少数的概念并非德勒兹的电影研究中最关心的东西,但是在《电影2:时间-影像》中,当讨论皮埃尔·佩罗(Pierre Perrault)和让·鲁什(Jean Rouch)的纪实电影(cinéma vérité)和巴西的格劳贝尔·罗查(Glauber Rocha)、塞内加尔的萨姆班·奥斯曼(Sembene Ousmane)、菲律宾的利诺·布罗卡(Lino Brocka)、埃及的优素福·沙欣(Youssef Chahine)这类导演的政治电影时,他的确乞灵于卡夫卡、少数以及对语言的少数使用。在这里,德勒兹关注的是少数文学所创造的即将到来的人民在电影中的对应物。例如,在鲁什的关于西非村民与城市工人的民族志虚构作品(ethnofiction)中,鲁什记录了生活的现实道路,但在每一部电影中,他都邀请他的演员-主体(actor-subjects)创造情节的具体方案,并且随着电影的拍摄而发展他们自己的人物角色。演员从他们的现实处境中发声说话,但也和罗查一起参与电影的制作,他们还创造指向未来集体之形成的、新的声音和身份。由于他们这么做了,罗查试图摆脱他自己的西方式的凝视(Western gaze),进入一种"电影-恍惚"的状态,他的摄像机在其中围绕着主体自由移动,在对新的观看方式的发现中让他们即兴创作。德勒兹在佩罗对加拿大法语地区民俗的记录中也发现了类似的对自我创造的邀请,以及对电影报道的标准技术实践的类似的颠覆。而在布罗卡、沙欣、奥斯曼和罗查的电影中,德勒兹看到同样的形式创造与集体自我创造之间的联合。因此,他认为,无论这些导演的政治目标看上去多么具有计划性,作为电影制作人来说,他们最终的目的是超越当下的诸种身份,创造即将到来的人民(people to come)的形象和声音。[5]

对于少数文学、少数戏剧和少数电影来说,共同之处在于对语言的一种少数的运用,以及对内在于词语当中的权力关系的实验性解域。在少数戏剧中,实验从词语延伸到了言语行动中背景的组成部分:声音、手势、运动和布景。在少数电影中,实验囊括了言语行动的所有要素,同时也扩展到了观看方式。但是,少数概念——无论它被应用于小说、戏剧还是电影——的核心是:在艺术实验中,形式和政治是不可分割的。在把卡夫卡作为少数文学的一个例子而予以关注的过程中,德勒兹和加塔利反击了共同的假设,即欧洲现代主义的伟大作品大部分是不关心政治的,而且通过把卡夫卡的创新和诸如卡明斯、塞利纳和贝克特等作家的语言实验联系在一起,他们表明,一个总体上被认为是政治的维度渗入了

140 　许多据称是形式上的现代主义倾向之中。他们对卡夫卡的种族特性的核心地位的坚持,质疑了欧洲文化同质性的预设,但同时又引发了卡夫卡的实践和那些一般的少数作家的实践的对比。

　　如果少数文学是少数人的文学,如果少数是通过他们在权力关系中的从属地位来定义的,那么非西方的、非白种的、殖民的、后殖民的、女性和同性恋还有女同性恋作家可能就要全部被理解为少数文学的参与者了。这个命题——德勒兹和加塔利并未详细地展开下去——所提出的挑战是双重的。这首先暗示着,少数文学那总是公开的政治维度也有——或应该有——美学的维度;换句话说,对文学的政治性解域必然要牵涉对语言的解域。其次暗示着:少数文学的创造性的政治效果很少是从固定的行动计划或对稳定的群体身份的确认中产生的,而更多地是从生成——它破坏了身份认同、发展了拥有不确定的可能性的人口——当中产生的。近年来,大量的研究已经出现了,其中,德勒兹和加塔利的少数概念被应用于各种各样少数群体的文学中,而且作者们在不同程度上都承认并接受了这些挑战的结果。[6]无论"少数"被证明对这类分析多么有用,确定的是,这个概念的承诺与挑战是一致的,而对它的成分有选择地使用就会引起这个概念的根本性改变。少数文学对美学与政治——还有它那反同一性的、无限的生成政治——的融合直接产生自它关于语言的预设,因为少数首先是一种少数的实践,一种对权力关系的解域,它使语言中内在的、持续变化的线卷入其中,从而引起了生成,产生了集体自我创造的可能性。

注释

[1]　关于这篇日记的富有启发性的解读以及德勒兹和加塔利对它的解释,请参见罗伯特森(1985:12-28)。也可参见我的《德勒兹论文学》(2003b:92-5)。

2　沙纳·克隆菲尔德反对德勒兹和加塔利的少数文学概念,因为它把少数文学限制在用多数人使用的语言写的作品上,从而否认了"用'与生俱来的'少数语言"——诸如意第绪语和希伯来语——"写的文学"的少数地位。我认为她关于希伯来语现代主义文学的丰富研究——它远远不是背离了德勒兹和加塔利——实际上证明他们的工作的有效性,也支持了他们的基本观点,即包括希伯来语在内的任何语言都可能被施以多数的或少数的运用。

3　德勒兹论贝内的这篇文章——首先出现在一本题为"重叠"(*Superpositions*)(Bene & Deleuze 1979)的小册子里——也收录了贝内的《理查三世》的文本,但尚未译成英文。

141

4　我在《德勒兹论文学》中对贝内的少数戏剧进行了篇幅更长的讨论。

5　关于德勒兹和少数电影的富有启发性的讨论,请参见洛多维科(1997:139-69)。我在《德勒兹论文学》中更详细地讨论了鲁什和德勒兹(2003a:150-54)。关于少数电影,请参见阿德君摩比(Adejunmobi 2007)、马丁-琼斯(2004)和怀特(2008)。

6　在众多关于少数和少数文学的研究中,请特别参见本斯马依亚(1994)、德汉(1999)、埃德曼兹(2010)、贾恩默罕默德和劳埃德(1990)、劳埃德(1987)、佩雷(2005)、波托克(1998)和张(2002)。关于生成-女人概念对女性主义研究的意义的讨论,请参见《德勒兹和女性主义理论》当中富有洞见的论文(Buchanan & Colebrook 2000)。

风格，口吃

◎ 克丽斯塔·阿尔布雷希特-克兰

　　意义不仅仅是由我们周围的世界给定的或在这个世界中被发现的，而是被一个文化和政治结构中的象征体系生产出来的，吉尔·德勒兹的"风格和口吃"（style and stutter）概念通过这个前提才能以一种最佳的方式被语境化。在这个意义上，德勒兹的后结构主义计划可以说是反表象的（anti-representational），它不断地强调语言如何在复杂而又无限的过程——这个过程既属于秩序又属于不确定性——中创造现实。德勒兹的理论也可以被赋予一种反抗性特征，其中，德勒兹关注语言的不确定的维度，以批判和改变控制的压迫性机制。最终，德勒兹创造了极为广泛的概念，以便既揭示惯常的意义，又提出新的概念可能性。风格和口吃的概念直接应对语言惯例的规范体系，并且通过创造断裂线和逃逸线而清晰地表述了反抗这种体系的诸种方式。这种清晰的表述在德勒兹的工作中既发生于解释的层面上，也发生于经验的层面上；德勒兹的写作本身就展现了创造与逃逸兼容并蓄的复杂线索。

　　德勒兹的风格和口吃概念集中于对文学的讨论，尽管他也把它们用于音乐、电影、一般意义上的艺术和意指系统。对这种方式来说,关键在于德勒兹对语言的理解。他把语言(就像其他意指系统一样)概念化了,把它当成"装置"——凭借其特殊的、变化的动静关系,对实践、身体和结构所做的多样的、偶然的、复杂的配置——的一部分。他拒斥那种在世界和语言之间提供本质上的相似性的、思想的基本形象;在这种观点看来,语言被假定为和世界之间呈一种被动关系,只能描述或辨认已经存在的东西和被命名为语言独立性的东西,而这正形成了哲学史上占据统治地位的理解方式。因而语言很可能发现事物的预先存在的名称,并把这当作真理(Truth)。与这种观点相反,德勒兹特有的后结构主义观点提出,语言形成了真理生产的机器。换句话说,对德勒兹而言,语言不是被动的,而是完全能动的:它创造了真理,作为其用法的一种功能。总之,正如保罗·帕顿(Paul Patton)所解释的,德勒兹(和加塔利)在《千高原》中,"勾勒了一个非常实用的有关思想和语言的概念,把它作为一种介入而非对世界进行表象的手段"(2010:22)。

根据德勒兹和加塔利的哲学,这种语言上的创造性介入,在一个复杂的政治和社会领域中发挥着作用,这个领域的标志是两个互不相同却又同时起作用的维度。正如德勒兹和加塔利所解释的,"装置的具体规则沿着这两条轴线运作"(ATP:505):一条是辖域化、规范化的轴线;一条是倾向于超越和脱离,或解域化的轴线。换句话说,社会空间充满了两类力量:为社会空间赋予秩序的力量以及逃离那种秩序的力量。语言生产和表象的动力在这两个共同存在的轴线中展开。

具体地说,辖域化通过把社会空间组织化、体系化以及语言生产的诸般过程而发挥作用。这些过程给世界强加了某种秩序和分类,它们在概念结构中变成了"固定的";它们囊括了那些范畴,而我们正是学着利用这些范畴而生活。在大多数的西方社会,辖域化在文化如何凭借"他们的"种族、阶级、性别、国籍、宗教、生理能力等来对个人分门别类这个方面展示了它们自己。这些范畴并非先于社会而存在，而是它们根据某些特定的文化价值来建构社会空间。辖域化提供给我们社会身份、社会面孔。因此，在文化中，个人必须被打上标记，必须可以被识别为男人或女人、直男或同性恋、黑人或白人、基督徒或非基督徒、美国人或非美国人。事实上，德勒兹把这种社会的结构化称为一条"克分子线"（molar line）：一条僵化的、全盘性的、二元的线，它意指的是我们如何被认同为社会的个人。根据德勒兹和帕内特所言，"我们总是被钉在那个占统治性地位的意指过程的墙面上，我们总是沉没在我们主体性的洞中，那个自我的黑洞中，自我比什么都亲"（D：45）。沿着同一性这条线的社会生产感觉和我们最亲近，这是因为它造成了一种安全感、确定感和归属感：一种占据统治地位的社会分类界域的牢不可破。

　　语言作为通向其效果的中心管道而进入了辖域化过程。社会组织通过语言而被接合在一起，变得使社会成员可以理解。就其社会功能而言，语言被用于传递一种能指和所指之间的一致性联系；换句话说，语言通过与其一致的意义来运作，而意义建构了看待世界的方式。语言提供了词和意义，借此确立了世界并把它分成人和动物、自然与社会；它把自然界区分为植物和动物，把植物分成各种科，把动物分成各个种类，把人分成诸多种族。德勒兹把词语的功能理解为发号施令，或者就像他所说的"口令"（order-words）。他和加塔利写道，"当女老师给她的学生教语法或算术的法则的时候，她不是在给他们提供信息，当她提问一个学生的时候，也不是在获取信息。她是在'给出符号'，是在发号施令，是在指挥"（ATP：75）。德勒兹和加塔利认为，通过支持这样一种社会命令的功能，"语言的发明不是被用来相信的，而是被用来服从的，

144

而且强制服从"（ATP：76）。在语言上和社会结构的这种贴合，某种程度上确保了个人成为其共同体中的成功的成员；正如德勒兹和加塔利所强调的，"对于正常的个人来说，形成语法上正确的句子是他对社会法律的一切服从的前提条件。没有人被认为对语法性视而不见；人都属于特定的制度；语言的统一性从根本上说是政治性的"（ATP：101）。根据德勒兹和加塔利所言，用语法上可接受的词来说和写，意味着对某种文化的社会法律的屈服，因为惯例性语法表现了恰当的、可接受的表达方式。如果某个文化的成员并未屈服于这种法律（要么是一种积极抵抗这类法律的方式，要么因为他们在某种程度上缺乏社会技能和文化权力），他们就被定义为"不守法"（out-laws）、和社会不合群的人、他者。通过这种方式，语言作为一台控制机器而发挥作用，它规定了谁属于和谁不属于社会，就此而言，它是政治性的。

在关于当今西方第一世界文化的社会教育系统的所有事实中，语言的这个社会层面是很明显的。例如，学校的作用就是教授、命令学生学习一个社会的语言惯例并使之内在化：学校的课本和老师宣布并示意，某种被标准化了的方言具有成为社会正常工作规范和体面准则的功能。学校教导的最高目的就是对语言戒条或"法则"进行创造与重复，通过许许多多教育实践支持这项标准化工作。例如，"法则"在不同学科的各种专业组织的文档编辑标准中都是固定的，它符合于书写的体裁规范和话语的共同性，在跨越了各个教育层次的、近乎普遍的对"学术"写作的教育中也是固定的。换句话说，语言通过生产、涵盖和确认某些用法和表达，排斥和贬低另一些用法和表达，从而实施控制。

正如德勒兹所解释的，由于语言以这种方式——像一台控制机器——发挥作用，它必须规定常量（constants），它们似乎在语言中固定了某些表达。换个方式说，语言法则的某一个用法是从一系列可能的变量中抽取出来的。就像德勒兹(和加塔利)认为的那样，"显然，常量是从变量自身当中抽取出来的；语言学中的普遍性从来不像在经济学中那样，存在于它们自身，它们总是得自对变量的普遍化和统一化"(ATP：103)。因此，通过把变量——它们被制造出来，起到了支持辖域化社会过程的"口令"的作用——规范化、组织化这一过程，这条克分子轴线上的语言作为发号施令的机器来发挥作用。语言因此提供了一个(概念的)词汇表，借此来制造某种关于世界、关于彼此的意义。医生在孩子出生时所做的第一件事就是公布其性别："是个男孩儿!"或"是个女孩儿!"所以，通过求助于性别的秩序化结构——性别只有依靠特殊的性别词汇表才变得可以理解——整个结构化机器各就各位。或者，当少女把男孩子带回家见父母，似乎不可避免的问题产生了："他是谁? 他的父亲是干什么的? 他来自什么地方?"男孩通过血统、界域和地点而形成的同一化和固定化就已经开始了，隐藏在用语言所表述的那些范畴的庇护之下。

到目前为止，德勒兹的论点展现了一种概念工作，它通过其组织来分析社会空间和语言生产。然而，德勒兹在哲学上致力于把语言视为一种能动的、有创造性的力量，这也确立了他的主要兴趣，即怎么破坏而非维护这个控制系统。毕竟，随着语言从根本上产生意义，那种生产也就同时持续着，其中的一部分则通过克分子的辖域性力量而被固定化。正如德勒兹所强调的：

> 不存在任何图解式的[社会系统]，除了它所连接的点以外，它不包括相对自由或无束缚的点——创造的、变化的、抵抗的点——而为了理解整幅图景，我们大概应该从这些东西开始。

(FCLT：44)

换句话说，德勒兹不是只关注文化的解域工作如何展开，他还

146

想关注的是,它如何进行解域化和分裂。他认为这是能动的、富有创造性的、肯定的,而不是把这种分裂看成一台毁灭性机器。德勒兹强调,解域化使新的思考成为可能。德勒兹式装置坚持把辖域和解域当成互为前提的两股力量,同时发挥作用。因此,虽然社会生产受到语言的克分子式运用的支持,但语言也不断能动地逃离这种克分子功能。德勒兹和加塔利写道,"你将永远找不到这样一个同质的系统,它并非仍然受到或已经受到一种被调节的、持续的、内在的变化过程的影响"(ATP:103)。因为能指和所指之间的联系是通过惯例,而不是通过不可改变的或固有的法则而被笼络在一起的,所以语言也一直服从于波动与变化。

此外,语言中产生的能指和所指之间的惯常联系从来都不是完善的、绝对的和永恒的。词语和文本并非稳定不变的信息输送者。它们是变化的、流动的实体,任何一个读者,当她读到"喜欢的"小说或看到喜欢的电影时,都会这么觉得。当个人使用语言的时候,符号的意义滑行并移动着。语言的克分子的、"多数的"(major)功能当然仍在起作用,但德勒兹指出语言的另一种功能,他称之为"少数性"(minor)功能。当语言再现秩序的克分子功能呈现出停顿、结巴的特征时,语言就"口吃"(stutter)了,从而打开了一个领域,它始终没有被社会的结构化过程(和克分子语言)束缚住。唤醒语言、感知语言、把语言推向这个领域,形成了德勒兹的工作焦点,而且它们被风格和口吃的概念给概括了。

由于语言通过重复的、惯常的结构获得社会意义,所以德勒兹用一种非传统的方式来表现语言的滑行性这个观念,这种方式有时把符合规范的意义消耗了个干净。他使用了一系列概念,创造了新词或者老词的新意思,以论述这种可以替代的、共同存在的语言功能。就像他说明的,"一个概念有时需要一个新词来表达它,有时它需要用一个普通的词,赋予它独特的意思"(N:32)。德勒兹使他的语言口吃，揭示了表达形式的惯例性，而读者们却认为它理所应当。例如，他和加塔利用这种方式来给《千高原》开头（英译本是在先锋作曲家西尔瓦诺·布索蒂［Sylvano Bussoti］创作的狂暴的钢琴曲曲谱下面开始的）：

> 我们俩曾写过《反俄狄浦斯》。既然我们每个人都是多，那么这就已经是一个十分庞大的人群了。在这里，我们已经利用了范围之内的一切，最近的和最远的。我们设计了巧妙的化名，以阻止它被认出。为什么要保留我们自己的名字？出于习惯，纯粹出于习惯。为了使我们自身难以辨认。为了使之无法感知：不光是我们自己，还有那些让我们行动、感觉和思考的东西。

147

（ATP：3）

读者能够从这个开头读出些什么呢？如果我们通盘考虑一下德勒兹的计划，我们就理解了，德勒兹和加塔利把语言置于变化之下——偏离了既定的句法和语法惯例——以便得出并且展示这样的观点，即意义首先是以选择性的、习惯性的使用为基础的。正如布索蒂的乐谱扰乱了常规化的音乐，德勒兹和加塔利的话也破坏了对语言的惯常使用（通过这么做，也破坏了惯常的思考方式）。第一个句子呈现了一个老套的开头——它立刻就被第二个句子挫败并"推翻了"（"既然我们每个人都是多，那么这就已经是一个十分庞大的人群了"）。这个句子揭示出在语言中被表达出来的一个假设：文本都是由一个独特的实体创造的；进而还揭示出一个信念：人格中隐含着一个固定的、独特的意识。

因此，作为这本书的作者，德勒兹和加塔利将构想出这样一个观念，即他们并非创造了某个伟大文本的独特精神；相反，他们说出了一种替代性的认识，超越了语言如何想象代理力量这个问题，即我们是多（multiple），是各种各样的，是混合的。他们的文本因而不是单义的、连贯的或前后一致的;正如他们在第三个句子中所说的,他们"已经利用了范围之内的一切",不是固守传统的哲学文本,而是借用各种各样表现体系,诸如音乐、文学、诗歌和电影。既然名字的社会功能最终仍是传统的,那么为什么还要保留他们的名字呢? 他们回答说,"出于习惯,纯粹出于习惯"。换句话说,他们对名字的使用是习惯性的、文化性的。在下一个句子中,他们把习惯倒了个个儿(在语法上是不完善的!),宣称他们使自己"难以辨认",并不情愿通过某些范畴类别使自己成为可以看清的。就同一性-语言(identity-language)而论,他们变成了"难以辨认的",或者说,就他们如何"行动、感觉和思考"而论——这些按照惯例都是由同一性-语言所规定的——就像他们在下一个句子中所写的那样,他们变成了"不可感知的",而不是像语言在按照惯例询问他们是谁那样,成为具体的个人("你是男还是女?""是白人还是黑人?""是学生还是老师?")。德勒兹和加塔利表示,他们不是作为确定的个人,而是作为——人们或许148 可以说——能量的区域范围(zones of energy)而从事写作,破坏并逃脱了那要求服从的支配性语言。他们没有屈服于它的任何法则,因为那些法则并非具有绝对的约束力。

不只在这个例子中,而是在德勒兹的所有著作中都揭示了口令的那种通过一系列变量来创造常量和型式的倾向。德勒兹的写作,还有他的论点实际上可以概括为使用和创造了一系列变量和多样性,它们并未被收编在克分子的过程中。因此,通过反对口令的辖域化的一面,德勒兹把"根茎"(rhizome)说成是一个开放的系统,它强调了生活和语言的变化无常的、无差别的和"游牧的"特征。《千高原》的第一章因而起了一个相应的题目:"导论:根茎"。在一个根茎中——它通过"联系和异质性原则来运作"(ATP:7)——"不存在任何语言本身(language in itself),也不存在任何语言学的普遍性,而只有一大堆的方言、行话、俚语和专门化的语言。

没有理想的说者—听者，也根本没有同质的语言社群"（ATP：7）。
这里，德勒兹和加塔利强调了语言的多元可能性。他看到了语言
的非惯例性和非共通性，认为把语言视为根茎可以更为有效地解
释其不确定性。对语言的克分子式运用把变量完全固定化了，因
为"根本没有什么母语，只有政治多样性内部的一种被支配性语言
所操控着的力量"（ATP：7）。截然不同的是，"根茎式的方法……
只凭借把语言去中心化到别的维度和语域上，就能分析语言"
（ATP：8）。德勒兹和加塔利因此写到，他们放弃了那种作为狭隘
的、可预见的限制和法则体系的语言观。

德勒兹把艺术家视为为了创造新的意义和联系，而在对社会
（语言的、表现的）空间进行创造性和非常规性运用的领域中工作
的人。德勒兹尤其迷恋于作家，以及他们通过形式和内容而创造
的新联系和陌生的新表达。他非常喜欢美国作家，因为"已经发生
的或正在发生的一切重要的事物都经过了美国的根茎：垮掉的一
代[1]、地下组织、团伙和黑帮，与某个外部直接相连的接续的衍生的
支系"（ATP：19）。例如，赫尔曼·梅尔维尔（Herman Melville）[2]的
巴托比这个人物形象[3]总是重复"我宁愿不"这个短语，对于德勒兹
来说，这似乎是神秘莫测的。正如德勒兹引用梅尔维尔的话："一
个憔悴、苍白的男人说出这句话，令每个人都为之疯狂"（ECC：
68）。德勒兹说，这句话包含着一个奇怪的结构：在语法和句法上
它是正确的，但又突兀地以"not to"结束，从而使得它所要抗拒的
东西变得捉摸不定。它"赋予了句子以一种极端的品质，一种极
限-功能（limit-function）"（ECC：68）。这种语言奇特性的效果是
挑战了语言的惯常性使用和社会法则。德勒兹写道，"被温软的、
柔滑的和有耐性的声音娓娓道出，形成了一个含混不清的团块，一
片独一无二的广袤区域，它达到了一种不可饶恕的状态。就这些
方面而言，它像一个不合语法（agrammatical）的句子一样，拥有同样

149

的力量,扮演着同样的角色"(ECC:68)。这样"一种极限,一种张量(tensor)"标志着一个点,语言在这个点上口吃了,并在这种情况下自由自在地断绝了老一套的结构和惯常的理解。德勒兹展示了巴托比每次说这句话时,是怎样的一种情形,"巴托比陷入一种恍惚,人们似乎听到了不可言说(the Unspeakable)和不可避免(the Unstoppable)"(ECC:70)。巴托比说完这句话依然保持沉默,"仿佛他已经说完了一切,同时也已经把语言耗费干净了"(ECC:70)。巴托比的确把语言耗费殆尽——在这种语言中,他作为一个抄写员、一个男人、一个公民发挥着他的作用——而且揭示了他所能生成之物的不可言说的无限性,"作为存在而存在,别无其他"(ECC:71)。他表现了一种"超越否定的否定性"(ECC:71),或一种具有肯定性尺度的否定:他再也不能用老一套的范畴类别来理解了,因为他已经使自己变成了无意义。

实际上,正如德勒兹所写的那样,这句感觉像是外语的糟糕翻译的话,"在语言内部挖掘出了某种外语"(ECC:71)。这样一种语言能够质疑强势语言的绝对价值。这个系统的专制的、习惯性的一面就一下子被减轻了。德勒兹在许多美国作家那里看到了这种唤醒更丰富的语言和概念创造的能力;他欣赏沃尔特·惠特曼[4]、托马斯·沃尔夫[5]、F.斯科特·菲茨杰拉德[6]、威廉·巴勒斯[7]、亨利·米勒[8]、e.e.卡明斯[9]。德勒兹问道,"通过变化、偏移、缩句或扩句(相对于标准句法而言)使英语滑行,这难道不是美国文学那精神分裂般的使命吗?"(ECC:72)。

从普鲁斯特[10]开始,德勒兹就得出了这样的观点:"伟大的文学都是用某种外语写就的"(D:5)。德勒兹和加塔利写道:

> 它犹如结巴(stammering),让语言本身口吃而并非在言语中口吃。请成为自己母语中的异邦人吧,但不要只在讲一门除了自己母语之外的语言的时候。请成为双语者、多语者吧,

但却要置身于同一种语言之中……正是在这个时候，风格变成了语言。正是在这个时候，语言变成了价值和强度的、具有强度性的纯粹的连续体。

（ATP：98）

这就是说，当巴托比说了他的"我宁愿不"这句引人注意的话时，他创造了一个和按照惯例所使用的完全不同的意义的语域。通过把自己敞开至无法被理解的程度，巴托比逃避了意义，因为他拒绝了体系，再也不用包裹着他的同一性-语言来定义自己了。在这个意义上，他口吃，结巴，中断了理解，放弃了确定的空间并进入了强度的真实领域，成了一切：在他的同伴和他的文化的语言中，他是无法被归类的。因此，梅尔维尔把语言"少数化"了，当其他作家"创造了一种对强势语言的少数的用法（minor use）时——他们完全依赖它来表现自己……他们使语言逃逸，他们让语言沿着女巫的线急速移动，不停地使它们处于一种不平衡状态，让它的语词根据一种持续不断的移动而分岔、变化"（ECC：109）。通过这种方式使语言逃逸，这就是一个作家的"风格"特征，她所采取的方式让强势语言口吃了、结巴了。据德勒兹所言，"风格成了无风格"（ECC：113），它使传统风格变得怪诞并招致了诸多的流（flows），削弱并逃脱了传统上被定义为可理解的东西。在《反俄狄浦斯》中，德勒兹和加塔利写道，风格是"不合语法的、反语法的：此时，语言再也不被它所说的东西，甚至也不被让语言成为意指性事物的那个东西所规定了，而是被使语言移动、流淌、爆发的东西所规定"（AO：133）。

在写卡夫卡——另一个他们极度欣赏其风格的作家——的过程中，德勒兹和加塔利得出了"少数文学"（minor literature）这个概念并探索了作为革命潜能的风格和口吃。这本书以这两句话开头："我们如何进入卡夫卡的作品？这部作品是一个根茎、一个地洞"(K：3)。这样,从这个特殊的开头开始,德勒兹和加塔利关注了作为作家的卡夫卡,他的作品应该以一种格格不入的方式去阅读,把它当成一个开端,当成对否认了传统的语言使用、解释和意义的观念的激化过程。此外,德勒兹和加塔利还写到,在《变形记》中,卡夫卡表现了一种风格,也就是把写作置于变化,把语言移入一种多样性之中,没有这种多样性,口令就被固定化了。风格关系到寻找"隐藏在口令之下的密码(pass-words)⋯⋯放行的密码,这些密码就是这个放行过程的组成部分,而命令则标志着中止或组织化的、层级化的构成"(ATP：110)。[11]

这里存在着革命的潜能,它属于德勒兹对创造新概念——包括风格和口吃——的肯定:它使新的思考方式成为可能。正如帕顿强调的,"尽管其目的在于改变而非真理,他们提供了描述日常事件和过程的新方式,因而还有理解世界和对世界起作用的新方式"(2010：42)。类似的,福柯也在《反俄狄浦斯》的序言中认为:

> 当某些本质性的东西、极端严肃的东西产生时,这本书总是让人们认为它完全只是滑稽与笑话:它清查了法西斯主义的所有变体,从包围并压迫我们的最凶残的形式到构成了我们日常生活中暴虐之苦的最微小的形式。

(Foucault 1983：xiv)

福柯的话有效地表达了德勒兹计划的双重指令。首先是创造概念,用这种概念更好地理解和反抗官方思想和使社会秩序化(辖域化)——它们必须通过只吸纳某些话语而排斥他者——的传统方式。其次,德勒兹的计划使对这一问题——在日常生活中,个人如何通过使用官方语言及思考方式来使潜在的压迫性机制永恒化并依附于它——的理解成为可能。似乎令人感到振奋的是,他呼吁通过那表现在风格和口吃概念中的(语言)实验与创造,来抵抗这类压迫性功能。文学的目标是什么呢? 德勒兹写道,它的目标是"解放,是在谵妄中创造健康和人民,也就是创造生命的可能性"
(ECC:4)。这里,德勒兹强调,圆满的生存意味着寻求并拥抱一
种引起变化的潜能,通过超越官方思想和公认知识的诸种状态而
想象不一样的未来。实际上,德勒兹恰恰回应了卡伦·霍尔
(Karen Houle)向他的哲学提出的问题:

> 向我们敞开的,是什么样的抗议和反对明摆的事实(plain
> truths)的有效途径呢?它将让我们听到什么样的不可言说的
> 论断呢?它将采取何种办法让这些有关既定事实(given ones)
> 的颠倒的、不可见的真理变得可见(make visible)呢?什么才
> 能构成破坏这个意指体制的盔甲的方法呢?
>
> (2009:65,强调为作者所加)[12]

通过风格和口吃的概念,德勒兹清晰地表述了一个革命的、政
治的相位,一个把风格和反抗的艺术创造联系在一起的相位。正
如他所强调的,"创造不是传播而是反抗"(N:143)。为了建立
"一个邻近性区域(前提是创造这么做的文学手段)"(ECC:1-2),
德勒兹通过生成论证反抗,反之亦然。对于德勒兹来说,这个过程
使我们跟随语言本身的迂回之路,正是这迂回构成了"振动的区
域",构成了"远离平衡状态"的区域,"面对面和面对背地让语言口
吃,同时把作为整体的语言推向它的极限,推向它的外部,推向它
的静默——这就像爆炸或崩溃"(ECC:113)。风格和口吃概念激
活了语言的不平衡状态,用看似微小的创造性实验的碎片摧毁了
固定的社会组织,而正是这种实验导致了生命的强化和扩大。

152

注释

[1] 亦作 beat generation,通译为"垮掉的一代",指的是第二次世界大战后
美国出现的一批年轻人,他们对社会不满,蔑视传统观念,在服饰和行为
方面摒弃常规,追求个性的自我张扬,长期浪迹于社会底层,形成了独特

的社会圈子和处世哲学。——译者注

2　赫尔曼·梅尔维尔(Herman Melville,1819—1891),美国19世纪著名小说家、散文家。代表作是长篇小说《白鲸》。——译者注

3　巴托比是梅尔维尔的小说《抄写员巴托比》中的主人公。——译者注

4　沃尔特·惠特曼(Walt Whitman,1810—1892),美国诗人。诗风自由散漫、汪洋恣肆。代表作是《草叶集》。——译者注

5　托马斯·沃尔夫(Thomas Wolfe,1900—1938),美国小说家。代表作有长篇小说四部曲《天使,望故乡》、《时间与河流》、《网与石》、《你不能再回家》。——译者注

6　弗朗西斯·斯科特·菲茨杰拉德(F.Scott Fitzgerald,1896—1940),美国小说家。代表作有《了不起的盖茨比》、《夜色温柔》等,揭露了"美国梦"的浮华与荒诞。——译者注

7　威廉·巴勒斯(William Burroughs,1914—1997),美国小说家。他与艾伦·金斯伯格和杰克·凯鲁亚克同为"垮掉的一代"文学运动的创始人。代表作品有《赤裸的午餐》。——译者注

8　亨利·米勒(Henry Miler,1891—1980),美国小说家。代表作有自传性三部曲《北回归线》、《黑色的春天》和《南回归线》。——译者注

9　e.e.卡明斯(e.e.Cummings,1894—1962),美国诗人、画家、艺术评论家。代表作有诗集《郁金香与烟囱》、《诗四十一首》、《1922—1954年诗选》等。——译者注

10　马塞尔·普鲁斯特(Marcel Proust,1871—1922),法国著名小说家,"意识流"的代表性作家。其代表作是鸿篇巨制《追忆似水年华》。——译者注

11　作者在这里的意思是,"风格"实际上就是要找到一种"密码",这种"密码"的作用就在于它能够对被固定化的口令进行解域化操作,从而使传统的表达方式焕发出新的力量。这样,就将语言从桎梏中解放了出来,放了它一条新生之路。因此,这种"密码"就是放行的密码。——译者注

12　关于风格和口吃的补充性观点,请参见高德利兹(2010)、瓦特(2009)和威德(2008)。

12

感觉的逻辑

⊙ 詹妮弗·达里尔·斯莱克

　　我们已经深知,我们所面对的任务是探寻意义。当还是小孩子的时候,我们就受到一种教育,让我们认可词语皆有意义,让我们认识传奇的道德内涵,让我们探寻一首诗的意思或一个故事的意味。当我们变得更为成熟时,我们甚至会学着探究虚构的想象中隐藏的意义或非再现性艺术形式中的复杂内涵。然而,在某些时候——大概在面对抽象的虚拟艺术或无情节的小说之时吧——由于我们的工具不甚恰当,我们会一直感到困惑,在这里,伴随着奇怪、沮丧或反感之情,我们发现自己无法以熟悉的满足感来回答那个问题:"它是什么意思?"或者,我们可以瞥见这样一个事实,即在我们对事物意义的习惯性探查中,我们已经学会了不去问"毫不相关"的问题:打嗝的意义何在?落在温热的皮肤上的冰雨又有怎样的意义呢?眼泪有怎样的意义呢?尖叫呢?某种生气的表情呢?着火的谷仓又意味着什么呢?

　　然而,就在我把这些问题键入我的电脑时,我知道,正如德勒兹所写的那样,"故事总是滑入,或试图滑入两个形象的中间地带,以便激活那个用图解来说明的整体"(FB:6)。我们已经学会如此娴熟地探索我们巧妙地要求于尖叫的意义:什么东西让你突然爆发?是在倾诉痛苦和放弃的过程中表示承认的、失恋的尖叫吗?是在诉说愉悦的过程中表现出轻松的、快乐的呐喊吗?或者,是对二月冰雪的刺骨寒风作出心理反应的抱怨之声吗?德勒兹写道,对表象(representation)的这种实际应用"隐含着形象(image)和对象(object)之间的一种关系,人们希望这个对象得到形象性的说明;但它也隐含着同处一个集合体中的某个形象与其他形象之间的关系,而这个集合体给每个形象都分配了一个具体的对象"(FB:6)。尽管一声尖叫"和它所意指的东西并无类似,词语和它所指称之物也并无类似"(FB:93),但我们却要求知道是什么样的叙述、什么样的可理解性关系的组织使得这种回应——一声尖叫、一滴眼泪、一次颤抖——成为可以理解的对象,成为一个通过其他可理解对象构成的故事为背景的形象。

最优秀的大学课堂教授了这项技能:在这个或那个形象——电影、照片、符号、故事、诗歌、论文、文献、书籍、世界事件、政治示威、政策决定、科学发现或考试结果——之中、背后、下面有着怎样的意义或内涵呢?甚至在每一个机灵的学生都学会了取笑"没有任何正确意义"这个论断时,他们也已经明白,意义就是在"他们的"意义和他人的意义之间的激烈斗争中起着重要作用的东西。我们已经学会了凭借这些东西航行:叙述、象征化、表象、意指、例证、人物形象、情节、主题、图像背景、在某个背景下对主体的激活。那独一无二的尖叫、眼泪、温热肌肤上的冰雨、打嗝声、愤怒、火灾以及其他所有独一无二的时刻和运动构成了每一天的可能性,但那独一无二的事物被严重地轻视了。

德勒兹的感觉的逻辑(the logic of sensation)这个概念有助于我们的航行,其方式并不受到意义和表象的辖域化、引导及限制。通过感觉的逻辑这个概念来进行思考,把质料、力量、感觉和情动之流——凭借这些我们就可以用别样的方式建构这个主体和故事的结构——解域化了、斩断了、解放了。这一逻辑邀请我们给那些在故事中被排除、被忽略、被贬低、被降级到从属地位的东西开辟道路、创造空间。如同德勒兹著作中的所有概念一样,理解的困难产生于那些特定的解释工具之中,它们加强了表象的习惯。如果不问"感觉的逻辑意味着什么"的话,又该如何传达这种逻辑呢?

最初的任务是要求你相信辖域化的、排他性的表象工作,而这就是本文第一段打算做的。把打嗝声简化为它的意义,似乎是一种要展示出来的奇怪操作。当打嗝声突然出现的时候,是作为全副武装的感觉而爆发的,这种感觉影响着身体(打嗝的身体和其他的身体)、房屋、对话、流,以及关于严肃性、恰当性和自我的意义。噢,如何承认或传达这打嗝声的激烈性呢? 当然不是通过分析它的意义,意义只能对那解域性嗝声的激烈性和完满的丰富性加以归类、分隔、理智化、削弱——或用德勒兹和加塔利的话说——加以辖域化。如果我们对一个单纯的嗝声都进行这种伤害的话,那么请想象一下,通过对它们进行剖析,我们对一部电影或一次政治示威该是施加了多么大的伤害啊。但是感觉的逻辑如何打开一个另类的过程呢? 如何打开一种理解打嗝、电影和政治示威的另类的方式呢?

我所采取的路径是对德勒兹进行评论,正如他在《弗朗西斯·培根:感觉的逻辑》一书中通过评论弗朗西斯·培根的画作来描绘——也就是展现——感觉的逻辑那样。德勒兹以一种迂回的方式,探索了弗朗西斯·培根的绘画实践,但并没有讲述一个故事,这就把"形象"从表象的模式中解放了出来,并且理解了超越意义和表象的感觉。德勒兹的感觉的逻辑这个概念和培根的绘画实践(包括培根自己 1987 年对西尔维斯特的绘画实践的评论)产生了共振。培根的绘画方式,德勒兹的写作方式和感觉的逻辑这个概

155

念以一种复杂的节奏关系——即对感觉的已然很丰富的积累与凝固——联系起来,这种关系为我们每个人心中的艺术家和哲学家激发了感觉与生存的新方式。

　　然而,由于在评论培根、培根的自我评论、阅读德勒兹、德勒兹评论培根之间存在着差异,所以,有趣的是要注意,以德勒兹的方式来恰当地评论评论着培根的德勒兹将会规定另一种有层次的节奏关系或感觉的逻辑。我只能通过描绘《弗朗西斯·培根》的概念空间——感觉的逻辑在这个空间内部运行——的图画以及凭借这幅图画而存在的绘画方式,谨慎地开启这项令人胆怯的任务。我的目标是尊重这些概念:不是要解释感觉的逻辑意味着什么,而是要探索它做些什么,它如何运作。正如一幅结构完整的油画一开始只是些质料,然后通过划痕的积累与聚集而成形,这幅图画也将通过同样的方式产生。

质料:主题

　　为了理解他论培根的文章,为了凭借感觉的逻辑这个概念进行工作,德勒兹的《弗朗西斯·培根》一书的短小精悍的前言提供了指南。他说他思考了培根绘画中越来越复杂的"主题"(rubrics)或"层面"(aspects),它们"在'色彩的感觉'中聚集一处,而这正是感觉的逻辑的顶点"(FB:3)。在感觉的逻辑中聚集的这些方面和层面,展现了怎样的工作呢?

　　认为这个过程无非是把诸多层面聚集起来形成其他事物,这种解读虽说诱人,但又太过轻易地加强了那种寻求可理解的事物与关系的习惯,而正是这些事物与关系使得某些东西(在这种情况下,就是指一种感觉的逻辑)成了可理解的对象或观念。"层面"这个完全非实体性的术语极容易暗示这样一种叙述:所谈论的层面屈服于它作为（qua）一个层面所指明的事物，在有关该叙述的真实主体的故事中，这个层面不过是占位符（placeholder），或者说它只是一个基底（support）。"主题"更为有用，因为，如果我们利用拉丁词 rubrica[1]——或红色铅粉（red chalk）——的词源学，利用其红色或淡红色这个意义来思考它的话，它就不只是一个占位符了。相反，rubric 断定了一种感觉（sensation），一种强度（intensity），一种"色彩"（colouration）。主题——在感觉的逻辑中聚集一处的"既定事实"（givens）——永远是带着强度的感觉；它们被染色、组织、调配、塑造；它们永远是"被积累的"或"被凝固的"感觉（FB：33）。它们自身要依靠各种伪装方可产生：色彩、声音、节奏、气味、质感、渴望、欲望、实践、感觉、信仰、姿势、知识等。就德勒兹对培根画作的评论而言，主题涉及绘画的诸多要素，比如形象和背景之间的关系、色彩的色度和平涂、画面的运动。

在思考《黑客帝国》（*The Matrix*，A.沃卓斯基和 L.沃卓斯基导演，1999）这部运用了主题（rubric）概念的电影时，我发现从四个方面来讨论特别具有成效，它们有助于我理解、感受并领会关于感觉和强度、流动和堵塞的奥秘，它们在这部电影中以及在对青春期的设定中发挥着作用，这四个方面就是：迷失之人或被发现之人、平面人和深度人的意义；无需努力的学习实践和学习欲望；青春期身体的感觉；青春期爱情的色彩（或特性）（参见 Slack 2003）。它们均非《黑客帝国》的占位符或单纯的层面。主题不是物、对象或观念本身，而是已经成为情感的运动、流、堵塞、强度。无论是简单还是复杂，无论是先处理还是后处理，它们均非天生就比其他东西重要。它们的名字本身并无意义，选择它们是为了指向感觉的集合体。主题既不回应等级制度的命令，也不回应能指，命令就是通过这些能指被发送出去的。

聚集:制造划痕

主题(rubrics)在我们称之为绘画、电影或政治示威的空间中聚集。我们每个人心中的哲学家就像画家一样,和主题(rubrics)相遇,并且通过它们在空间中的聚集来描绘、思考、行动、生存。但这种空间中的聚集是如何产生的呢? 它做了些什么呢? 如果它们并不(仅仅)是与自身特性相符的叙述,如果它们并不(仅仅)是对可理解的对象的组织,那么,这些关系又是如何运作的呢? 培根很好地提出了挑战,在通过绘画来讨论这项挑战时,他说:"这个事物经过怎样的制作,才能让你理解位于制作之谜当中的表象之谜呢?"(Sylvester 1987: 105)。

德勒兹并没有关注或致力于对象或观念的可理解性关系,而是用一种不同的方式关注"感觉"、"力"、"事实"、"事件"。所有这些日常词汇都以别样的方式被染上了德勒兹式观点的色彩。"感觉"是最能引起共鸣的词,它超越了直接依靠神经系统的理智的控制和工作。无论是肉体和身躯的视觉、听觉、味觉、本体感受还是精神感受。我们无法思考(think)感觉,我们"在感觉中生成(become),某些东西通过感觉而发生(happens)"(FB: 31)。感觉"存在于身体,而非空气之中"(FB: 32)。德勒兹告诉我们,感觉和力紧密相连,但力是不可见的、"感觉不到的"(FB: 48)。感觉就是看得见、听得见和/或能感觉到的力,因而它是被具体化的。对于培根来说,挑战就在于把那使不可见的力变得可见的感觉画出来,即画出压力、收缩、延长、尖叫,等等。不是画对这些东西的表象,而是画身体自身的感觉。例如,培根并不热衷于画惊恐(horror),而是对"尖叫的声音以及支撑着它的力"深感兴趣(FB: 51)。德勒兹写道,"如果我们尖叫,那么我们永远都是不可见与不可感知的力的牺牲者,这些力搅乱了每一个场景,它甚至存在于痛苦和感觉之外"(FB：51)。这就是培根所画的,也是德勒兹想让我们理解的:搅乱了每一个场景的不可见的、不可感知的力,身体自身的感觉,在意义和表象占据上风的辖域化实践中,感觉以另外的方式被漠视着、贬低着、征服着。

正如具体化的事实一样,感觉总是被定位在特定的位置、实体性的表现或"事件"当中。一个事件可以被称为一幅画、一段舞、一个嗝、一部电影或一次政治示威。感觉本身完全独立存在于特定的旁观者经验之外:这就是被画出来的、被描摹出来的、被写出来的、被表现出来的东西;但是所画的"是身体",作为感觉经验的身体(FB：31-2)。一个事件——即可变化的强度的主题(rubric)的独特联合——涵盖并构成了独特的"节奏的统一",这是一种"此性"(thisness),它以独特的形式涵盖并构成了参与者、主体和故事。为了作为一个旁观者来体验感觉,人们必须"进入"事件,在身体中体验感觉、生成感觉。对于德勒兹(和培根)而言,"画出感觉"和"记录事实"(FB：32;Sylvester 1987：57-8)、"感受事件"(参见Stivale 2003b：46-7)是一致的。我们在感觉中所体验的,我们在感觉中所生成的,以及我们凭借感觉所做的事情,超越了任何故事和意义,而我们有可能会把它们附加在事实,附加在感觉的事件之上。

感觉是多样化的;它们联合起来(in aggregate)产生,用德勒兹在《吉尔·德勒兹入门》中的话说,就是它们"在一整张复杂的感觉网络中"(ABC："I：观念[Idea]")产生。在画一幅画,探究一部电影或经历一场政治示威时,感觉把身体既当成是我们阅读故事和意义之方式的一部分,也认为它和这种方式是脱离的。在整个《弗朗西斯·培根》中,这张网络的主题(rubrics)和诸层面与"聚集"、"互动"、"共存"、"相关性"、"联结"、"连接"、"对抗"、"邻近"或"共同的精确性"(coprecision)等结合了起来。在对这些关系的描

158

述中,明显缺少原因和结果(一种力,它对另一种力产生了影响)、相互渗透(一种同一性,它被其他的同一性所吞没)和等级制(某个主题比其他主题更重要)等词汇。这既非一种系统方法——在此,整体比部分之和还要巨大——也非一种结构因果性——在此,诸层面就是原因而且没有什么越出其结果之外的同一性。相反,这张网是那些不具有意指性的(asignifying)特征、笔触、对可区别的特性的感觉以及形象性特质的集合体,它们允许我们分辨出或识别出它们。画家或许会认为这些特征就是画笔的笔触或痕迹;从德勒兹的观点来看,它们都具有自己强度的现实性或确定性,都在神经系统中具有自己的情感的音区(affective register)。这些痕迹、感觉和主题(rubric)伴随着可变的强度而流动,超越了那些受到表象习惯的压迫,要去"统治视觉"(FB:12)的思想与实践。它们共同构成了一个"感觉的团块"(block of sensations),一幅主题(rubrics)之间的关系地图,但这幅地图辽阔如一片界域,这幅地图就是那片界域,它超出了表象的习惯能够令人信服的理解范围,在这幅图中,主题(rubrics)相互折叠,从而创造出了复杂性与可能性。感觉之网就是超越了理智的感觉的整体,它无法被"概括"或"计算",甚至当它把主体、意义和表象的感觉都囊括在内时,它也需要创造的可能性。

第一次看《黑客帝国》这部电影时,我就"感受到了事件",尽管我不确定为什么它激起了我这种情动。正如培根指出的,"某一幅画直接就给神经系统留下了深刻印象,而其他的画则通过理智的长篇大论给你讲故事,搞清楚这种现象的原因是非常非常细密而又困难的一件事"(Sylvester 1987:18)。更要紧的是,在阅读德勒兹的过程中感受这一事件(并非同时发生,而是两者在空间中叠合)有助于我感受到感知(sensing)——而非认识(knowing)——感觉的逻辑的重要性。《黑客帝国》显然影响了许多观众,产生了一个对《黑客帝国》进行评论的虚拟产业。但大多数评论都在寻找这部电影的意义,对它关于性别、青春期、暴力等的表现进行批判或辩护,分析它表现世界的准确程度和不准确程度,估量它预言未来的潜能,或者仅仅是打算把这个故事说清楚或对它加以扩展。《黑客帝国》是关于什么的呢? 就像照相写实主义(photorealism)一样,《黑客帝国》这种谣传的表象式表演(a purported representational rendering)四处传播着,冲击着我们,它把我们理解它的途径,我们体验和探索感觉的能力殖民化(或辖域化)了。正如最近一期《探索发现》(*Dicover*)所宣称的:

> 即便你没有看过《黑客帝国》和它的续集,你也很可能知道这部电影的基本预设:它是在遥远的未来,智能机器统治了世界,它们已经学会了利用无所不在的,而且先前未被充分利用的电能——人类。那些机器以大工业的方式"培育"人类,吮吸人体产生的涓涓电流。你、我——我们都是电池。

(Burdick 2004:15)

千真万确;即便你没看过它,你也知道这就是它的意义。至少,这就是我们必须开始的地方。我们可能会发现它表象了更多的内容——心理斗争、爱情故事、世界末日之后的世界、神话传奇、善恶之间的对决等——这些内容都有助于通过填注或"完善"其意义来理解这部电影。那些意义都不是感觉,都不是肉体本身的感觉。

通过体验另一种方式,通过进入事件并体验其身体感觉,《黑客帝国》提供了别样的理解。在上面关于"质料"的这一部分中,我提到了四个(当然,还有其他许多)主题(rubrics),依靠它们,人们就可以越过《黑客帝国》,去"感受事件"了。这些主题(rubrics)不是该影片所关注的。相反,它们是被积累和凝固的感觉,彼此共存、聚集、叠合。我邀请你们从这些感觉空间的内部,即从感觉起来像是青春期的那么一种空间的内部,来面对《黑客帝国》。这部电影并不是关于青春期的,但由于各种原因我只能开始猜测,这部电影直接给神经系统散播了青春期的感觉。它们是具体真实的感觉,使在青春期中运作的不可见的力量变得可见,这些力量被施以典型的辖域化,使之成为青春期的诸种形式。尽管所有视觉经验可能都不与这些感觉有关联,但感觉就在那里并被身体所感知着。若要把人唤醒,让他作为旁观者去经历这种感觉,人就必须"进入"事件,体验身体中的这种感觉并生成这种感觉。《黑客帝国》的成功和流行指向了一种可能性,即它的许多观影者都是旁观者,他们虽然毫不知晓电影是如何工作的,但他们仍然感受到了这个事件。节奏占有了身体,同时忽视了理智。

在进入这个事件时,我感到"迷失与发现,平面与深度"这个主题(rubric)以情感的方式描绘了一幅关于孤独、冷漠、怀疑和青春期遭遇的图画。例如,尼奥(Neo)这个主要人物"迷失"于日常生活之中,直到他被反抗组织(Resistance)"发现";然而,一旦被发现,他就必须接受苦难,作为自己得救的条件;而"闭着眼睛学习"这个主题(rubric)则以情感方式描绘了一幅在没有老师,没有纪律或持续努力的情况下学习的画面。例如,片中人物只需要用机器把信息迅速注入他们体内,就可以学到可能需要好几年苦工才能获得的东西;如此一来,学习就像机器,它是以求知的需要(need-to-know)为基础而被输送出来的,而且在物理上也很便捷,即便在短时间内会感到精神疲乏。"身体的感觉"这个主题(rubric)以情感的方式描绘了一幅使用计算机、使用毒品、犯罪以及在扼杀精神的世界中寻找真理和自由的画面。比如,使人筋疲力尽的电脑黑客犯罪恰恰利用反抗组织拯救了尼奥;犯罪的感觉和被拯救的感觉成双成对。而"爱情的色彩"这个主题(rubric)则以情感的方式描绘了一幅凭借浪漫爱情摆脱孤独、怀疑和毁灭的画面。例如,崔妮蒂(Trinity)[2]对尼奥的表白让他起死回生;因此,浪漫爱情的非现实表现是抵抗死亡的最终的拯救力量。虽然不可能在这么小的篇幅中描述这四个主题（rubric）——我几乎没有充分地利用它们——的有节奏的相互交错（好像它们从《黑客帝国》的故事中横穿而过），但我至少可以说，它们作为一种感觉的逻辑、一种感觉之网相互结合在了一起。德勒兹会说，它们彼此不同，处于相异的层面，但靠着一种节奏性关系而共振、颤动、流淌，而不是成为一个故事或为故事提供背景。我甚至认为它们比故事还要更加精彩，因为它们进入了青春期，也就是进入了"属于"青春期的"物质效果的总体"（ATP：260），一个被严重误解的情感领域。进入这个情感领域能够帮助我们理解感觉的逻辑，在其内部，某些生存方式具有了意义（make sense），其中包括这样的事实，即某些种类的暴力也能说得通了。正如德勒兹在评论培根的一幅有关摔跤手的作品时乐观地指出的那样：

> 正是在这种可见性内部，身体能动地进行着抗争，同时肯定了胜利的可能性，只要这些力量一直不可见，一直被隐藏在削弱我们力量、转移我们精力的景观之中，这种可见性就无法获得。现在，抗争似乎成为可能。和阴影的斗争是唯一现实的斗争，当视觉遇到作为其前提条件的可见性力量时，它揭示出了一种能够战胜不可见力量，甚至把它当成朋友的力量。

161

（FB：52）

感觉的逻辑：色彩

感觉的逻辑——比如那些在绘画，在《黑客帝国》，在德勒兹的文章，或者在任何事件或独特的时刻中被赋予的东西——从来没必要是一项固定在时间与空间中的完整计划。一种被装配好的感觉的逻辑（assembled logic of sensation）实际上运作起来就像德勒兹所说的"图表"（diagram）或"接力赛"（relay），当它完成或构成了一个"停点"（stopping point）的时候，"总会产生超出它自身之外的效果"(FB:111)。因此,我们总有大量的机会成为始终存在于那里的感觉的旁观者或参与者。此外,正如德勒兹所表明的,通过开始欣赏那些按照常规总是被边缘化的情感所扮演的角色,寻找奇妙的相遇——其目的是打开新的感觉、打开富有创意的可能性——也就有了意义。德勒兹鼓励我们探寻那些可能会触动我们,感染我们并把我们嵌入事件的褶子,嵌入感觉逻辑的脉冲当中的绘画、电影、音乐片段或事件。这种相遇并非娱乐,而是知性的发现,是依靠哲学摆脱哲学(ABC:"C:文化[Culture]")。如果找不到这种相遇,我们就更有可能站在"既定事实"的巅峰,仍然通过或依靠现成的、被表象的东西以及陈词滥调来定义我们自己:用梦游般的(somnambulistic)[3] 技能来绘制图解和进行表象;只通过意义和表象的习惯来观看;只看那些我们已经知道的东西;再生产同样的事物。汤姆·康利(Tom Conley)评论了《弗朗西斯·培根》这本书,他提醒说,"让陈词滥调在精神界与视觉界中实行统治,这种观念同样导致了一种政治"(2003:143)。秩序就是用这种陈词滥调构成的。当面对陈词滥调和束缚生命的政治秩序时,德勒兹挑动我们去释放可能性,用另类的方式点染世界,推动新的政治现实,使生命朝气蓬勃,而且诚如培根所指出的,"把强度带回到……现实"(Sylvester 1987:172)。即使是在最具压迫性的条件下也存在着可能性。就像布莱恩·马苏米(Brian Massumi)所强调的,"甚至在最具决定论色彩的系统中,也有某种客观程度上的自由。即便根据最严格的法律,也有某些运动存在于各种运动的汇聚之中,把条条框框突然翻转成自由的条件"(Massumi 2002b:222)。

为了回应德勒兹的挑战,为了翻转那些条条框框,我们首先需要感受到感觉的逻辑——秩序就是靠它装配起来的——其次则需要释放那些富有生产性的感觉、新的色彩、新的逻辑。我们都要依靠"既定事实"来工作,无论是画家、电影制作者、舞蹈家、作家还是旁观者、观众或读者。德勒兹写道,"整个斗争发生在画家和这些既定事实之间的油画布上"(FB：81)。同样,整个斗争也发生在我们每个人心中的哲学家和既定事实——我们伴随着这些事实而生活——之间的生活中。相遇打开了一个空间,让我们释放那些在徒劳的生活,在辖域化的染色过程中已经被排斥的、贬低的、削弱的和征服的东西。最后——实际上是在这场斗争中——德勒兹并未废除意义和表象,因为完全放弃辖域化秩序只会导致纯粹的混乱。但对于德勒兹而言,再多的混乱或突变也是令人欢欣的运动,因为它标志着和新秩序相关的"事实的可能性"以及"秩序或和谐的萌芽"(FB：83)。打开感觉的新领域——新的色彩、声音、节奏、气味、质地、渴望、欲望、实践、感觉、信仰、姿势和认识——产生了新的事实、新的事件、新的节奏关系、新的感觉的逻辑,总之:新的欣赏生活的方式与新的生存方式。因而,我们可以和德勒兹一起接受这项挑战,消灭那些扼杀生命的陈词滥调,与强化生命的色彩与节奏为友,它们已然凭借未被承认的强度跃动起来了,并且欣然接受了那些释放了创造之可能性的偶然事件、相遇以及混乱。[4]

注释

[1]　rubrica 在拉丁文中有如下几个意思:(1)红色的土壤;(2)红颜料,赭石;(3)用红色写的法律标题;民法(参见谢大任主编的《拉丁语汉语词典》,商务印书馆 1988 年版,第 481 页)。德勒兹所使用的 rubric 一词,在英语中有"红色的标题"的意思,这里权且译作"主题",但它和一般的"主题"有区别。德勒兹用此词想表达的是,它不是指涉现实内容的"主题",而是表现了某种感觉和强度的形式主题,正如"红色"带给人一种醒目的视觉冲击一样。——译者注

[2]　崔妮蒂(Trinity)是《黑客帝国》中的女主角。——译者注

[3]　原文为"sonambulistic",疑为"somnambulistic"之误。——译者注

[4]　关于德勒兹的培根研究的最新著作包括托马斯·盖斯肯斯(2008),法蒂玛·卡比尔(2010)和《德勒兹研究》(*Deleuze Studies*,3(2),2009)中关于德勒兹与培根的专门章节(D.C.安布罗斯、安德鲁·科南和西蒙·奥沙利文所写的文章)。

电　影

⊙ 弗利西蒂·J. 科尔曼

他就说了这么多吗？他所说的好像不止于此吧。

——鲍勃（比尔·默瑞饰）对翻译说[1]，

《迷失东京》（*Lost in Translation*，S. 科波拉导演，2003）

讨论德勒兹的电影著作——《电影 1：运动-影像》（*Cinema 1：The Movement-Image*）和《电影 2：时间-影像》（*Cinema 2：The Time-Image*）——的标准可以用非常简单的方式来概括：我们如何以及在何处看到、听到并且感受到对存在的感觉？在识别有关生活的叙述、概念和结构的过程中——与此同时在电影中产生了意义的影像——学到了、失去了、耗费了、发明了什么？在电影中，相互关联着产生的思维-感觉（thought-perception）活动是如何发生的？又当如何来分析？

如果观众从任何一部电影中选择出最喜欢的色彩、人物、对话、瞬间、运动、声音或姿态，那么，那个层面（aspect），那个人物或那件事就在它们自身与观众的语境性感觉空间（contextual perceptual space）、美学偏好、历史瞬间的并置（juxtaposition）中产生了自己的特点和/或风姿。这一大堆可能性的联结与配合提供了感觉力(perceptual power)的脉冲通道,并在实体之间生成了感觉。据德勒兹所言,电影提供了这类思想通道,把自己展示为一个深厚的,有时又很严密的,覆盖了可见世界的表面。

德勒兹的电影著作处理了四个彼此关联的概念,并以此描绘了一门电影哲学:这四个概念是运动(movement)、影像(image)、识别(recognition)和时间(time)。这门哲学为理解电影的方式和场所装配了一副认识论的支架,也给"电影在当下、过去和未来是什么样子"这个考古学问题提供了答案。对德勒兹这代思想家而言感同身受的是,第二次世界大战标志着 20 世纪中叶欧洲文化中的一个分裂的转折点,正是凭借这种断裂,德勒兹才记录了一门电影的历史的知识型(epistémé):从一种行动的影像转向这么一种影像——在那里,运动产生了,它在绝对而又自足的视觉或声音影像的感觉通道中产生了(C2:1-3)。

我在这里考察的四个整体性概念为走近电影分析提供了一门实践哲学——即以电影制作人的亲身实践为基础的一种模式——还提供了关于电影的接合、束缚(captivity)、联系、想象以及创造的一般技巧。德勒兹分解了电影事件,探索电影情境中的时间性行为(temporal demeanour),描述它围绕这些可能的概念观点运作的维度结构。其结果就是现代主义艺术形式实践和 20 世纪哲学重新协商的一种混合物。[2]

在《差异与重复》中,德勒兹承认,他的哲学就是一门提出"描述性概念"(descriptive notions)的哲学(DR:284)。但是,德勒兹的艺术形式概念驳斥了柏拉图的模仿说这个西方哲学世系(参见"柏拉图和拟像",LS:253-66)。这些争论在后结构主义和后现代主义关于建筑、音乐、文学、艺术和 1960 年代至 1990 年代的时尚潮流的讨论中一直存在,它们关注的是艺术的模仿实践,诸如挪用(appropriation)、效仿(imitation)、重塑(remodelling)、取样

(sampling) 和模拟 (simulation)。围绕着模仿程序展开的批判与哲学思索,涉及广泛的关于真理和现实问题的哲学思想——对元伦理学的关怀而言,它具有形而上学性——以及自相矛盾的思想体系 (aporetic systems of thought)。德勒兹的艺术概念既是 20 世纪中叶这一历史语境的产物,又是对它的排斥,它依靠的是对原始结构的正统配置提出挑战。

作为分析所有以屏幕为基础的声觉和视觉影像的核心文本,德勒兹对电影影像过程的描述引起了共振,尽管在《柏格森主义》(*Bergsonism*, 1966) 中,它一开始只是“评论”和发展了亨利·柏格森 (Henri Bergson) 讨论直觉 (intuition)——它是理解时间范式的一种方法论——的著作。[3] 对德勒兹而言,对柏格森的评论是进入电影形式的通道,尽管他以前的工作——比如在《经验主义和主体性》(*Empiricism and Subjectivity*, 1953) 中讨论了组分与其整体之间的相关运动、在《康德的批判哲学》(*Kant's Critical Philosophy*, 1963) 中讨论了审美判断力,在《差异与重复》(*Difference and Repetition*, 1968) 中讨论了重复中体现的分裂性关系——为他分析具体的电影作品的方法提供了背景原则。柏格森认为时间与空间中的延续点 (durational point) 具有独特性,正是这个论点形成了德勒兹的方法论基础。《电影 1》中展示了对柏格森的两次评论:“关于运动的论述”(第一章)(理解运动的形而上学的三种途径)和“运动-影像及其三种变体”(第四章)(讨论影像和运动-影像)。在《电影 2》中,德勒兹又展示了对柏格森的两次补充性评论:“从回忆到梦幻”(第三章)(讨论回忆、视觉符号和声觉符号)和“现在尖点与过去时面”(第五章)(讨论时间与记忆)。

电影揭示了通过共存的身体来制造关系的技巧和手段,以及一门共享的地形学 (topography) 的可能的协作或催化效果,这门地形学属于德勒兹所描述的关于“前语言学影像”(pre-linguistic images)和"前意指性符号"(pre-signifying images)的"分类学"(taxonomy)(C1:xiv)。其结果展示出了一种判断标准,用来理解在运动和影像之间的转移中、在识别或回忆影像之间的转移中丧失了什么,以及理解影像在时间中的迁移与合并。

作为阅读德勒兹整个电影著作的一种手段,我利用了索菲亚·科波拉的《迷失东京》这部电影中时间存在(being-in-time)的声觉和视觉影像配置,利用了它把电影明星和哲学系毕业生[4]融为一体的主人公。[5]对于德勒兹来说,思考电影是由思考各种关系构成的,这些关系产生自各种各样的书写形式——关于生活,关于人的经历,关于政治、压力以及对现实世界的回应和态度。在这样的努力过程中,他受到了哲学前辈和他所喜爱的电影导演的同等的指导,对于他而言,这些电影导演的片子通过这些表现给出了太多的理由,让我们对这个世界以及其中的人和事充满信心。正如德勒兹在《电影2》中所指出的:

> 再也无需对一个另类的或改变了的世界表白信念了。人生活在这个世界中,就好像生活在一个纯粹的视觉与听觉的情境中。人们对此做出的反应只能用信念来代替。只有对世界的信念才能把人重新和他所看、所听的东西联系起来。电影必须展映的不是这个世界,而是对这个世界的信念,我们唯一的纽带。恢复我们对世界的信念吧——这就是现代电影的力量(当它不再变得糟糕的时候)。

(C2:172)

在下面的篇幅中,我将对这四个概念进行素描,把它们描绘成彼此相关、互相矛盾,不可等量齐观,同时又具有多个方向、多个维度的概念。我在整篇文章中使用的移动(translation)和丧失(loss)的动词性概念——将要丧失(to be lost),通过移动(in translation)——是这里将讨论的德勒兹的四个关键概念——运动、影像、识别和时间——的基底(subtextual ground)。

运 动

> 上午 4:20,东京柏悦酒店,鲍勃醒来了,看了看闹钟。
>
> ——《迷失东京》

"运动就是空间中的转移",德勒兹强调(C1:8)。对德勒兹而言,电影中的运动和符号技巧、习惯、创意以及有成效的创造不可分割地联系在一起。他问道:电影是如何传递抽象特质(比如思想、知觉、认识、时间和空间)的运动,而又无需假设观众拥有一张用来进行翻译的抽象美学的词汇表? 为了对碎片进行装配与拆卸,为了创造并描述整个经验与知识的领域,电影占据了一个双曲空间和"电影网络"(C2:237)。电影中的运动是诸多复杂的认识过程的互动性转移,这是一次活跃的行程,它可以成为联想机器(association macines),其目的就是力、欲望之流和后天认识过程的断裂。"空间中的运动",正如德勒兹所描述的那样,"表现了一个变化的整体,恰如鸟类的迁徙表现了季节的变迁"(C2:237)。

电影需要观众,这个观众带给电影屏幕的不光是她的眼睛或耳朵,还有她的具体化的感觉,记忆,审美的、意识形态的以及伦理的偏好。德勒兹关于电影观众的概念是指这么一个人,他通过表面的情感和屏幕事件中的情感而被附加在电影影像上。这个旁观者的在场以有机的方式重新组织了事件,她的实体性附属物(corporeal appendage)提供了一种被扩展的意识、被放大的屏幕。运动的发生,依靠的是观众理解电影中的视觉和听觉影像时未被决定的主体性(non-determined subjectivity),运动也在这种主体性中生存。[6]

对德勒兹来说,电影机器的作用好比一个中转器(translator),运送世界的各种时间形式(现实的、想象的、过去的、现在的和未来的)中的影像运动和感觉意识。德勒兹的电影哲学试图解释当你观看电影时发生的识别(recognition)的积累过程,它是这样一种渐变的、瞬时的,在思想之间被建构、被拖延的感觉(perception),而注意力的分散则抑制并忽视了它:"电影就像一个转换器,或者更准确地说,像转移运动的一个普遍代用品"(C1:4-5)。在电影的例子中,通过德勒兹的另一个概念——晶体(crystal)——来思考转移是很有用的。在德勒兹的哲学中,电影代表着时间模式的晶体性转移(crystal translation),代表着它们影响并加紧移动全部意义节点的方式。[7]晶体是一个地质学和数学的术语,它能够通过把开放的(棱镜)和/或封闭的(立方体)以结晶的方式——有些方式需要其他方式来完善,而有些方式则通过它自身就可以完成——聚集起来而形成,德勒兹正是因为它的这种结构惯性而使用了它。

　　想一想科波拉的《迷失东京》结尾的那个时刻吧,彼时鲍勃(比尔·默瑞)给夏洛特(斯嘉丽·约翰逊)说了些悄悄话,外在于剧情的观众是听不见的。鲍勃和夏洛特是已经连在一起的人物形象,一次偶然相遇在具有西方气质的背景环境中提供了令人满意的机运。他们相遇在一条以不对称的方式同时存在的、持续的生成通道中。他们对社会改革、友谊、婚姻、存在的某些方面大加评论,但由于习惯、其他的个性以及责任义务,他们又必须分开。这个离别的时刻也包含着逐步发展的时间的迂回——那听不见,但却可以看见的耳语——这是一个晶体的瞬间,影像在此处把叙事信息和一个即将产生的、真实的感觉瞬间的通道结合了起来。正如德勒兹所表明的,"作为期盼的一种有机形式,需求是未来得以出现的手段"(DR:73)。

在德勒兹的现代电影中,晶体指的是点在空间中的这种游牧式转移(nomadic translation)。德勒兹坚持认为,游牧运动需要静止性(motionlessness)(参见 ABC:"Ⅴ:远行[Voyage]"),而不需要过多的移动(N:138)。游牧运动发生在这些视觉和声觉影像以及"感觉"与"情境"中(C2:55,62)。这个点可以是某个场面(事件)的影像和/或声音,或者是它的作为结果的存在个体性(consequential haeccrity)(声觉的和/或视觉的)。电影过程的晶体影像(crystal image)就是这样一种影像:它对真实的和虚拟的事物进行搜集、整理和拼贴,以展现意义范畴的晶体式转移。这个过程不同于"蒙太奇"(montage)概念——它本质上是电影内部装置的一种技术手法(C1:29-30;C2:129-30)。电影为晶体式转移的产生制造了一个阈限(threshold)。德勒兹站在思想的高峰——数学的、动力学的和辩证法的高峰——上来解读运动,在那里,"晶体叙述"(crystalline narration)已经阻遏并"截断"了运动。

运动中沉默的悬置、有节奏的停顿创造了难忘的时刻,永恒的爱人的轻抚。在《迷失东京》中,观众永远听不到的悄悄话是一个声觉符号,是一个沉默的声音阈限,也是一条通道,包含着欲望和时间持续的可能性轨迹,而它们已经切断了古典电影中的行动-影像运动(action-image movement)。声觉符号和视觉符号的运动是一些时刻,它们的确向前推进了电影-时间(film-time),并且为创造、维持并转化意义提供了符号标志。这个时刻不是线性的、按时间顺序展开的,而是偶然的、曲线的、被结构化的。它展现了电影如何在它的晶体化层面,在它的感觉意义的游牧运动中俘获时间;它是一个属于思想-影像的时刻。

168

(声音)-影像

> 喵,喵,喵。西尔维娅(安妮塔·艾克伯格饰)养的白净松软的小猫,在罗马。
>
> ——《甜蜜的生活》(*La Dolce Vita*, F. 费里尼导演,1960)

观看事物既可以在观念的层面上,又可以在感觉的层面上完成。一个声音可以让我们"看到"某个影像或感觉;例如,小猫的叫声可以让人想起壁炉边的家庭生活,童年常去的地方,一种触觉或心理的联想。一种气息,一种味道,一次触摸——都具有通过联想而构成"视觉"(vision)的这种普鲁斯特式能力(Proustian ability),德勒兹称之为"影像的法则"(C2:210)。德勒兹把他的电影著作分成两部分,分别关注电影对两种特殊影像的表现,一是运动-影像(movement-image),二是时间-影像(time-image)。反过来,这两种影像又通过特定的影像类型以及与其意义相容的符号来加以区分和讨论。在《电影1》中,德勒兹命名了古典电影影像建构中的三种关键活动:动作(action)、情动(affect)和感觉(perception)(C1:64-5)。这些影像在某些电影"类型"中是显而易见的,每一种都有助于对在电影内部装配起来的事物(无论是人、猫还是别的什么事物)进行社会政治的建构:这是一个具有关联性的影像(a relational image)。在《电影2》中,据德勒兹声称,现代电影经验是以意大利的新现实主义电影为开端的。随着新现实主义风格的出现,在数不清的电影的表面中,一种把时间-影像合并在一起的语法出现了。[8]

德勒兹的电影哲学将通过它的情动-感觉-动作的性质,来描绘一门与镜头使用的型式以及整体的空间情动(spatial affect of the whole)有关的电影影像符号学。为了表述这种时间-影像,德勒兹说明了视力(visual)和/或视觉影像(他称之为视觉符号[opsign])、声觉影像(声音符号[sonsign])和触觉-触摸影像(触觉符号[tactisign])之间的差异(C2:13,92,251)。从影像-符号创造的向量出发,德勒兹描述了"反射面和紧张的微观运动"这两极(C1:88),它们成为居于"中间"(between)的"自动影像"(automatic images)(C2:178);或者,引用莫里斯·布朗肖(Maurice Blanchot)的话说,德勒兹把这些向量描述为"一种间隔的眩晕"(a vertigo of spacing),一个整体的影像,它存在于被编辑的声音和影像之间的空间里(C2:180)。

169

通过舞台调度(mise en scène)的电影技巧,空间意识凭借声音、光线、对话、动作和人物的运动及其他要素而被建构起来,电影导演创造了德勒兹(遵从莫里斯·布朗肖)总结为影像的"故事"(gest)的东西(C2:192)。故事就是当实体汇聚在电影中时,其"情态"(attitude)的彼此关联的节点,无论是声觉的、视觉的还是触觉的;故事为导演创造影像提供了本质的联系(C2:192-3)。对于德勒兹来说,影像和电影意象(film imagery)的自我反射叙述通过生命周期的影像致力于意义的建构,同时形成了一种"再度的联系"(re-linkage),使得电影中理智性建构这一部分成为"思想影像"(image of thought)(C2:215)。据德勒兹说。故事就是对身体的戏剧化,身体是影像和思想之间关系的一个重要组成部分:它是"一个拓扑学的理智空间"(a topological cerebral space)(C2:211)。德勒兹说,"故事必然是社会的和政治的……具有生命活力的、形而上的、审美的"(C2:194)。

影像是电影的力量,它能够再生产并引起化学情感和理智情感,使它产生,使它被唤起并迫使我们承认它,通过依靠参与(participation)而产生的关于世界的生理感触和感觉。德勒兹阐释了电影理论家让-路易·舍费尔(Jean-Louis Scherfer)关于力量的特征和本质以及电影影像的错觉性的论述:"影像一呈现出运动的偏差,就实现了世界的悬浮(a suspension of the world),或者通过一种中断(disturbance)影响了可见世界"(C2:168)。这个中断,正如德勒兹在他的整个电影著作中所表明的,采取了一种运动影像的形式——一种"在事物中对时间的持续的嵌入"(B:94)和/或一种时间影像——这是一个真实的"同时存在的"集合体(B:93)。电影喜欢玩弄虚幻的思想影像,即关于迷梦、幻想,关于无法承受之事,关于电影经验"纯粹状态中的细微时间"的联想(C2:169)。正如我在下一节将要讨论的,德勒兹把影像的虚幻性力量和记忆、回忆的过程连在了一起。影像的力量也取决于其情感能力(affective ability),以及我们对那个影像及其对身体的情感作用——即那个影像的化身——的判断(B:25)。[9] 在透过影像的情感作用(即斯宾诺莎所使用的情动[affect]这个词[1982(1677):77]——也就是要开始从事某件事)进行思考的过程中,德勒兹也以一种争辩的形式

170　探讨了萨特关于情感和意象的著作。[10] 萨特说,"'每一个影像'都被世界的环境所包围着"(C2:63)。在《迷失东京》中,影像的环境、情态在哪里呢? 如何来解释呢?

　　导演为了叙述故事而采用的分镜手段通常是设置一个物理场所(physical site)的影像。这个影像浸润着一种空间逻辑,该逻辑作为一种观念场所(conceptual site)而产生振动并且使空间与范围成为可能,以便诱发观众自己的感觉。例如,在大卫·林奇(David Lynch)不怎么有名的电视连续剧《双峰》(*Twin Peaks*,1990—1991)中,人们可以说物理场所是劳拉·帕尔默(Laura Palmer)那被塑料包裹的身体。在丹尼斯·塔诺维奇(Danis Tanovic)表现战争蠢行的电影《无主之地》(*No Man's Land*,2000)中,物理场所则是那躺在触发式炸弹上的活人的身体。在这两个脚本中,影像就是一个

场所,作为一个观念空间而被唤起,我们观众则追求那个空间,那个(已死的/将死的)身体;那个可怕的思想。场所变成影像,影像变成思想。在《妖夜慌踪》(*Lost Highway*,林奇导演,1997)中,作为一个物理场所的高速公路,它的影像统一了对回忆的黑色(noir)叙述。在《迷失东京》中,叙述的分镜手段是年轻女人的身体,老男人的身体和城市。这些都是一般性的影像,它们为无数的电影提供了分镜手段、观念追求和空间话语。科波拉的电影运用了两个身体(女人的身体、城市的身体)的物理布局,作为支持和/或强化这些影像的想象内容的记忆的地形学(remembered topography)。科波拉把这些影像展示为意义的聚集,而非无穷的,或无限的虚拟场所。女人身体的限度和城市的限度通过电影的情感声音表现了出来,这是一种淡淡的甜蜜,表现出一个优雅的人对这种身体的想象。电影活动中的差异来自关系的影像(relational image),它改变并重新装配了范式、符号甚至图像的一维性(unidimensionality),正如让-吕克·戈达尔(Jean-Luc Godard)所注意到的,"描绘(describe)就是要观察诸般变化"(引自 Deleuze,C2:19)。[11]

在《迷失东京》的核心场景中,鲍勃的宾馆房间的电视上放映着费里尼的《甜蜜的生活》(1960)。这部电影发挥着时间影像的作用,对话是意大利语,而字幕则是日语。鲍勃和夏洛特坐在电视机前,喝着清酒。夏洛特微笑着转向鲍勃。尽管他们在此时的关系中从未接吻或牵手,但他们都沉浸在爱人们共同的回忆中:第一次见面的地点、说过些什么话、私密的情意沟通的细节:

影像:西尔维娅(安妮塔·艾克伯格)抱着她找到的喵喵叫的小猫,轻抚它的皮毛,把它靠近自己的面颊。

声音:喵喵叫的小猫和**夏洛特**的画外音(voice-over):你记得我第一次和你见面吧,你在酒吧穿着一件小礼服。

影像:夏洛特[坐在地上,比鲍勃稍低,胳膊搭在他的床上,镜

171

头聚焦于清酒杯]:你很风度翩翩[她微笑着,说完这句话时闭上了眼睛]。我喜欢那个睫毛膏[她冲着自己的清酒轻轻地笑了笑]。

声音:喵喵叫的小猫。

影像:鲍勃[不同意地摆摆手]但我第一次见你是在电梯里。

影像:鲍勃躺在床上,夏洛特坐在地上,他们的脸互相转向彼此,离得很近。

夏洛特:真的吗?

鲍勃:你不记得了吗?

他们讨论了第一次见面,鲍勃(及观众)在电梯里注意到了夏洛特的微笑,可夏洛特却记不起来了。随后,他们又从紧贴在一起的面庞背转过去,每个人面部的"情感-影像"(参见 C2:32)都显露于他们的表情上,然后又回到了电视和《甜蜜的生活》。在这部电影中,屏幕上的西尔维娅在罗马的特莱维喷泉边上嬉戏,招呼她未来的情人与她一起狂欢。在这个场景中,两个时间影像同时运作,一个是过去的,一个是现在的。现在,对《甜蜜的生活》的推断和对《迷失东京》的推断连在了一起,一般的身体影像的巡回形成了一个"联合的整体"(aggregate ensemble),囊括了那些重新被接合的-被回忆起来的-可以被识别的欲望(ABC:"D:欲望[Desire]")。正如德勒兹提醒我们的:"重复若依靠被重复的事物,则改变不了任何东西,但是,在沉思重复的精神中,却确实改变了某些东西"(DR:70)。

识　别

如果说有时她向我表露出这些情感,那么,她也同样因为看上去并不愿见我,从而使我受伤,这经常发生在我最想让自己的愿望实现的那些日子里。

——普鲁斯特,《斯旺家那边》(*Swann's Way*, [1913]1981:438)

在《迷失东京》中,在叙述上把夏洛特塑造为一个年轻女郎,美国一所知名学府的哲学毕业生。她从一个城市搬到另一个城市,置身于一种异性恋的婚姻关系之中。她大概在经济上依赖于在外工作的丈夫,以满足其物质需要。她代表着一种享有特殊权利的闲暇的存在。在她的时尚摄影师老公工作的时候,她住在东京的柏悦酒店,因而摆脱了工作的束缚、老套的家庭生活,但她以某种另类的方式承认了自己被经济上的父权制束缚着。电影要给观众展示的,正是夏洛特的情感状态以及从现象学上观察到的她的存在:在她的世界所接纳和排斥的范围之中,她在本质上有何不同,她在面对世界时所采取的策略有何不同。她总是心事重重,这一点大都保留在她的讲话方式中,她并不热衷于太多的闲聊乱侃,而是爱问大问题,听提高自我的教育录音带,编织东西,吸烟,在她的宾馆房间里穿女士两件套毛衣和透视内裤,而在外面则穿稍微有些大的外套和时兴的裙子。她的步态摇摇晃晃,她的微笑也遥不可及,她是一个打扮得干净利落,皮肤白皙,金发碧眼的娇小美女。她为整个叙述提供的故事是一个观察家,一个倾听者的故事,是对围绕在她周围的杂音——关于她的性别所扮演的传统角色——的舞台反映。

然而,科波拉的叙述的思想-影像中,有一个层面涉及夏洛特那显而易见的被动性(passivity),涉及她这个人物对自己在世界中的构成方式的意识,以及她对那种生成需要——成为别的东西、别的人、到别的地方——的识别(recognition)。有的时候,她显得难以识别自我,这表现了她对世界的认识。她试图交流,但失败了——她无法把感受(例如通过电影开始时候的电话)转化成词语以回应经历——这是因为当面对一个强大的情感-影像时,她明显害怕失去自己的感受能力:

172

　　夏洛特[独自待在她的宾馆房间里,正在用电话交谈,几乎控制不住眼泪,她的声音受到了情感的激动]:这里很好,真的很好……嗯,我不知道……我今天去过神社了,嗯,那里有很多僧侣,他们在诵经。但我什么感觉也没有[从她的脸上擦去泪痕],你懂的,我甚至不知道我还尝试了插花,[摆手以示否定],约翰[她的丈夫]正在用这些护发产品,我真的不知道我嫁给了谁。

夏洛特试图把感受转化成语言,但没能通过电话把这一危机传达给她的朋友,朋友似乎也在全神贯注地应对着夏洛特的情感表现。

　　然而,观众对此表示同情,因为有之前已经向我们说明了她的思想的相关影像:有一个具有锋刃派色彩的关于树的镜头,这棵树上绑着白色的绳结标记;还有一个与城市风光的轻松相对立的孤独的人物形象——这些都是其他思想、其他生活、其他欲望、其他轨迹的预兆。正如德勒兹指出的,"记忆就是声音,它对自己言说、诉说或耳语,详细叙述发生过的事情"(C2:52)。通过回忆,观众可以将她的身份连同被赋予在屏幕上的她的人物声音提示,一起视觉化;夏洛特在"电影中的在场"(cinematographical presence)以及"光辉"(luminosity)(C2:201)是通过使用手持摄像机的人物视角拍摄法(观众通过她来观看,有的时候,一种摇晃的、缓慢的方式聚焦于眼部)而获得的,影片把它们和夏洛特周围世界精准对焦的影像编辑在了一起。在这个意义上,夏洛特的在场被识别出来了,我们观众以及夏洛特的世界中的其他实体(尤其是鲍勃)以某种方式来想象其生活地形学,而夏洛特之被识别,所依赖的恰是她的存在对这种想象方式的影响。

　　在《柏格森主义》中,德勒兹描述了作为回忆或识别的直觉的过程——这是电影的意义运动中一项重要的因素(C2:第三章)。德勒兹对柏格森的理解是恰当的,因为大多数艺术家(电影导演、视觉艺术家、有创造性的作家)都是靠直觉(intuitively)来工作,并以其个人化的方案为基础。识别以及艺术家——他们懂得那些从自身实践的观念和意识形态维度中形成的、具有生产性的联系——的自我承认和相互承认允许差异——实践和对影像的解释性语言(直觉、数据、记忆)之间的差异——去生产我们在这个世界中所寻找的东西(B：103)。[12]识别通过复杂的过程产生，而且也不只是在屏幕上观看影像。相反，这个影像必须包含思想的诸般过程，而影像在这些过程中则具有情感性、动作性和感觉性。正如德勒兹所写的，"在这个世界中，有些东西迫使我们去思考。这个东西并非识别的对象而是基本的相遇(encounter)对象……它不是某种性质而是一个符号"(DR：139-40)。通过许多对其面部的特写镜头，观众和鲍勃把夏洛特的故事视为一个可识别的实体：一个可识别的图像-相遇-事件，它存在于这个城市的并不明确的表面和空间之中(参见 C1：109-10)。她所表现的是哪一类与环境有关的符号呢？鲍勃通过"联想"又在她的微笑中识别出了什么呢？(ES：103)人们可能会注意到——就像德勒兹所做的那样——根据他对休谟的柏格森式解读，"主体是在既定事实中构成的"(ES：104)，而鲍勃立刻从夏洛特身上看到了生命的奇迹(在 connaissance 这个意义上的"看到"，同时指认识[knowledge]和识别[recognition])(B：14)。根据德勒兹的思想，对事物的识别可以被这样总结："直觉就是对差异的享受(jouissance)"(DI：33,译文有改动)。

时　间

174

神奇一刻,如此不同,如此新鲜

我与他人并无两样,直到与你相见

——《神奇一刻》(This Magic Moment,1972)

D.博姆斯(D. Pomus)和 M. 舒曼(M. Shuman)创作

娄·里德(Lou Reed)演唱,《妖夜慌踪》(D.林奇导演,1997)的画外音[13]

　　在时间中对某个瞬间的识别经常是通过意识到丧失(loss)而获得的,这是一种对失去的感受,甚至无法清晰地表述出来。确切地说,它只在一个虚空的空间、一个色彩的瞬间、一个声音、一间空屋中呈现自身,时间的本性就是让人的额头布满皱纹,失去愉悦和欢欣。正如德勒兹在评论"普通的"电影观众时所说的那样,普鲁斯特对逝去时光的追寻,或许可以拨动"我们身上那老旧的浮沉子"(C2:169)。但是,德勒兹把柏格森和休谟关于主体性的时间意识的理解附加在了普鲁斯特的艺术创造、思想创造和本质创造上面。[14]"因而,主体性(subjectivity)呈现出了一种新意义,它再也不是运动性和物质性的,而是时间性和精神性的:它是被"附加"在物质上面的东西,而非使之胀大的东西;它是回忆-影像(recollection-image),而非运动-影像(movement-image)(C2:47;德勒兹参考的是柏格森的《物质与记忆》)。对可能的未来的识别,对未来崭新而又异常的征兆的识别,通过影像而被揭示了出来,这影像处于时间的情境,或者——德勒兹遵照尼采的思想所描述的——逐步发展的"迂回"之中(C2:43)。所以对于德勒兹来说,除开机器的时间性工作这个机械的层面以外,电影中还存在着两种可能的时间状态:一种是有机时间(organic time),一种是晶体时间(crystalline time)。德勒兹对后者的意识符合20世纪的许多关于时间多样性的现代主义观念,透过重叠着的诸多层面才可以感觉到并表现出它们。[15]有机时间和晶体时间是相互依存的:"费里尼所说的话是非常柏格森式的:'我们在记忆中被建构;我们同时(simultaneously)是孩子、青少年、老年人和壮年人'"(C2:99)。

　　据德勒兹所言,在哲学思想中,"时间总是让真理观念陷入危机"(C2:130)。在电影中,时间为影像的意义和建构提供了基本的可能性基轴。[16]柏格森讨论了物质的时间变体和即时创造的事物的暂时性差异之间的联系,这提供了有助于形成德勒兹哲学——这门哲学讨论的是生活世界中诸多观念的情况及原由——的观念。但为什么电影从制造自我运动的影像转到了时间性的影像呢？正如德勒兹在他的《中间人》（Mediators，1985）一文中所写的：

> 电影本质上并不是叙事性的：当它把感觉运动的模式当 175 作自己的对象时，它才成为叙事性的。也就是说，银幕上的人在感觉、在感受、在反应。这必须具有可信度：某主人公在特定情境中作出反应；他永远知道如何反应……这一切都随着第二次世界大战终结了。突然之间，人们再也不真的相信有可能在情境中作出某种反应了。
>
> （N：123）

电影银幕会经常给我们展示回忆-影像，我们作为观众再也不可能与之建立什么历史的或文化的联系了，但它们依然可以是一种感动我们的力量，或者说，它们依然可以在其非识别性（non-recognition）中保持真实（C2：54-5）。这种影像凭借它们对思想、对记忆的"中断"（disturbances），凭借其对"时间'全景'"（temporal panorama）的展示，从而成了时间-影像（time-images）（C2：55）。[17]

在德勒兹对电影的解读中，时间的一切都和事物的生成（the becoming of things）过程有关，而且专注于这种经验的条件。"时间的延续（duration）并不仅仅是活生生的经验；它已经成为经验的前提条件"（B：37）。德勒兹并不很热衷于对电影意义做最终的读解，而是热衷于电影在建构那让我们大吃一惊的"神奇一刻"时所采用的句法结构。德勒兹很警惕对电影叙事的解读，他认为这种解读一无是处，"无论其清晰与否，叙事永远指向一个判断系统（system of judgement）"（C2：133）。电影的认识运动被时间的直接呈现"中断"了，"我即是他人［Je est un autre］代替了自我＝自我"（C2：133）。这就是电影的视觉和声觉语言超过了书面或口头语词的地方:在晶体的时间影像中,语词是没有必要的,前语言学的能指(pre-linguisitic signifiers)为面对这个世界提供了替代性选择。

在《迷失东京》中,鲍勃和夏洛特偶然相聚,依靠的是他们对标准的时间标记的肉体反应。他们的互相联系一开始就打断了他们的常规节奏,让时间的延续成为一张共同拥有的网络,成为他们共享的那未知的、不可预料的时间影像的背景。失眠使每一个瞬间都膨胀起来,能够让身处其界域之中的每一个人物更加远离由他们那确定的编年史自我(deterministic chronological selves)所产生的关系。夏洛特非常善于对懒散和乏味的时间模式的范围加以推移,并在日常生活的扩张,在它的复杂和变化中寻求欢乐。在遇到夏洛特之前,鲍勃显然在拼命挣扎,为的是消磨时间,耗费时间并尽快离开东京。在共同度过一段时间后——泡夜总会,唱卡拉OK——鲍勃和世界的关系发生了改变。他从事工作,以便延长时间,以便顺应在他周边出现的与夏洛特和他本人改变了的自我意识相关的生成——时间中的生成(becoming in-time),作为时间的生成(becoming as-time)。

在同时期写的一篇作为电影专著的文章中——即《论能够概括康德哲学的四种诗性表达》(On Four Poetic Formulas that Might Summarize the Kantian Philosophy)——德勒兹引用了阿尔蒂尔·兰波(Arthur Rimbaud)的"我即是他人"这句话来描述了我(I)和自我(self)在时间中的这一起源:"时间可以被定义为自己对自己的影响(Affect),或至少被定义为受自己影响的形式可能性"(ECC:31)。鲍勃在有编年史时间(chronological time)的拖拽中与时间的延续进行着斗争,这归根结底是一种"内在性的形式",不是"时间专门内在于我们;而是我们内在于时间,而且由于这个原因,时间永远把我们和通过影响时间来确定我们的东西分离开来。内在性不停地把我们挖掘出来,把我们撕裂成两半,分裂我们,尽管我们仍保持着统一"(ECC:31)。但是,由于时间一直持续,分裂、折叠也就一直存在,所以,"时间是由眩晕和振动构成的,正如无限的空间是由滑动和漂浮构成的一样"(ECC:31)。

对于德勒兹而言,当电影的概念表现了(存在的、生活的)意义符号时——这些符号通过它们与整体之间的纠葛,处于永远移动的过程中:这个过程是微妙的、不连贯的,也是不完整的——存在的方式(how)及处所(where)已经在他称之为现代电影的"任意空间"(any-space-whatevers)中被确定了(C1:111)。电影这个场所创造了可能的"存在方式"(C1:114),"无限的背景"(C1:59),"无法定位的[时间]关系"(C2:279)。在这个空间内部,我们发现了时间-影像的事件和现代电影的身体。

结 论

> 生活方式激发了思考方式;思考方式创造了生存方式。
>
> (PI:66)

这些关于电影著作的累积起来的论点,依靠的是对电影瞬间及声音的发现,或者是关于它们的互不连接的意识——德勒兹将把这些称之为电影的"唯一观念"(just the one idea)(N:38-9)——在这里,形式的和/或情感的变化产生了。一个位置被移动了。零度(degree zero)被凸现出来;你在节奏、距离中的位置被标注出来,被暂停下来;你被置于时间的延续之中。这个时刻不必然是一个实体性的配置,尽管电影总是注重其形式,以便让实体性的形态学关系模式能够产生。在 1950 年,加斯通 · 巴什拉(Gaston Bachelard)会把这种时间停顿说成是"时间的心理学现象"(2000

177

[1950]:49)。

　　在本文开头,我说明了对那个永不间断的过程——这个过程将成为我们讨论德勒兹电影哲学的鸿沟——的怀疑。电影的思想-影像提供了跨越这道鸿沟的桥梁,通过它我们就可以理解在存在的时间平台(temporal platforms of being)上的行动和反应。就像德勒兹和加塔利的"无器官身体"这个概念(《千高原》,第6座高原)一样,德勒兹对时间的讨论与主体性概念、意识以及存在之本性的可能性结构(过去的、未来的)息息相关。无器官身体是理解装置——主体性装置、自我装置以及能够引起强度之传递的装置——力量的一种方式;它是一个卵,德勒兹和加塔利说,是一个"充实的卵"(full egg),先于有机体(organism)和层(strata)的形成;是一个强度性的卵(intense egg),进行能量转换和族群的移置;也是一个密教的卵(tantric egg),跨越阈限(threshold),进入新的级度(ATP:153)。因此,无器官身体不是一个空间,它是物质,最重要的是,它是强度中的生成的潜在能量。如果我认为电影的表面是一个具有容纳性的、感觉的卵(a receptive sensory egg),一个能够察觉到世界的行动和/或事件的器官,那么我们或许就可以确定感觉的活力,它将重新把我们和政治及美学的世界联系在一起。因为正如德勒兹所言,"真理就是对存在进行生产"(N:134,译文有改动)。

注释

1 在《迷失东京》这部影片中,男主人公鲍勃是一个过了气的影星。影片的故事发生在他去日本接拍威士忌广告的这段时间中。在拍片现场,鲍勃因语言不通和日本导演多次产生交流障碍,而日方的女翻译也经常不得要领。上文所引的这句台词就是鲍勃在拍片现场对女翻译的质疑,他怀疑女翻译并没有完全把导演的意思表达出来。——译者注

2 这几本书产生于一个特殊的理论时刻——1983年和1985年(法文版

于此时出版,而其英译本则出版于 1986 年和 1989 年)——它们本身体现了后结构主义思想的经济状况,这种思想历史地确定并预示了它们电影和哲学分析中的方法论。对源自德勒兹电影著作中的那些概念的讨论和应用,请参见弗拉克斯曼(2000)、肯尼迪(2000)、匹斯特斯(2003)、罗德维克(1997)和沙维罗(1993)。

3   罗纳德·博格(2003a:194-6)强调了德勒兹理论之于戏剧和电视的应用。也可参见派翠西亚·匹斯特斯关于德勒兹电影理论在"当代媒介文化"中的应用的讨论(2003)。

4   《迷失东京》这部电影的女主人公夏洛特是一名耶鲁大学哲学系毕业生。——译者注

5   《迷失东京》有许多彼此分歧的解读;比如说《迷失东京是"迷失于种族主义"吗?》。关于这部电影的评论/梗概,请参见奥尔索普(2004)。

6   柏格森关于运动和变化的论述,为德勒兹关于作为实体或普遍性的身体在整体中的运动的观点提供了重要的背景(Bergson 1911:5)。正如德勒兹在《电影 1》的第一章中所讨论的,每当新元素被引入整体中的时候,那个整体的特性和维度,以及其中的一切都会变化。事物唯一的给定状态只有作为一种虚构描述才能存在,因为一切都从属于空间中的运动所强加的流动与变化。变化与空间中的"转移"就是那些差异的时刻,它们是持续变化的结果。德勒兹把直觉的瞬间描述为运动,而非延续(B:32-3)。随着现代天文学、物理学、几何学、微积分和电影的发展,身体的运动不是通过"瞬间"(instants)来理解的,而是通过可以被确定的某个部分(section)中的诸要素来理解(C1:8-11)。

7   柏格森的"物质的起源"(genesis of matter)这个概念(1911:249-64)也通过晶体的比喻而被赋予了力量。

8   关于不同类别或类型的符号的区分、行为活动以及德勒兹在《电影1》和《电影2》中所举的电影例子,请参见匹斯特斯(2003:"附录 A",227-8)。

9   关于德勒兹与情动的进一步讨论,请参见肯尼迪(2000:《走向感觉美学》[Toward an Aesthetics of Sensation],108-22)。而关于主体性和情动的

讨论,请参见特拉达(2001:《平行论哲学》[A Parallel Philosophy],90-127)。

10 参见让·保罗-萨特的《论想象》(*The Imaginary*,[1940]2004)和《情感理论概述》(*Sketch for a Theory of Emotions*,[1939]1962)。

11 关于德勒兹对电影中的文化差异和回忆的讨论,请参见马科斯(1999)。

12 在他的很多著作中,德勒兹都把这条观念发展的进化式路径——从虚拟到现实——视为微分的过程,这个过程通过把回忆与延续转化为直觉而产生——这是一种对生命选择的理解(PS:41-4;B:95-102;C1:113-14)。

13 《神奇一刻》的歌词。D.博姆斯和 M.舒曼创作的原版歌词中,第二行为"直到我吻了你"。

14 参见德勒兹通过其文章对这个观念的发展:《思想的形象》(The Image of Thought,PS:94-102)、《思想的形象》(The Image of Thought,DR:第三章)、《思想和电影》(Thought and Cinema,C2:第七章)和《电影,身体和头脑,思想》(Cinema,Body and Brain,Thought,C2:第八章)。

15 关于这一立场的历史性总结,请参见历史学家莱因哈特·科泽勒克([1979]1995:92-104)。

16 如果说,对另一个时刻、另一个影像、另一种回忆、另一种未来的识别是在电影的晶体(声觉符号-视觉符号)时刻中产生的,那么,德勒兹的兴趣之所在——时间的矛盾性,以及它和对存在与意义的协调(coordination)及结构(structures)的认识之间的关系——也就源自柏格森在《创造进化论》(*Creative Evolution*,1911)一书中的论述,这些论述关乎从物质到以时间为中介的事件的催化效果的多样化发展过程。柏格森对时间的熵性(entrophic nature)的运用使得德勒兹能够重估关于时间的陈词滥调,并对它们加以重新的塑造,他根据的则是熵的时间性法则,而这将要被他(和加塔利)发展为关于现实的根茎化过程的理解(ATP:10-12)。

熵(entrophy)是热力学中表征物质状态的一个参量,由德国物理学家

克劳修斯于 1865 年提出。其物理意义是体系混乱程度的度量。——译
者注

17 除了这篇文章以外,对德勒兹的开放而又持续的符号学路径,以及对
"第一性,第二性,第三性"概念——这里参考的是 C.S.皮尔斯的讨论——
的详细解释,请参见梅里尔(1997)。关于德勒兹对皮尔斯的讨论,请参见
博格(2003a:78-9,86,99-101),关于德勒兹的电影体系的进一步讨论,请
参见科尔曼(2011)。

第 3 部分

褶　子

从情状到灵魂

⊙ 格雷戈里·J.塞格沃斯

> 设想一种被影响的力量是十分可能的,它规定了整个宇宙的被影响的力量……
>
> （Deleuze 1997c,强调为作者所加）

下面是一个关于情动(affect)的故事,这个故事是一整套或一系列的相遇:和敌人与盟友充满深情的相遇,他们经常彼此邻近,有时又相互疏远,同时又非常地按部就班。尽管这篇文章在很大程度上是通过适当的名字(德勒兹、加塔利、拉康、利奥塔、福柯)推动的,但它同时也是一个关于不同的情动存在模式的故事。每一次相遇都稍稍转换了它的重点,同时又通过情动的重要形式——以及非形式(un-forms)——引领我们前进。应该记住,这些(作为点、线、氤氲之气和平面)的情感模式,按照其本性永远纠缠在一起。然而,它远远不止把两个或三个人卷入其中,尽管我们(似乎)是从两个人——德勒兹和加塔利——开始的。

简短的前奏:作为激情的情动,或当费力克斯和吉尔相遇的时候

> ……激情并非把人分解为某种无差异的东西,而是使之
> 进入一个充满各种各样强度的领域,它们持续存在并相互依
> 存……爱是人和主体的一种状态,也是他们之间的一种关系。
> 但激情却是一个次个人的事件(subpersonal event),它可以终
> 生持续……很难表述、传达——情动状态间的一种新的区别。

(N:116)

182　　当人们尝试理解是什么东西在 1969 年夏天让加塔利和德勒兹
第一次相互吸引时,莫过于从考虑"情动"所扮演的角色开始。毕竟,
加塔利(1964 年首次)提出了他的作为"僭越"(transversality)的精神
分析实践的概念——这个概念通过扩大相遇的背景环境,来容纳那
些情动的特性(affective qualities),它们不仅超越了心理意义上的人
际关系,也超越了人类这个太过狭隘的领域——以便作为一个深思
熟虑的替代性方案,代替雅克·拉康对分析者与被分析者之间的"移
情"(transference)过程的关注。与此同时,德勒兹——他的《哲学中
的表现主义:斯宾诺莎》出版于 1968 年——给他自己设置了一个任
务,即从斯宾诺莎的《伦理学》中重新恢复"情动"(affect),长期以来,
它在《伦理学》的翻译过程中被搞得支离破碎,而且被简化成了"情
感"(affection)或"感情"(emotion)。但德勒兹这里的计划并不仅是
一对一地用"情动"来代替被误译的"情感"。[1] 实际上,在斯宾诺莎那
里不是只有一种而是有两种情动(情状[affectio]和情动[affectus]),
而且不只有这两种情动,在它们两个之前和下面还隐藏着第三种情
动(作为天恩[blessedness]—至福[beatitude]或灵魂[soul]的情动),
而在灵光一闪之间,又不只有这三种情动,而是还存在着数不清的多

样的情动性(affectivity)(一个内在性平面)。

情动是独异性(singularity)的瞬间(有时德勒兹和加塔利会使用"存在的个体性"[haecceity]这个词,或者此性[thisness]),它从不受约束的影响,这个时刻中,普遍性倾泻而出,遍地横流——这是一种无限的一和全部(One-All)、无限的普遍和特殊(universe-singular)。这么来解释德勒兹和加塔利吧:他们就好像把一个鸡蛋啪的一下打碎,情动就同时从各个方向逃逸而出。某种情感在两个人之间分解消散,因而造就了诸众(multitude)(一片即将住满人的无限扩大的沙漠):情动就是次个人的事件(subpersonal event),就是激情的逃逸线(passionate line of flight)。

分歧的斯宾诺莎路径

> 作为人的灵魂的色彩,以及人的生成和宇宙奇迹的色彩,情动一直是模糊的、朦胧的,但对于事件来说仍是可以理解的,其特征是由阈限效果(threshold effects)的存在和极性(polarity)的逆转决定的。
>
> (Guattari 1996a:158)

> 事物从未穿越你所思考的地方,也从未沿着你思考的路径运动。
>
> (D:4)

在反思引导他们共同写作第一本书的那股冲动时,加塔利评论道,对于他本人和德勒兹而言,"我们在《反俄狄浦斯》中对弗洛伊德的反对是和反对拉康主义紧密联系在一起的"(AO:50)。虽然西格蒙德·弗洛伊德有段时间很严肃地尝试着对情动进行解释(特别是在他通过《梦的解析》[*The Interpretation of Dreams*]最早创立的"科学心理学"中),但雅克·拉康却把任何对情动的持续性分析都视为十足的误导。拉康对情动的直接攻击的时刻最鲜明地出现在他1953—1954年研讨班的最后一天中。塞尔日·勒克莱(Serge Leclaire)质疑拉康持续的轮番沉默以及他对情动的"直接攻击",为了回应这种质疑,拉康这位大师对他的追随者们宣称:"我认为人们必须把这个术语["情动"]从论文中完全剔除出去"(1988:275)。比这更为活跃的是,几周前,在同样的研讨班上,拉康告诉他的听众们,他们必须停止追寻情动(the affective),仿佛它:

> 是一种色彩,是一种必须在它自身当中才能找到的妙不可言的特性,独立于被挫伤的皮肉之外,而主体关系的纯粹知性的实现似乎也应该由它构成。这个概念是幼稚的,它把分析推到了一条奇怪的道路上……情动并不是一种可以逃避知性的解释的特殊的密度。

(1988:57)

但是,德勒兹和加塔利在他们共同的和各自的著作中恰恰选择去走这条"奇怪的道路",尽管他们会在一点上和拉康保持一致,那就是:"情动逃避知性的解释",并不用穿越你从事思考的地方(where you think),也就是说,并不用穿越那些存在着思想的形象(image of thought)的地方。

因此,正如德勒兹在他自己的研讨班上对听众说的那样:"每一种思想模式,只要是非表象性的,就可以被称为情动"(1997c)。一条情动的道路,不能穿过那些由表象和思想形象占据着主导地位或支配全局的地方。因为情动是思想形象之外的更进一步的东西:一个情动——首先作为斯宾诺莎的 affectio——就是(人或其他的事物的)身体在一个变动而又开放的系统中所经历的转变效果,而这个系统是由存在的各种各样不可胜数的力量及其关系构成的。更简单地说,情状(affectio)就是一个身体影响另一个身体,或被另一个身体影响的状态[2]。而情动（affect）却不能被话语，被形象或表象，被意识或思想所转变和限制[3]。同样重要的是，正如我们将要看到的，情动的概念具有自足性（不仅来源于理智，也源自情动的一身体性的描摹）这正是拉康（和后继的拉康派）拒绝接受的，他不认为这是一条切实可行的途径。

然而，正如拉康的传记作者伊丽莎白·卢迪内斯库（Elizabeth Roudinesco）（1997:52-6）所做的那样，思考一下拉康本人和斯宾诺莎那充满激情和特异反应的相遇，将会是非常有趣的。在拉康少年时代的卧室墙壁上，布满了图表和带颜色的箭头，它们记录了斯宾诺莎《伦理学》的灵活多变的结构，而拉康论文的题辞则是引自《伦理学》第三部分的话（命题57）——只要一个个体的本质与那一个个体的本质不同，那么这一个个体的情动与那一个个体的情动便不相同[4]。正如卢迪内斯库指出的那样，对于拉康而言，主要的问题是，1930年代初，当他最早阅读斯宾诺莎的时候，他没有意识到在《伦理学》中（特别是在他引用的论文的题辞中），斯宾诺莎使用了affectus和affectio这两个词来指称情动（affect）。法文译者夏尔·阿普恩（Charles Apphun）很不幸地使这两个词都成了"情感"（affection），从而摧毁了斯宾诺莎在"一个身体影响另一个身体或被另一个身体影响的状态"（情状［affectio］）和"身体通过其行动能力而产生的持续的、有强度的变化（增加—减少）"（情动［affectus］）之间所作的关键性区分。由于德勒兹和加塔利源自于后一种（作为情动［affectus］的）情动模式，这是一种开放的主体性维度——一种活跃的强度，同时又是中立的，或非个人性的（一种亲密的外在性）——所以在这段时间内，拉康的工作无法给予解释。

卢迪内斯库评论道，拉康花了"20年时间"（如果1953—1954年研讨班是一种标志的话，那就可能比20年还要长！）才开始用

"他对整个弗洛伊德学说的理论修正主义"来调整斯宾诺莎的情动概念(Roudinesco 1997：55)。但是,即便如此,在《反俄狄浦斯》出版的几个月后,拉康还邀请德勒兹到他的住所,让德勒兹成为他的信徒(但没有成功)。后来,他告诉朋友们德勒兹和加塔利剽窃了他的研讨班,更过分的是他们剽窃了他的"欲望机器"这一观念(Roudinesco 1997：348)。

制造欲望,或灵魂的普遍结构

> 主体性从来就不是我们的,它是时间,也就是说,是灵魂或精神,是虚拟之物……它一开始就是我们在时间中所体验的情动;然后是时间本身,纯粹的虚拟性,它把自身分解为两部分,施予情动的一方(affector)和接受情动的一方(affected),"自己施予自己的情状(affection)",这就是时间的定义。
>
> (C2：82-3)

在《海德格尔与"犹太人"》一书的开头几页中,利奥塔启动了一项讨论,说的是即便弗洛伊德懂得他讲些什么,所讲的内容还是被广泛地视为"纯粹无意义的,视为一种对意识毫无影响的情动。人们怎么能说它产生了影响呢? 一种不被任何人所感知的感觉又是什么呢?"(1990：12)。更要紧的是,在人类灵魂的肉体地形学(corporeal topography)中,这样一种情动——它具有影响和被影响的能力——又居于何处呢? 简单的回答是:在逝去的时间中。跟着利奥塔更进一步,就看到了德勒兹所发现的、关于普鲁斯特的《追忆似水年华》的引人入胜之处,它太令人难以置信了:"过去确定了遗忘这一面,但它比任何一个过去都要更接近当下的时刻,同时,它不能被自愿的和有意识的回忆所要求——德勒兹说这个过去并未过去而是永远存在于那里"(Lyotard 1990：12)。德勒兹从普鲁斯特那里抽取出来的重复多次的咒语——"现实而非现时,理想而非抽象"(real without being actual, ideal without being abstract)——成了德勒兹讨论虚拟(the virtual)时的速记公式。[5]

从一个(相当具有人性的)角度来说,虚拟可以被部分理解为已经发生的:一个独立存在的过去,在遗忘的这一面上充满情感的积淀。然而,关键在于,虚拟也总是和(作为生成的)正在发生的事情或同时将要发生的事情相接触,并以一种积极的—情动的方式参与其中:它超出了意识,是一种情感的积淀,持续不断地向着它在未来的变异的现实化(differentiated actualization)而逼近。虚拟大概最容易被认为是那些在逝去的时刻中蒸发掉的东西,它们从未真正在我们有意识的思想中呈现自身,一般说来,这是由于这些时刻(在其各种各样的背景和可变的延续性中)的到来,依靠的是某种伴随着强度而降临的、并不充足的力量或其他什么东西,这种强度完全是被分散的或模糊不清的。当它们滑入意识的阈限之下时,利奥塔写道,这些具有强度的情动(affectus)的迁移就"'具有了超越性',正好像天空和大地超越了鱼的生活一样"(1990:12)。实际上,强度迁移中的这些低等的倾斜变化具有太强的超越性,以至于"时刻"(moment)这个词并不完全合适。作为构成"生命"的(一切空间和时间的)中间时刻(between-moments),这个持续的情感积淀过程(随着时间的流逝而调整自己)构成了我们大多数的日常生活。

利奥塔坚持认为,即便当它被这些情动强度持续建构或再建构的时候,灵魂也总是被超越的;他认为这种力量和力量关系的系统"确实需要一个普遍的结构",使它被"引向对灵魂自身状态的确定"(1990:12)。他对此补充说,"德勒兹在某种意义上除了探究并展开它的可能性外,并没有做什么"(1990:12),德勒兹几乎没有为这个评价争辩过。斯宾诺莎对情状(affectio)和情动(affectus)的区

分提供了一条理解灵魂的途径,它相当决然地远离了更为传统的
186　关于永恒拯救(或惩罚)的话语。德勒兹在和帕内特聊到斯宾诺莎
的时候,得出结论说:

> 灵魂既非超越也非内在,它意味着"和……一起"(with),
> 它在路上,被暴露于一切联系和相遇之中,与那些同走一条道
> 路的灵魂相互为伴,"当它们走过时,与它们一起感受,紧紧地
> 把握住它们的震动和它们的身体",它和救世主的道德训诫是
> 对立的,它教灵魂体验它的生命,而不是拯救这生命。
>
> (D:62)

一种生命,以及如何去体验它:身体的情动通过与外在于它的身体
进行接触(情状[affectio]),而变成推动身体沿着"这条道路"前进
的有旋律的变奏(情动[affectus]),在这个过程中,它使两者超越了
稳定的情感-相遇的积淀(既无超越也非内在,而是以虚拟的方式
相互并列)。这种积淀面向的再也不是规定的超验性道德了,而是
面向内在于日常的伦理。因此,毫不令人吃惊的是,福柯会满怀热
情地宣称德勒兹和加塔利的《反俄狄浦斯》将被解读为一份"日常
生活的向导或指南"(1977:xiii)。

逃逸:情动和权力

> 逃逸吧,但要在逃逸中寻找武器。
>
> (D:136)

　　尽管德勒兹和加塔利共享了这份热情,但在他们的写作之间
做某些关键区分——围绕着关于情动的一切——还是相对容易
的,这有两个原因:首先是因为他们之间的重要差异本就不多;其
次是由于他们本人在不同的时段都非常直接地说出了那区分他们

著作的为数不多的几个要点,虽然他们凭借的只是最细微的差别。

　　例如,他们采用不同的方式,避免了被过于轻易地划归到他们那个时代的两大知识潮流:现象学(phenomenology)和弗洛伊德式马克思主义(Freudo-Marxism)(或者说,在许多方面是"拉康式阿尔都塞主义"[Lacanian-Althusserism]),在1981年的访谈中,福柯(1991:31)说在他自己的觉醒和逃离过程中,有一连串关键性人物,先是布朗肖,然后是巴塔耶,再然后是尼采,而在两年后的另一次访谈中(1996:351),他说他看到,对于德勒兹而言,先是休谟,然后才是尼采(尽管福柯或许应该至少加上柏格森和斯宾诺莎)。在他们的整个职业生涯中,福柯和德勒兹二人都明显受到布朗肖、尼采和斯宾诺莎著作的影响。但是,更响亮的名字却是那些并不特别适合纳入别人旅行安排中的人物:例如,巴塔耶之于德勒兹,或休谟之于福柯。考虑一下福柯是如何处理这些主题的吧,这些主题经常在"真理"的附近逡巡流动:违法与暴力、知识和权力之间错综复杂又形如毛细血管一般的联系,以及有限经验(limit-experiece)的伦理-美学。同时,德勒兹则对那些与情动和激情联系更为紧密的东西保持着兴趣:断裂、欲望之流和装置、力的语用学、习惯和界域持续不断的铰接(hingings)和脱铰(unhingings)。

　　当德勒兹意识到与福柯的某些根本性差异时,他依旧是通过让这些差异更具生产性,从而获得了这样的意识:最直接的办法就是通过斯宾诺莎的情动和伦理学。在从1977年开始写作,但直到1994年才以法文发表的一系列题为"欲望与愉悦"的简要札记中(写作目的是与福柯进行私人传递),德勒兹勾勒了几个他与福柯彼此一致的观点,更具启发性的,是那些相对稀少但意义重大的使他们产生分歧的观点。这篇文章还提供了一些有用的详细阐释,它涉及的是德勒兹和加塔利的《千高原》中关于福柯的一个细小但重要的尾注(ATP:530-31,注释39)。

187

在这个小小的脚注和《欲望与愉悦》中的札记里,德勒兹和加塔利提出了两个与福柯的重要差异。首先,对于他们而言,装置在成为权力装置(assemblages of power)之前,首先是欲望装置(assemblages of desire)。

> 如果我和加塔利谈论欲望-装置,那么我不确定这个微观系统可以用权力这个术语来描述。就我而言,欲望装置标志着一个事实,即欲望永远不是一种"自然的"决定,也不是一种"自发的"决定……权力系统是装置的一个组成部分……[然而]权力系统从不促发什么,也不构成什么,相反却是欲望装置根据其维度遍布于权力的构造当中。

(Deleuze 1997a)

权力是装置的一层维度;权力是作为即将形成的构造(coming-to-formation)和沉淀物(sediments)而抵达的,它在装置暂时的休息中跟上前来。权力就像皮肤或社会表面上的凝固物(coagulation)或瘢痂(scabbing),而不是内在的断裂、欲望的流和运动。

这个视角把我们引向一个推论:在任何一项对社会领域——
188 这个领域把这些各种各样的装置通过它们的话语性要素和非话语性要素联结在一起——的批判性分析中,"逃逸线……是最重要的",也就是说,它们并非"装置中的抵抗或反击现象,而是创造与解域化的锋刃(the cutting edges of creation and deterritorialization)"(ATP:531)。社会的第一个作用就是它同时向四处逃逸:"社会的第一个既定事实就是一切都逃逸"(Deleuze 1997a)。在德勒兹和加塔利看来,任何一个聚焦于权力的批判性话语都会以一种近乎不在场的方式,让人从抵抗行动——正是在这一场所与位置上,产生了人们彼此联系,互相结合的经验——中回想起那在场的、过于整齐的姿态,福柯本人甚至也在他的《主体和权力》(The Subject and Power,2000)一文中敢于尝试避免这种状态。反抗几乎不可避免地沦落为一种"应激性"作用,就像阻塞和/或抵触,此外,这样一个概念加速了对权力可能性的浪漫的人格化。因此,德勒兹拒绝为"边缘群体"的计划或宣言毫无怀疑地摇旗呐喊(D：139)：这是他与福柯真正不同的观点。

在这里,德勒兹的内在性、持续的流以及社会领域的逃逸等观念可以再次通过他对斯宾诺莎的情动概念的阅读而获得充分理解。德勒兹反对辩证推理和各种结构主义二元论,他发现了"一个狭窄的凹槽(gorge),它就像一条边界或界限",在那里,可以宣扬某种多样性。通过抛出和情动相关的"权力"与"欲望",德勒兹在这些术语之间制造了简洁而又富于启发性的方程式,宣称"对于我而言,首要的区别在于权力是欲望的一种情状(affection)"(1997a)。也就是说,权力是两个(或更多)身体之间的相遇的情状(affectio),无论是集体的还是个人的。正如上面所概述的,这种情状(affectio)是情动的三种主要模式——它们是在德勒兹哲学思想的斯宾诺莎潜流中被发现的——的基础。当人们能够以此方式探索德勒兹如何在情动的这三种模式间进行区分和联系的时候,我们就可以沿着类似的轨迹穿越他的几乎所有讨论其他哲学家及其哲学平面的著作,还有那些以他自己的口吻写出来的著作。正是这种贯穿于情动之变化中的隐秘(有时则是明确的)运动,一直引导着德勒兹的思想。

总结一下：

- Affectio　身体受到或施予他人的一种情状(affection)；它作为"某事物的状态"而得以现实化,也就是说,情动转换为"效果"(effect)。因此,说"权力就是欲望的一种情状"实际上就是说,权力是欲望的一种效果,是它的(即欲望的)一种受抑制的存在模式,尽管它具有共振性(resonating)。
- Affectus　情动(affect)就是在强度(intensities)的迁移或存在

之力量中的一系列持续变化;作为"生成"(becomings)的情动,是一个持续倾斜或下降的斜面,或者说,是可大可小的强度或潜能。

189　● 情动(Affect)　则是完全能动的或绝对的考察(survey)。它是凭借对所有生成和事物状态的最具体的抽象而产生的纯粹内在性。情动的自治性外在于一切内在性或外在性的区别。在德勒兹看来,这就是作为虚拟、"灵魂"或"生命"的情动。

我们更直接地回到德勒兹的权力(power)的观念——这个观念现在要从情动的角度来观察——德勒兹1962年在《尼采与哲学》中对尼采进行的影响深远的重读,某种程度上依靠的正是对作为pouvoir的力(通过反应、逆转和愤恨表现出来的力,即与其所能相分离的力)和作为puissance的力(潜能,即将表现出来的力,力的敏感性)之间的情感划分。在这对术语和类似的二元对立(伴随着它们各自独特的凹槽)——比如柏格森的虚拟—现实和斯宾诺莎的权能(potestas)—力量(potentia)——之间,还能发现许多亲和性(affinity)。[6]

因为存在着一个斯宾诺莎式表现体系,它包含着一种方式,每个概念对子都以这种方式被分裂或转化,就像加载了一个第三要素,穿行于潜能及其实现、表现物与被表现物之间,无论是尼采的永恒轮回(eternal return),柏格森的生命活力(élan vital),斯宾诺莎的至福(beatitude),莱布尼茨的联结(vinculum),还是德勒兹的"生命"(a life)。这个要素的作用并非封闭潜能及其实现,而是永远使它们面向外部。就此而言,皮埃尔·马舍雷(Pierre Macherey)极为有效地说明了德勒兹哲学永远变动的结构,他写道:

> 德勒兹在斯宾诺莎那里发现的是一种单义性逻辑(a logic of unvocity),在这里,事物在其存在中被思考,因为思考某事

物的行为也是对它进行生产的行为,事物正是以此才出现的。所以,表现无关于指称或表象任何事物……[因此]表现的行为允许对表现物和被表现物加以综合,按照定义,这种行为就是力的完全能动的肯定性……人们甚至可能会说[这里有]一种生命的逻辑或运动的逻辑,它本质上不同于传统的、追求稳定统一性的表象逻辑,这种表象逻辑一直受到否定性的威胁,因此它依赖于超验性的原则。

(1996:146-7)

(在作为情状[affectio]的、与身体的相遇过程中的)情动、(情动[affectus]的和谐的、有强度的变奏中的)运动、内在性(immanence)或灵魂在无数生命的虚拟性中被揭示出来:人们在德勒兹和加塔利的作品中发现的是一种意图,即尝试着去积极地理解力,而不仅是把它理解为一种效果或者凭借它的效果去理解它。然而更重要的是解释力的情动性(affectivity)和生产性(producibility),以及它的表现性(expressibility)。

190

的确,对于德勒兹和加塔利而言,到处寻找权力的效果并没有什么建树;更关键的任务是去理解虚拟机器和内在装置,正是它们使权力的效果成为我们的现实。德勒兹说,"世界的存在并不外在于表现"(FLD:132)。即便在它最受限制和最一贯的意义上(要么是权能[pouvoir],要么是力量[puissance]),权力也无法开始覆盖作为表现的整个世界。通过情动,德勒兹和加塔利找到了一种手段来表述表现的"整体"普遍性,他所采取的方式是其他任何逻辑都不允许的。

在他们合作的最后一本书,即《什么是哲学?》中,德勒兹和加塔利以实践的方式按顺序列举了情动的这些不断发展的变化:"情动(affect)超出了情状(affectio)之外,其程度并不亚于知觉对象(percept)对感知(perception)的超越。情动并非从一种体验状态

(lived state)转移到另一种体验状态[也就是情动(affectus)],而是转移到人的一种非人的生成(non-human becoming)[作为表现性世界的情动(affect as expressive world)]"(WIP:173)。我们会把这一系列的超越——从情状(affectio)到情动(affectus)到具有直接表现性的世界(灵魂)——比作一个逐渐扩展或变宽的过程:从身体的情感能力(实体性的和非实体性的)到一个区间(它是强度状态或持续变化之间进行转移的地方),再到内在性平面——这是"哲学的绝对根基"(WIP:41)。内在性平面

> 除了是**非特指的一种生命**(A LIFE)以外,就再也不是什么别的东西了……非特指的一种生命是内在性的内在性,绝对的内在性:它是十足的力,十足的幸福(bliss)……这种生命到处都是,存在于给定的生活主体所度过的一切时刻之中,并通过给定的被体验的客体来衡量:内在的生命承载着只通过主体和客体才能被现实化的事件(events)和独异性(singularities)……非特指的一种生命只包括虚拟之物(virtuals)。它是由虚拟、事件、独异性构成的。
>
> (PI:27-31)

给内在性平面进行定位,就好像探索整个服饰结构错综复杂的编织与缠结,持续地移动、折叠,然后又盘回到自身,即便当它延伸到社会领域的视野之外或之下(但从未疏远它或离开它)。探索情动的故事及其相遇,你就会抵达内在性平面:它永远存在,永远有待被建造,永远不是静止不动的。它在情感上属于你,从它当中穿行而过,就是宇宙的整体(the whole of the universe)。[7]

注释

[1]　在1978年的斯宾诺莎讲座上,德勒兹说:"斯宾诺莎的代表作题为《伦理学》,以拉丁文写成,在其中我们发现了两个词:affectio 与 affectus。一些

译者颇为令人不解地将它们作同样的译法。这是灾难性的。他们将
affectio 与 affectus 这两个词均译为 affection。我之所以说这是灾难性的，正
是因为当一位哲学家使用了两个不同的词，原则上他总是基于一定的理
据"（1997c）。——原注

此外，德勒兹还说："尤其是法语中已有两个词与 affectio 和 affectus 严
格对应，即以 affection 译 affectio，以 affect 译 affectus。某些人将 affectio 译作
affection，将 affectus 译作'情感'（sentiment），这要好过将它们译作同一个
词。然而，我看不出有何必要诉诸'情感'这个词，既然法语中已存在'情
动'（affect）。因此，我用'情动'对应斯宾诺莎的 affectus，用'情状'
（affection）对应 affectio。"以上译文均参见《德勒兹在万塞讷的斯宾诺莎课
程（1978—1981）记录——1978 年 1 月 24 日 情动与观念》，姜宇辉译，收
录于《生产》（第 11 辑），江苏人民出版社 2016 年版，第 3 页。——译者注

2　德勒兹："情状的第一个规定：它就是一个物体（corps）在承受另外一个
物体作用之时的状态。什么意思？'我感觉太阳晒在身上'，或者'一束阳
光落在你身上'；这是你身体的一个情状。何为你身体的一个情状？并非
太阳，并非太阳的作用或它在你身上产生的效果。换言之，即一个效果，
或一个物体在另一个物体上所产生的作用。我们有一次曾提到，根据其
物理学的基本原则，斯宾诺莎并不相信超距作用——作用总是意味着接
触——它是物体之间的某种混合。Affectio 就是两个物体之间的某种混
合，一个物体作用于另一个，而另一个则承受前者的痕迹。所有物体间的
混合都将被称为情状。"参见《德勒兹在万塞讷的斯宾诺莎课程（1978—
1981）记录——1978 年 1 月 24 日 情动与观念》，姜宇辉译，收录于《生产》
（第 11 辑），江苏人民出版社 2016 年版，第 9 页。——译者注

3　德勒兹："观念，就是一种思想样式，其界定性特征为表象。这已经为
我们提供了将观念和情动（affectus）进行区分的首要出发点，因为我们将
把所有那些不表象任何对象的思想样式称作情动。这意味着什么？不妨
任意选择一种人们所谓的情动或情感，比如说希望，或疼痛，爱，这些都不
是表象性的。确实存在着一个被爱者的观念，或一个被希望者的观念，但
希望本身或爱本身是绝对不表象任何东西的。"参见《德勒兹在万塞讷的

斯宾诺莎课程(1978—1981)记录——1978 年 1 月 24 日 情动与观念》,姜宇辉译,收录于《生产》(第 11 辑),江苏人民出版社 2016 年版,第 4 页。——译者注

4　参见斯宾诺莎,《伦理学》,贺麟译,商务印书馆 1998 年版,第 147 页。译文有改动。——译者注

5　在《普鲁斯特与符号》(*Proust and Signs*)中,德勒兹写道:"这个理想的现实,这个虚拟,就是本质,它在非自愿的记忆中实现或被具体化"(PS:60)。也可参见德勒兹对斯宾诺莎的解读,在那里,本质和灵魂有紧密的联系。

6　关于权能—力量(potestas-potentia)的区分,请参见本书中肯尼斯·苏林的论文(第 1 章)。

7　自本书第 1 版出版以来,"情动理论"(affect theory)已经成为一个新兴的、活跃的研究领域。最近出版的参考著作名单——特别是那些集中关注德勒兹/斯宾诺莎和情动的著作——已经添加在第 2 版的参考文献中了,重要的有艾哈迈德(2010),安布罗斯和孔达卡尔(2005),布莱克曼(2008),布莱克曼和维恩(2010),克拉夫和哈利(2007),科尔布鲁克(2004),埃德鲍尔(2004),格雷格和塞格沃斯(2010),格鲁辛(2010),曼宁(2009),恩盖(2010),塞格沃斯(2003),沙维罗(2009),普罗泰威(2009),斯图尔特(2007)和斯里夫特(2008)。

15

褶子与折叠

⊙ 汤姆·康利

在德勒兹那丰富多彩的著作中,褶子(folds)和折叠(folding)算得上是最重要和最能引起共鸣的术语了。"褶子"(pli)这个中不溜的单音节词既指纺织物的扭折,又指生命的起源;既具有轻盈性,又具有致密性,而这两者则在哲学家对存在(being)问题和事件(event)性质的许多反思中留下了印记。就像1968年5月的"事件"一样,《褶子:莱布尼茨和巴洛克》(*Le Pli*:*Leibniz et le baroque*)在1988年的出版本身也构成了一个事件,而且成了他全部作品的一个一般性参照点。这本书背后的意图写在封底的一个简短的尾注中,它是要展示,在巴洛克时代(它从反宗教改革时期[Counter Reformation]一直延续到当代的新巴洛克风格[Neo-Baroque]),褶子如何被当成了一种拥有几乎无限的概念力量的形象和形式。莱布尼茨的单子哲学[philosophy of the monad][1]可以被称为"巴洛克",因为在他那碎片化写作的世界中,"一切都是折叠,展开,再折叠"(德勒兹,《褶子》封底)。灵魂被想象为一个单子,一个没有门也没有窗的房间里的开放空间,它从黑暗的背景中抽取出"清晰的感知"(clear perceptions)(《褶子》封底)。德勒兹强调,这位德国哲学家对笛卡尔的灵魂概念的回应,只能通过与巴洛克教堂内景——这种教堂的内墙是用黑色大理石板建造的——的类比才能理解。"光线只有通过里面的参观者无法感知的缺口才能抵达。"他还补充说,"灵魂充满着晦暗不明的褶子"(《褶子》封底)。这意味着,它在教堂里发现的灵魂也存在于新巴洛克风格的诗歌、文学、绘画和音乐的世界中,其中包括近现代开创者的作品,从马拉美,普鲁斯特和布列兹直到洪陶伊。也进一步暗示,身体之于灵魂的关系这个永恒的问题——它是从柏拉图直到阿尔弗雷德·诺斯·怀特海的哲学的核心主题——在褶子及其持续的折叠过程中都有着最为实际和普遍的形象。

这个假设不仅大胆,而且对哲学和美学专业的学生而言,它既使人不安又令人兴奋。它要求重新思考已经成为本体论和认识论之基础的、身体和灵魂之间的笛卡尔式分裂。德勒兹对这个形象的选择既非随意而为,也不只是一项对莱布尼茨的一生进行批判性评价的计划。褶子属于一种个人风格和个人言语方式,它们沿着德勒兹著作——从讨论经验主义和主体性的早期著作直到《什么是哲学?》和他去世两年前才问世的最后一本文学论文集《批评与临床》——中的不同路径展开。这篇短文的目的是考察褶子和折叠出现于其著作中的什么地方,以及评价它们之于莱布尼茨研究及其一般的美学研究的关系。可以推测出来的是,褶子是德勒兹哲学中那个登峰造极、居高临下的形象,而一个诗人能顶两个哲学家。

《福柯》中的褶子

对褶子的最简洁、最生动的解释存在于《褶子,或思想的内部(主体化)》这篇文章里。在《福柯》的最后一章中,德勒兹考察了福柯关于性的三卷本研究著作[2]，他说福柯把性当成主体性和主体化的一面镜子。德勒兹通过把性纳入主体性的矩阵之中，从而扩大了其范围。每个人都思考，这是由于每个人都经历着生于世间的持续性过程，而且通过持续地赋予或接受感知、情动和认识，从而获得意识和力量。主体性成为在意识和无意识层面上被感知的事物在身体内外的一场持续磨合的过程。他以早期著作为基础建立了一个"图表"——主要是从福柯的《性史（第一卷）》（1978）和《性史：快感的享用》（1985）[3] 开始——以便勾勒一门分类学和这项计划的历史。在《知识考古学》（*Archaeology of Knowledge*, 1972）中，福柯已经声称，"自我"（self）、"我"（I）永远以被"他人""重复"（doubled）的方式来加以定义，这个"他人"不是唯一的或居高临下的"他者"（other）或幽灵（Doppelgänger），它不过是大量可能性力量中的某一种力量。"我如同别人的复本一样生活着"（FCLT：98，译文有改动）[4]，当我在自己身上找到他人的时候，这种发现"完全就像另一套胚胎组织的内折（invagination），或者衣服内衬的作用：绞绕、折叠、填补"（FCLT：98，译文有改动）。福柯借此要表明，所谓过去的或尘封的往事也会被超越——就像在高速公路上，一辆快速行驶的汽车被另一辆车超过或"重复"——并且被映射、折叠到一个图表中。历史被展示为对过去的总结，但它可以被安排去塑造诸项配置，这些配置将决定人们在当下和未来如何生存和行动。无论是被铭记还是被遗忘，历史都是对主体化过程至关重要的构成性复本（doubles）或他者（others）。

194

正是在这里，开始了德勒兹对褶子和折叠的狂想。当一次复制产生出内在和外在的表面时——在法语中，doublure 同时意味着缝在衣服上的里衬和电影制作中的替身，甚至是一个"复本"（double），就像阿尔托在他关于戏剧的著作中所使用的术语那样——某种和存在之间的新关系就诞生了。内与外——过去（记忆)和当下(主体性)——是一个表面的两个面。一个人与他或她的身体的关系既变成了"档案"(archive),也成了"图表"(diagram),既变成了主体化过程的集合体,又变成了以过去为基础并根据周围世界中的事件和要素绘制而成的精神地图。德勒兹声称有四个褶子,就像"地狱的四条河"(FCLT:104,译文有改动),影响着主体和它自身的关系:首先是身体的褶子,即在肉体的褶子中被包围和被利用的部分;其次是"力量关系的褶子",或社会冲突;再次是"知识的褶子,或真理的褶子,因为它构成了真实与我们的存在之间的关系"(FCLT:104,译文有改动),反之亦然;最后是"外部本身的,即最后一个"褶子(FCLT:104,译文有改动),即生命的限度和死亡的褶子。这些褶子中,每一个褶子都涉及主体性的亚里士多德式原因(质料因、动力因、形式因和目的因),并且有属于它自己的多变的节奏。德勒兹提醒我们,在思考主体性如何在我们的时代里被高度地内在化、个体化、孤立化之前,我们有必要考察这四个褶子的性质。争取主体性的斗争就是一场要赢得承认差异、变化和变形之权利的斗争。

　　人类主体只有"在褶子的条件下"(这个准则将被视为一个重要的准则),通过知识、权力和情动的过滤才能被理解。褶子这种据说使福柯着迷的形式,被展示为某种在被陈述或被说出的事物与可见的或被看到的事物之间经受折叠的东西。在"可见性"形态与"话语性"形态之间展开的区分之所以被提出,是为了从(海德格尔和梅洛-庞蒂所理解的)意向性(intentionality)[5]那里抽身而出,这种意向性将把主体性和现象学联系起来。被说出来的事物并不指向一个原原本本的或个性化的主体,而是指向一种"存在-语言"(being-language),而可见性事物则指向"存在-光线"(being-light),它照亮了那摆脱一切意向性凝视的"形式、比例和观点"(FCLT:109,译文有改动)。在其讨论莱布尼茨的作品问世之前,德勒兹就注意到,福柯使意向性在看和说这"两个单子"(FCLT:109,译文有改动)的间隙中毁于一旦。这样一来,现象学就被转换成了认识论。看和说就是认识,"但是我们看不到自己正在说的东西,我们也没法说自己正在看的东西"(FCLT:109,译文有改动)。没有什么能够先于或早于认识(savoir),尽管知识或认识作为说和看,作为语言和光线"不可避免地具有双重性"(FCLT:109,译文有改动)——因此它们是被折叠起来的——它们独立于作为说话者和观看者的意向性主体(intending subjects)。

在这个接合点上,褶子就成了特定的本体论结构和哲学场域,德勒兹宣称以此就能制止从属性关系(affiliation)。[6] 作为复本或里衬,褶子分离了说和看,并让每一个使用域处于彼此孤立的状态。这个间隙在电影的声轨和图轨那难以理解的差异中找到了一种对应物。按照这种分化,认识被分成了诸多碎片或"轨迹",永远也不能在任何意向性形式中被恢复(FCLT:111,译文有改动)。[7] 视觉性和听觉性之间的褶子或褶皱,就是对交流传播之分裂性的通俗比喻。难怪福柯在研究差异性和相似性时,是从 16 世纪末开始研究的,那时,写作正在从其印刷形式中疏散其视觉对应物的力量。[8] 那个时候,印刷文化代替了记忆,在修辞学手册中成了标准化的、按照先验图式进行的思维过程,或者说,词语在那时再也不是它们试图体现或类比的那些东西的对应物了,符号开始代替(stand in)它们的所指之物(referents),成为它们所代表之物的自治的"复本"(doubles)。

为了证明褶子如何成为一个主体化的形象,德勒兹把历史召唤进哲学领域。他单刀直入地问:我能做什么? 我知道什么? 我是什么? 1968 年 5 月的事件通过考察可见性、语言和权力的限度,从而详细叙述了这些问题。它们提出了对乌托邦的思考,因此也就提出了对存在模式的思考,这种思考使得在压迫性政治条件下的反抗成为可能,并且催生了对新的主体性而言至关重要的思想观念。在一个历史性配置中,存在(being)是沿着认识的轴线被绘制出来的。存在取决于被认为是可见的和可说的事物;存在取决于权力的运作,它本身被力量关系和特定时刻的独异性所决定;存在取决于主体性,它被展现为一个"过程"或多个场所,"自我的褶子从中穿梭而过"(FCLT:116,译文有改动)。历史只要一出现,就被思考(thinking)所重复或"折叠"。坐标图或新的图表通过促进权力、知识和主体性(在法语中是知识[savoir],权力[pouvoir],自我[soi])的变化,使对立清晰可见。后者被想象为褶子。德勒兹提出,福柯并没有划分出制度的历史或主体的历史,而是划分出它们的条件(conditions)的历史和过程(processes)的历史,它们存在于在本体论与社会领域同时发挥作用的折缝(creases)和叠痕(foldings)中。

这里展开了关于思考的特性的戏剧性反思,它本身既属于福柯,也属于德勒兹。历史形态被"重复"着,它本身就规定了知识、权力和主体性的认识论特点:就知识而言,思考就是看(see)和说(speak);质言之,思考发生在可见性和话语的空隙之中。当我们思考的时候,我们就使得明亮的电光熠熠生辉,"字词中闪耀着光芒并使我们在可见的事物中听到阵阵呼喊"(FCLT:116,译文有改动)。思考让看和说达到它们自身的极限。在和权力相关的领域中,思考犹如"散射着独异性"(emitting singularitites),犹如赌徒在桌上掷骰子的行为,犹如一个人为了准备新的变化和独异性而卷入力量关系甚至冲突之中。就主体化而言,思考意味着"把外部和与之共同延伸的内部折叠、对折"(FCLT:118,译文有改动)。一个拓扑结构被创造了出来,内部和外部空间通过这个结构彼此产生联系。

历史被当成一个档案馆(archive)或一系列的层(strata),思考是一张充满策略(strategies)的图表,它从历史中汲取它的力量和价值。为了表明这个观点,德勒兹间接地提到了"新一代地图绘制员"(FCLT: 23-44),这是较早的一个章节,它预示着《褶子》的许多空间动力。当我们"思考"的时候,我们穿越了各种阈限和层,并且沿着一条裂缝前进,以便抵达他所说的、麦尔维尔称之为"中心房间"(central room)的地方,那里弥漫着无人的恐惧,"人的灵魂会显露出一种浩瀚而可怕的虚空"(FCLT: 121,译文有改动)。思想被描绘成一条移动的线:好似诗人亨利·米肖(Henri Michaux)那"屡次离经叛道"的线,那以增长的分子速度移动的线,如同"疯狂的车夫抽动皮鞭"(FCLT: 122,译文有改动),以至于导致了同一位诗人所说的"褶子里的生命"[la vie dans les pli],并最终把我们带到了那个中心房间,在那里,人们再也无需恐惧它的空旷,因为自我(一个褶子)已经在内部被发现了。"在这里,我们成为自己的速度的主人,几乎掌控着我们的分子和独异性,我们存在于主体化区域之中,登上了内部和外部的舟船"(FCLT: 123,译文有改动)。[9]这些句子中那些耀眼的景象起源于德勒兹所说的那些关于形式史或档案如何被一种力量的生成所"重复"(超越或折叠)的言论,在那里,任意数量的图表——或思想的被折叠的表面——彼此折叠。他把这称为麦尔维尔所描述的"外部线"(line of the outside)的扭曲,这是一条既无开端也无终点、翻转并撞击图表的海洋线(oceanic line)。这种形式的线就是"1968年那'屡次离经叛道'的线"(FCLT: 44)。

197

分界线

在《新一代地图绘制员》这一章的结尾段(在出现于《福柯》一书之前,本章首先是1975年写给《批判》[*Critique*]的一篇文章),

德勒兹详细叙述了《福柯》结尾的那些话。与麦尔维尔有关的那条
线——也意味着它是米肖的线——象征着德勒兹所谓福柯对写作
的三重定义,他本人对这种写作的解读似乎是重叠的:"写作即斗
争,写作即反抗;写作即生成;写作即绘图"(FCLT:44,译文有改
动)。这个定义在《福柯》的最后一句话中又被重新书写了一遍。
德勒兹宣称,我们的主体性是莱布尼茨式的,因为我们总是"折叠,
展开,再折叠"(FLD:137)。在图表模式中,当《福柯》中的一个层
(stratum)被附加在《褶子》的一个层上时,折叠(to fold)就意味着
写作,但具有同样的三重意义。在武断的运动中,褶子反抗它本
身;在反对武断的运动中,展开意味着生成;最后,再次展开——它
远远不是什么确保综合(synthesis)的虚构性术语——意味着新地
图和图表的轨迹。

　　德勒兹在作为存在的福柯式写作原则和作为主体化的折叠原
则中发现的东西,预示了他对莱布尼茨的大部分解读。如果没有
《福柯》中那被展示为一系列褶子的本体论背景,在《褶子》的那些
行文绵密、内涵丰富却又经常晦暗不明的段落中存在的某些结论
看上去就会晦涩难懂。麦尔维尔那开放的线(open line)和米肖那
"屡次离经叛道"的线把人引到德勒兹称之为要腾空的中心房间,
从那里可以看到早些时候对恐惧的预感,它们在两本书的最后一
句话中都出现了。把这个房间比作"褶子"的房间——它开创了德
勒兹的莱布尼茨研究——毫无问题。这个房子就是单子本身,既
无入口也无窗户,光线只能通过无法感知的缺口渗透进来,照在人
们身上,人们既在"主体化区域"之中,又是这一区域本身,几乎是
"他们的速度的指挥官,掌控着他们的分子和独异性"(FCLT:
123,译文有改动)。

　　《褶子》一开始就描绘了这个内部空间,此时,它的墙壁上还尚
未装饰那些打褶的窗帘和铺开就能横跨其内部的帐幔。"巴洛克
式房间"成了一个寓言,它打开又压缩了接踵而至的研究空间。巴

洛克并非一种本质而是一种特征,是一条通过无限地绞绕和翻转褶子,从而创造褶子的线,"褶子接着褶子……","褶子靠着褶子"(FLD：3)。这个房间被分为两个迷宫似的楼层。灵魂的褶子占据第二层,物质的褶子则住在第一层或公共楼层。上面一层是个双人间或暗箱(camera obscura),装饰着悬挂的油画,"褶子使油画千变万化",仿佛它是有生命的皮肤(living skin)。这些在不透明的油画上凹凸不平、弯弯曲曲的褶子代表着内在的知识(innate knowledge),在物质的挂念下,当透过下一层的"几个微小缺口"而产生"变化"时,这种知识就被转移到了行动。褶子保证了物质和灵魂之间那奇特而又极具物质性的交流。它们采取了大理石花纹的形式,就像一片"贮满鱼儿的波动的湖水"(FLD：4,译文有改动)。这花纹就是内在于灵魂的思想观念,犹如被折叠的形象或虚拟的塑像,可以从一大块有花纹的石头中抽取出来。身体和灵魂以不同的方式变成了大理石的花纹。

这个建筑学比喻——它描述了德勒兹的研究习惯(habitus)或研究的生存空间——是由"晦暗的中央卧室"这个说法发展而来的,它存在于《福柯》对主体化和存在(这个存在构成了"自我")的褶皱性的讨论之中。德勒兹坚持认为福柯痴迷于重复(doubling),这就导致了一种对主体性的解读,它与那种在孤独中毫无力量的自我的景象分道扬镳,而福柯认为这种孤独恰恰流行于当代社会。德勒兹评论说,我们有义务"从内部空间[espace du dedans]中抽取独异性并安放在自我身上,而思考——正是它使自我的力量得以可能——相当于把外部和与之共同延伸的内部一块儿对折起来(FCLT：118),当他这么说的时候,德勒兹的意思是上一层房间及其被折叠的陈设成了可以实现主体化的想象空间。巴洛克式房间就是一个思想在其中得以发生的空间,它是新的褶子与折叠(即思想的力量和产物)能够被感觉到,并且得到协调的场所。

　　《褶子》的大部分内容都把主体化等同于一个持续折叠的过程。对于德勒兹而言,莱布尼茨的那个封闭空间不仅是奇思妙想的精神变化场所,也是一个具有可能性意识的场所。就像福柯的历史概念一样,这不仅是事件的编年史,也是可能性条件的历史。就一个具有感知力的主体而言,真理不会被理解为一种变化,而是会被理解为条件(condition),变化的真理正是在这个条件下呈现给了主体(FLD:20)。主体在一种既是差异点,也是重合点的悖论性中感知变化。变化犹如声波或光波,穿过身体和灵魂。这个令人费解的概念(它和三角测量学设计的早期的科学范畴有关)最吸引人的形象就是俯瞰城市(city-view)的形象。莱布尼茨乞灵于这种俯瞰城市的形象,来说明对变化的感知。如果某人站在一座伟岸城市背后的高山上,观看者就会处于圆锥曲线的顶点,底下会有成群被俯视的街道和建筑,莱布尼茨站在巴黎后面的蒙马特高地(Montmarte)上看到的就是这些。从伊卡洛斯的[10](或平面的)视角来看,巴黎是圆圈的边界,从蒙马特高地上的鸟儿的视角来看,这座城市就被视为处于一个椭圆形的框架之中。视角既非此也非彼,而是同时思考两者(以及其他事物)的可能性,也就是说,把它们的变化叠合进一个战略性,因而也是层级性视角的迷宫似的整体。

> 从视角中所得到的……既不是一条确定的街道,也不是它和其街道之间可定义的关系——这些都是固定不变的——而是人们在街道的来回走动中创造的各种可能性联系:这座城市就像一座迷宫,接受着可能的安排。
>
> (FLD:24,译文有改动)

关于视角的讨论打开了在早期的福柯研究中看到的那些封闭又不可感知的思想的(看和说的)褶子。视角反映了封闭的条件,而不反映灵魂的暗室的封闭。德勒兹通过海德格尔阅读莱布尼茨,从而撬开了单子,以至于它能沿着内外两个方向展开。如果封闭是"世界存在的条件",那么,关于封闭的任何视角也都支持"有限的无限展开"(FLD:26,译文有改动),确保了条件的世界,或者说,确保了在每个单子空间内反复产生的开始的可能性世界。褶子——无论它的抽象形式多么丰富或晦暗——使得世界能够被安放在(作为单子的)主体内部,以至于主体可以自由地进入世界。"正是扭曲构成了世界的褶子和灵魂的褶子"(FLD:26,译文有改动)。褶子赋予了主体及其主体化一个具有决定性的开端。主体这个现代哲学难以捉摸的对象现在变成了"对世界的表现",因为"世界即灵魂所表现的东西"。

谓语和事件

褶子通过"强度"(intensions)(不是现象学的拒绝或有意图的拒绝中表现出来的强度)——它被感知为空间中的"广延"——使主体的身体和灵魂得以在世界中生成。因为内部和外部通过灵魂的世界观而被结合在一起,对变化的可能性条件的理解使得主体能够思考它如何使它占据的精神和地理环境发生改变,或如何受到它们的改变。在这里,沿着德勒兹的福柯研究和莱布尼茨研究的分界线,可以发现其他两个仍然很重要的概念。一个涉及与主体性相关的预言(prediction),另一个涉及用褶子来塑造事件(event)——在强烈的哲学意义上所理解的事件——的方式。在《褶子》的第二部分的开头,德勒兹重复了后笛卡尔主义文学和哲学这个固定圈子里的老生常谈。"一切都有原因"(FLD:41)。这可以是一个理性化的论断,也可以是一声呼喊或尖叫,就像任何一个言说者都可以带着一种自我防御的焦虑大喊:"我思故我在!"德勒兹通过召唤一个事件——它偶然成为某物,或某个物体(chose),

200

或者存在,或者不存在某种明显的原因(cause)或理由——来质问因果性。"充足的原因把事件囊括在内,当成它的一个谓语"(FLD:41,译文有改动)。把他的观点精简一下,我们可以说,从事件到事物的转移过程顺应的是从"看"到"读"的运动轨迹:被看到的东西用概念或观念读了出来(FLD:41),这概念或观念就像一个署名,换句话说,就像那个确保事件及其谓语的同一性的东西。

每一个谓语或行动都已经存在于主体之中(事物的性质也是事物概念的性质)。如果"一切[tout]都有原因",那么,原因已经被叠合进了日常的概念或事物那不可言喻性之中。事件确实是对事物那褶皱性的微观感知。如果哲学的任务使概念创造成为必需,那么,后者就因为主体内含于谓语之中,并在谓语中曲折变化,从而得到了鲜明的体现,反之亦然。[11]

力量意味着折叠的行动,力量的事件意味着对折叠条件的感觉和感知,正是这种折叠使陈述(被并入谓语中的主体)成为可能。

在《褶子》后面的一个题为"什么是事件?"的光彩夺目的章节中,德勒兹进一步提纯了观点。事件不仅是"某人受到重压",而且也是"大金字塔"本身及其在任何时间量子中的持续(FLD:76,译文有改动)。对大金字塔的可能性条件进行感知就是要对它有一种看法,使它在无形中发生,而无需刻意发生。德勒兹提出了一个故意巧妙设置的问题:"一个事件需要怎样的条件,才能使一切都有可能成为事件呢?(FLD:76,译文有改动),当此之时,他使问题的表述变成了事件本身。在一切事物(tout)或主体——它被解读为被叠合在事件(événement)中的观念——中被看到的诸条件:一个事件即对一个事实的感知。这个事实就是:在事件"发生"时瞥见的东西就是所有或一切。这就是为什么德勒兹似乎倡导这样一种评论,即对于莱布尼茨(和阿尔弗雷德·诺斯·怀特海)来说,任何事件的首要成分或条件就是广延

（extension），以至于它就是"一切"（tout），其效果就是它的组成部分（FLD：77）。其次，共振或光波的内返程度并不亚于它向外运动的程度，因为它拥有灵魂中的强度或级数（degree）。后者反过来也被定位在其第三个成分，即主体之中，主体是"攫取"前两个组分的个体，而它也同样被它们所"攫取"。在某个特定时刻，拿破仑的士兵"攫取了他们所感知的金字塔，同时，金字塔也攫取了他们"（FLD：78，译文有改动）。德勒兹强调，当"回声、反射、透视、阈限和褶子"在它们的可能性条件中被看到时，它们有资格成为一种攫取，换句话说，它们是"攫取之攫取"（prehensions of prehensions）（FLD：78）。事件是"攫取的关联"（nexus of prehensions）（FLD：78），是一个攫取的不可分的客观化和另一个攫取的不可分的主观化。它既是公开的又是隐私的，既是潜在的又是现实的，进入到另一个事件的生成和它本身的生成主体之中（FLD：78，译文有改动）。

在他的这个解读的关键之处，很明显，褶子就是打开了传统哲学意义上事件的封闭条件的那个东西。其中包括把世界感知为一个处于流和运动之中的开放整体。对"作为事件的褶子"（fold-as-event）这个概念的最生动的说明，可以在某些篇章里找到，在那里，德勒兹展示了诗歌是如何把主体和谓语在看和读的折缝中联系起来。诗歌事件发生在共振之中，德勒兹劝说他的读者在他和马拉美的词句的反复之中寻找这种共振。世界的褶子，就是马拉美所说的"一致的褶子"（l' unanime pli〔the unanimous fold〕），也是女士用的折扇（éventail），即由 18 首短诗构成的组诗的主题，当把折扇打开并摇动的时候，事物就会此起彼落：[12]

> 所有物质粒子，即尘埃和烟雾，可见性就是透过它们才被感知到，就好像透过纱布的网眼，顺着那些褶子，在褶子曲折的凹陷处看到了石头一样，这就是"褶子连着褶子"，它显现出

城市,但也显现了城市的缺席或退隐,即尘埃的团块,凹陷的集合体,以及幻觉的集群。

(FLD:30,译文有改动)

202 　　一切都在折扇的刷刷声中被看到了。德勒兹又说,"褶子与扇子扇出的风是分不开的"。"褶子不再是透过它就能看到物质的褶子,而是灵魂的褶子,我们在这灵魂中阅读"世界(FLD:31,译文有改动)。事件被赋予了我们在折扇(éventail)这个词中看到的被吹皱的风(vent)的特质。事件的效果既可以在我们在展开过程中看到的东西中找到,也可以在我们一看到折起来的纸张或羊皮纸造成的冲积形图案(alluvial pattern)时就解读出来的东西中找到。在分子化过程中,在物质的传输及其在思想领域的共振中,词语的漂流泄露了事件的强度和广延。当这些语词被看到和阅读的时候,马拉美这位诗人总结了德勒兹所说的"褶子"的"操作"和行动,他解释了它们各自的可能性条件——融合、感知、存在、感觉和主体性的可能性。

褶子和生成

　　其他的轨迹可以通过德勒兹著作中对褶子和折叠的论述来理解。它可以凭借"切入混沌的内在性平面"来衡量(参见 WIP:156,译文有改动)。它可以沿着观看和阅读形象——论电影的两本著作中描绘出的形象——这条轴线而被理解。[13]在所有的事件中,对褶子的论述最富戏剧性和包容性:从《福柯》一书末尾延伸出来的讨论存在、主体性和认识论的段落开始,直到整部《褶子》。《福柯》是一个阈限,甚至是一份"用户指南"(user's guide),告诉人们在德勒兹最具私人性和感性的写作中——即他在《褶子》中对莱布尼茨和巴洛克的解读——究竟是什么东西扩展成了诗学和哲学的原则。褶子从一部作品转移到另一部作品,证实了一种写作风格,它本身永远是折叠,打开,再折叠。某些概念和形象,当它们从一部著作转到另一部著作中时,就改换了重点或被变形了。它们展示出,在德勒兹的世界里,一切都是被折叠的,褶子存在于其他一切事物的内部和外部。褶子的发展证明,哲学在褶子中找到了一种方式,去表现存在和生成中那持续的、活跃的力量。

注释

1　单子(monad)指构成宇宙的精神单元,源于希腊语 monas,意思是单元。首先使用该词的是古希腊毕达哥拉斯学派,他们把单子作为一系列基数的名称,认为这些基数派生出了其他一切数。莱布尼茨的单子哲学(或称单子论[monadology])是一种客观唯心主义的哲学体系。他认为,精神性的单子是构成万物的基础或单元。单子没有广延和部分,因而不可分,而且具有能动性或"力"的特性,是真正的"单纯"的实体。由于无部分,单子就不能由各部分的组合或分离自然地产生或消灭,其生灭只能靠上帝奇迹性的"创造"或"毁灭";由于无部分,单子便是完全封闭的,"没有可供事物出入的窗子",无法互相作用,互相影响。但单子与单子之间,以及由单子构成的不同事物之间实际上又有协调一致的关系,这就是上帝所安排的"预定和谐"。单子类似于灵魂,具有"知觉"或"表象"的"本性"。每一单子都能表象其他一切事物,并能表象整个宇宙,如同一面能映照万物的镜子。但每一单子最能清晰表象的是以它为灵魂的事物。不同的单子由于知觉或表象能力的清晰程度存在差异而有高低等级之分。从无机物的"微知觉"的单子到动物的具有感觉的"灵魂",再到具有清楚的自我意识或理性的"心灵",以至比人的心灵更高的"天使"之类,最后达到全知全能、创造其他一切单子的最高级单子即上帝。每两个相邻等级的单子之间又有无数处于中介地位的、清晰程度逐渐升高的单子,从而在整体上构成其间并无间隙或"飞跃"的连续的单子系列。以上解释请参考冯契、徐孝通主编的《外国哲学大辞典》,第 540 页"单子"和"单子论"两

个词条,上海辞书出版社 2000 年版。——译者注

2 即福柯的三卷本《性史》。——译者注

3 《性史:快感的享用》即全书的第二卷。——译者注

4 为了本文论述的目的,在这里和其他地方,所有从法文翻译过来的文字均为我自己所译,其中包括我对《褶子:莱布尼茨和巴洛克》(1993)一书译文的修正。

5 意向性(intentionality)是现象学中的一个著名概念。它"原为中世纪经院哲学的一个重要概念。后为布伦塔诺(Brentano)和胡塞尔接受并发挥。布伦塔诺和现象学将意向性视为所有心理之物的本质特征,即心理之物,或者说意识总是指向某物,指向某个对象。因此,根据现象学的学说,所有意识体验都是'意向性'体验,都是对某物的体验。如果人们对这些意向的体验进行现象学的还原,那么一方面人们可以把握意识的纯粹自我,这是意向性的关系中心,而经验自我被悬搁起来;另一方面人们可以获得一个客体,它在经受现象学还原之后,只是一个意向地被给予主体的东西,即纯粹自我的东西,即意向对象,它的客观存在也被悬搁起来。这样,在意识之中,有朝向主体的一端和朝向客体的一端,即发出意向的一端和通过自身的被给予而使此意向得到充实的一端,沟通这两端的便是意向性,也可说是意向活动,因为意向性是意识活动的本质特征。"参见夏基松主编,《现代西方哲学辞典》,上海辞书出版社 2007 年版,第 514-515页。——译者注

6 阿兰·巴迪欧在《吉尔·德勒兹,存在的喧哗》(*Gilles Deleuze, Clamor of Being*,1999)中强调了这个观点。

203

7 福柯的区分和德勒兹对概念力量的强调,很大程度上应归功于布朗肖的《说不是看》(Speaking Is Not Seeing)这篇两人对话(1993:25-32)。

8 福柯在《事物的秩序》(*The Order of Things*,1970)第一、二章的交界处提出了这个区分。它在其他许多历史研究中,特别是在让·塞亚尔(Jean Céard)和让-克劳德·马戈林(Jean-Claude Margolin)的《文艺复兴的画谜:会说话的图像》(*Rébus de la Renaissance:Images qui parlent*,1984)中表现了出来。

9　偏差是由西恩·汉德（Séan Hand）那典雅的《福柯》（1988）译文引发的，它把 embarkation 这个词翻译成作为"外在之内在"的"小船"。对于这个读者来说，重点在于行动，在于登船的动作，而非运送的模式，尽管福柯在《另类空间》（Of Other Spaces）（这是一次讲座，首次举办于 1967 年，首次发表于 1984 年［Foucault 1998］）中讨论异托邦（heterotopias）的时候，"小船"是一个具有优先性的形象，当然，还有《疯癫与文明》（*Madness and Civilization*，1973）开头的"愚人船"（stultifera navis）。

10　伊卡洛斯（Icarus）是希腊神话中的人物，为巧匠代达罗斯（Daedalus）之子。他与其父双双以蜡翼粘身飞离克里特岛，因飞得太高，蜡被阳光融化，坠爱琴海而死。——译者注

11　这种感知性可以在一个语法建构中看到，这个建构证明这种感知性是到处存在的："包含在作为主语的观念中的，永远是以动词为标志的事件，或者以介词为标志的关系：我在写作，我要去德国，我要横渡卢比肯河"（FLD：52，译文有改动）。

12　马拉美的"折扇"诗收于马拉美的《全集》中（1945：107-10）。

13　德勒兹在《电影 1：运动-影像》（1986）中写道，画框"既是可读的，又是可见的"（C1：12），在《电影 2：时间-影像》（1989）中他写道，影像被展示为"既是可读的，又是可见的"（C2：22）。至于最近关于德勒兹对褶子的理解的论述，请参见图恩和麦克唐纳（2010）。

批评, 临床

⊙ 丹尼尔·W. 史密斯

　　德勒兹1995年去世之前出版的最后一本书是题为"批评与临床"(*Critique et Clinique*, 1993)的论文集, 其中包括了致力于对各种哲学家(柏拉图、斯宾诺莎、康德、尼采和海德格尔)和文学名流(卡罗尔、阿尔弗雷德·雅里、凯鲁亚克、D.H.劳伦斯、T.E.劳伦斯、马佐赫、麦尔维尔和怀特曼)进行"临床"分析的文章(参见 ECC)。艺术家和哲学家就是生理学家(physiologists)或症状学家(symptomatologists), 即"文化的医生"(physicians of culture), 这是首先由尼采提出来的观念, 对他而言, 一切现象都是反映某种力量状态的符号或症状。[1] 德勒兹在他的著作中把这个尼采式观念带往了新的方向, 用它去探索精神病学和临床医学一方面与哲学, 另一方面与文学艺术的复杂关系。他曾写道, "(文学意义的)批评和(医学意义的)临床可能注定要进入一种相互取法的新型关系之中"(M: 14)。

　　在1967年的《受虐狂: 冷酷与残忍》(*Masochism: Coldness and Cruelty*)一书中, 德勒兹首先通过一个具体问题——在临床精神病学中, 为什么萨德侯爵(Marquis de Sade)[2]和利奥波德·冯·萨赫-

马佐赫(Leopold von Sacher-Masoch)³ 这两位文学名流的名字在19世纪被用来当作两种基本的"性变态"(perversions)的标签呢?——提出批评和临床的关系问题。⁴ 德勒兹认为,使这种文学和临床医学之间的相遇成为可能的,恰恰是临床医学语境内部的症状学的特殊状态。临床医学领域可以说至少是由三种不同的活动组成的:症状学(symptomatology),或对症状与符号的研究;病原学(etiology),或对病因的研究;还有治疗学(therapy),或治疗的发展与应用。虽然病原学和治疗学是临床医学不可或缺的部分,但症状学却标志着一个中性的位置(a neutral point),它是前-医学的(pre-medical)或亚-医学的(sub-medical),它也属于文学艺术和哲学,其程度并不亚于临床医学。德勒兹曾承认,"如果不处理症状学的问题,我就永远不会让自己写文章讨论精神分析和精神病学。症状学几乎是外在于临床医学的,它处于一个中性的位置上,一个零点上,在那里,艺术家、哲学家、医生以及病人可以彼此相遇"(DI:134,译文有改动)。

症状学的这种特殊状态如何解释呢?医生的医学诊断永远是一种判断行为:它需要真正的天资和技艺,一种只能通过治疗大量的病人才能获得的"鉴别力"(flair)。然而,康德在两种判断类型之间作了著名的区分,两者均在临床医学实践中起着作用。在"规定性"判断力(determinate judgement)中,普遍(概念)是已经给定的,问题在于对特殊加以规定,使之成为为普遍所适用的特殊;在"反思性"判断(reflective judgement)中,相反,只有特殊是被给定的,问题在于寻找与特殊相对应的普遍。⁵ 人们会认为,医生进行"规定性"判断:他们学习了疾病的概念,只需要将其用于他们的病人身上。但实际上,临床医学的诊疗是反思性判断的典范,因为,就特殊的病例而言,概念本身并非给定的,而是完全"不确定的"(problematic)。医生在特殊病例中遇到的是某一个症状或症状群,他的诊疗任务是发现相应的概念(即那个疾病的概念)。没有哪个医生会把发烧或头痛当作某种专门疾病的确定症状来处理;它们是许多疾病所共有的、十分不明确的症状,为了获得正确的诊治,医生必须解释并描述这个症状。如果人们要在临床医学中找一个规定性判断的例子,那么这个例子必然存在于诊断(therapeutic decision)之中:在这里,相对于特殊的病例而言,概念是被给定的,但困难在于它的应用(病人身上的禁忌症[counter-indications],等等)。[6]

尽管存在于规定性判断中的艺术与发明并不比反思性判断中的少,但德勒兹还是在把临床医学中最吸引他的层面——即"概念创造"(conception creativity)的作用——置于反思性判断之中。疾病是在典型病人(例如,卢·格里克氏症)身后以偶然方式命名的,但往往却把医生的名字赋予了这个疾病(例如帕金森氏症、阿尔茨海默症、克雅氏病等)。德勒兹认为,在这个贴标签过程背后的原理值得仔细分析。临床医生显然没有"发明"疾病,而是说他们把疾病"分离"了出来。通过把以前聚集在一起的症状分离开,同时又把它们和以前被分离开的那些症状并置在一起,他或她对迄今为止依然混淆不清的病例进行辨别。通过这种方式,医生为该疾病就创造了新颖的临床概念:这个概念的组成部分是症状(symptoms),即疾病的符号,而且它成了某种综合征(syndrome)的名称,标志着这些症状的聚集地,也就是它们共存或聚集的场所(例如杜尔雷斯综合征、阿斯伯格综合征、科尔萨科夫综合征,等等)。德勒兹已经把哲学定义为创造概念的活动,而概念创造在临床医学中同样也很明显,这种明显程度只会更多而不会更少。当一个临床医生把他或她的名字赋予一种疾病时,就构成了医学上的重大进步,只要这个恰当的名称是和确定的症状群或符号群连在一起的。如果疾病的命名通常是根据其症状而非病因,那么这

206

恰恰是因为正确的病原学首先依赖于严格的症状学。

　　的确,在许多情况下,病例的症状描述本身就很充分,无需发明相应的概念。菲尼斯·盖奇(Phineas Gage)[7]这个不同寻常的例子——他在额叶严重损坏的情况下活了下来——为神经病学研究开辟了重要道路。[8]而在戈德斯坦(Goldstein)和盖尔布(Gelb)1918年报道的约翰·施奈德(Johann Schnieider)[9]的病例中,病人可以抓挠他的鼻子,却无法指认它,这似乎揭示了具体实践和"抽象态度"(归类化)之间的差异。[10]梅洛-庞蒂(Merleau-Ponty)在阐发《知觉现象学》(Phenomenology of Perception,2002)中的"身体图式"(corporeal schema)时,采用了施奈德这个例子。奥利弗·萨克斯(Oliver Sacks)的《错把妻子当帽子》(Man Who Mistook His Wife for a Hat)[11]似乎显示出相反的状况:他[12]坚持"抽象态度",但是甚至丧失了识别自己妻子面孔的具体能力(面部失认症)(1970:8-22)。在所有这类情况中,病理研究的症状学提出了特殊的问题,神经病学要为之寻找病原学根据。这就是为什么德勒兹会写道,"作为临床医学科学性与实验性一面,病原学必须从属于症状学,而症状学则是其文学艺术的一面"(M:133)。

　　临床医学的历史因此可以被看作至少有两个层面。第一个层面是疾病史(the history of diseases),它会随着大量外在因素——新的细菌或病毒的出现,被革新的科学和治疗技术,不断变化的社会条件——而消逝、远去,或者重新出现并改头换面。但与此相互缠绕着的是症状学史(the history of symtomatology),它是临床医学的一种"语法"(syntax),有时候落后于治疗或疾病性质的变化,有时候则先于这种变化:症状以各种方式被分离、命名、重新命名、重新组织。从后一种角度来说,瘟疫和麻风病在过去更为常见,不仅是因为历史与社会的原因,还因为"人们倾向于把各种各样的疾病都聚集在这些名目之下,而这些疾病现在都被分门别类了"(M:

207

16)。临床医学的文化反响往往在症状学领域中产生最为强烈的共振。例如,第二次世界大战后,发现了源自"压力"的疾病,其中,紊乱不仅是由敌对力量产生的,也是由不甚明确的防御性反应引起的,要么狂暴肆虐,要么精疲力竭。战后,医学杂志中都在讨论现代社会的压力,讨论组织各种有关压力的疾病的新方法。最近已经发现了"自我免疫性"疾病,其中,防御机制再也无法识别它们所要保护的器官的细胞了,或者说,外在力量使得这些细胞不可能与其他细胞区别开来。德勒兹认为,艾滋病就存在于压力和自我免疫性这两极之间的某个地方(参见 N:132-3)。不难看出,疾病的这些新"样式"(这些疾病有携带者却没有罹患者,有形象却没有症状)如何被终止了在全球政治与战略舞台上的反映,在这些地方,战争的危险被视为不仅出自潜在的外来侵略者(作为"不明"敌人的恐怖分子),也出自失控的或崩溃的防御系统。苏珊·桑塔格(Susan Sontag)[13]以类似的倾向分析了试图包围疾病——比如肺结核("消耗性疾病")、癌症以及最新的艾滋病——的症状学神话(参见 Sontag 1978,2001)。

德勒兹的"批评与临床"计划背后隐藏的第一个思想就是:作家和艺术家就像大夫和临床医生一样,本身就可以被视为深邃的症状学家。施虐(sadism)和受虐(masochism)显然不是和帕金森症或阿尔茨海默症一样的疾病。如果说克拉夫特-埃宾(Krafft-Ebing)[14]1869 年(在一项于其 1889 年的《性心理疾病》[*Psychopathia Sexualis*]中达到顶峰的工作中)能够利用马佐赫的名字去命名一种基本的性变态,那并非因为马佐赫作为一个病人"染上了"这种病,而是因为他的文学作品分离出了一种特殊的存在方式,阐明了它的一种新的症状学,使得这份契约成了它的首要符号。当弗洛伊德创造"俄狄浦斯情结"(Oedipal complex)或当他讨论哈姆雷特的时候,他会以同样的方式使用索福克勒斯或莎士比亚的名字。德勒兹写道,"从弗洛伊德的天赋这个角度来看,并非是情结向我们提供了关于俄狄浦斯或哈姆雷特的信息,而是俄狄浦斯和哈姆雷特向我们提供了关于情结的信息"(LS:237)。正如德勒兹所解释的:

208　　　　　和病人相比,作家——如果他们是伟大作家的话——更像是医生。我们的意思是说,他们本身就是令人震惊的诊疗家或症状学家。总会有大量的艺术,被卷入对症状的组织或某个图表[tableau]结构之中,在那里,某个特定症状与另一个症状彼此分离,却又与第三个症状并置在一起,并且形成了一种关于紊乱或疾病的新形象。更新症状学图景的临床医生创作了一件艺术作品;反之,艺术家也是临床医生,既无关于他们本身的病例,也无关于一般意义上的病例;相反,他们是文明(civilization)的临床医生。

(LS:237,译文有改动)

德勒兹在某一点上极为深入,以至于表明,艺术家和作家经常可以比大夫和临床医生在症状学中前进得更远,而这恰恰是因为他们并不怎么关心原因"(DI:133)。毫无疑问,这解释了在他们讨论精神分裂的著作中,德勒兹和加塔利为什么频繁地求助于文学名流而非临床医生的著作。"我们已经因为过度引用文学作者而受到了批评",他们评论说。"但是,劳伦斯、米勒、凯鲁亚克、巴勒斯、阿尔托和贝克特比精神病学家和精神分析师更懂得精神分裂,这是我们的错吗?"(ATP:4)。

　　人们很容易看到,德勒兹对文学的理解和对作家与艺术家的"精神分析"式解释几乎完全相反,这种解释一般倾向于把作者当成真实的(或者至少是可能的)病人,其作品要是退一步,就被视为他们那无法化解的冲突的"解决";要进一步,就被视为那些冲突的"升华"。艺术家被当作临床病例,似乎他们本身就是病人,批评家们在他们的作品中寻找的就是神经症的征兆,好像这就是他们作品的秘密和隐藏的核心。在这类情况中,没必要对艺术作品"运用"精神分析,因为作品本身就被看作构成了一次成功的精神分析,它要么是一种解决,要么是一种升华。"重要的是作家本人作为一个创造者给临床心理学增添了什么,但作家却太过频繁地被认为不过就是给临床心理学增加了一个病例"(DI:133)。问题部分在于,精神分析的解释经常被束缚在一个"病原学的"文学概念上:"对于所有人本身而言,在他们心中似乎都有一本书,这仅仅是由于他们有一份特定的工作,或一个家庭,甚至病弱的父(母)亲,粗鲁的老板……所有人都遗忘的是,文学牵涉一种特殊的探索和努力,一种特殊的创造性目的,它只能通过文学本身来追求"(N:130)。或者,正如布朗肖指出的,文学只存在于第三者的条件下,这个第三者剥夺了我们说"我"(中性的)的权力(1993:384-5)。

209

德勒兹1967年讨论受虐狂的文章——《冷酷与残忍》——提供了一个他对文学的症状学理解的最鲜明的例子。这本书在概念层面对"施虐受虐狂"这个临床概念进行了尖锐批判,这个概念假定施虐狂和受虐狂是相互补充的力量,它们属于同一个疾病实体。精神病学家们受到引导,假设了这样一种"天然的综合征"(crude syndrome),德勒兹认为,这是由于它们依赖于(关于"性本能"本质的)草率的病原学假说,因而才满足于一种比马佐赫本人发现的要不精确得多,也混乱得多的症状学。由于临床医生的判断经常带有偏见,德勒兹在《冷酷与残忍》中的策略是使用一种文学的途径,它试图提供一种基于文学作品的、另类的对施虐狂与受虐狂的诊治,而这些作品则偏离了它们最初的目的。德勒兹的分析结果是双重的。在临床方面,德勒兹展示了施虐狂与受虐狂是两种无法比较的存在模式,它们的症状学彼此完全不同(一个施虐狂从来不会容忍受虐狂式的牺牲,而一个受虐狂式的虐待者也不会成为施虐狂)。在批评方面,他表明施虐狂和受虐狂的临床症状本身无法脱离萨德和马佐赫的文学技巧及风格。"症状学永远是艺术的一个问题",德勒兹写道。

> 施虐狂和受虐狂的临床特性并未脱离萨德和马佐赫特有的文学价值。我们的目标应该是一种批评与临床的评价,它能够揭示出真正不同的机制以及艺术原创性。

> (M:14)

当时,德勒兹把《冷酷与残忍》视为一系列文学-临床研究的首次亮相:"我想研究的是(这本书只是第一个例子)文学和临床精神病学之间的接合关系"(DI:133,译文有改动)。这种观念不是把精神病学概念应用于文学,而是反过来从作品本身中抽取并非预先存在的临床概念。在一次访谈中,当被问及他为什么从这个角度出发只讨论了萨德与马佐赫时,德勒兹回答道:

210

> 实际上,还有其他的作家,但他们的作品尚未从一种创造性症状学的层面得到认识,就像马佐赫一开始遇到的情况一样。与萨缪尔·贝克特的作品相对应的,是一个庞大的症状图表:它不仅涉及一个确定疾病的问题,也涉及一个症状世界,涉及作为症状学家的艺术家。

> (DI:132,译文有改动)

25年后,在1992年,德勒兹最终还是发表了一篇文章,分析贝克特围绕"筋疲力尽"这个主题所写的作品的症状学。[15]但是德勒兹也在他的写作中继续进行关于哲学文本的计划。当他略带夸张地问:"为什么没有和一般化的临床治疗相类似的'尼采主义'、'普鲁斯特主义'、'卡夫卡主义'、'斯宾诺莎主义'呢?"(D:120)时,他似乎在表明,他认为他讨论这些思想家的专著都陷入了"批评与临床"这个计划之中。例如,《尼采和哲学》(1962)展示了尼采如何通过分离出症状(怨恨[ressentiment]、忏悔、禁欲主义理想),在某种能动的和反动的力量关系中探索其病原学(谱系学方法),展示预测(虚无主义被自身所击败)和治疗(价值重估),从而诊治了某种疾病(虚无主义)。类似的,德勒兹的第二篇博士论文,《哲学中的表现主义:斯宾诺莎》(1968),展示了对斯宾诺莎的有限"样式"之构成的分析,它既包括了对其被动状态(人的奴役)的临床诊断,也包括了使其趋向能动(becoming-active)的治疗("伦理学的"任务)(EPS:11)。在某种意义上,德勒兹可以用与人们谈论阿尔茨海默症或杜尔雷斯综合征相同的方式,来谈论斯宾诺莎哲学中的"样式"或尼采哲学中的"权力意志",也就是说,这是一种由恰当的名称所预示的非个人的个人化方式。

就此而言,人们可以把德勒兹与加塔利的第一次合作——《反俄狄浦斯:资本主义与精神分裂》(1972)——看作德勒兹"批评与临床"计划的一个新方向。这本书把严重的精神病现象作为其对象,而这种现象向临床治疗方法提出了大量问题:不仅存在着和精神分裂病原学的不一致,甚至其症状学都一直不确定。在对精神分裂的大多数精神病学解释中,治疗标准是以纯粹否定的(negative)方式而被给予的,也就是说,它和自我中形成的毁灭与紊乱有关:不爱交际,孤独症,脱离现实。精神分析师会坚持这种否定性观点,但在《反俄狄浦斯》中,德勒兹和加塔利尝试了一种相反的途径:"根据我们从与精神病学的联系中获得的提示,我们试图重新考察那些被用来描述神经症的概念"(DI:234)。他们试图追随卡尔·雅斯贝尔斯(Karl Jaspers)和 R.D.莱恩(R.D.Laing),考察精神分裂的肯定性(positivity),不再认为它在一种存在模式(自我)中被现实化,而是把它当成一个纯粹的过程(process),也就是一种打断了个人或自我的、持续性的开放(opening)或破坏(breach)过程,它在一种充斥着"比现实更为"强烈、更为骇人之物的旅程中把自我夺走了(AO:24)。因此他们在作为过程的精神

211

分裂("突破")和作为临床实体的精神分裂("断裂")——它是由这个过程的中断引起的——之间进行了严格区分。总之,德勒兹和加塔利试图倾听精神分裂的话语,并从中引出一幅关于心灵的"精神分裂式分析"的图景。结果就是他们的精神分裂式的"无器官身体"(schizophrenic Body without Organs)这个概念,它有三个层面或组成部分:

- **器官的无机性作用**。对于精神分裂来说,身体器官首先作为"机器"的未被特别说明的因素发挥作用,也就是说,它们被体验为与其他部件相联系的组成部分:一棵树,一颗星,一个发光的电灯泡,一辆汽车,另一种器官。就它们本身而言,这些器官或部件彼此之间完全不同,完全处于一种相互外在的关系,没有任何联系,它们是纯粹的独异性(pure singularities)。但是它们又在一个复杂的机械装置中共同发挥作用。

- **无器官身体**。在这些器官-机器当中,第二个主题出现了:无器官身体本身可以说是一个流动的表面(a liquid surface),器官的无机性作用就发生于这个表面上;这是一个非生产性或反生产性的表面,它阻挠器官-机器的生产活动,有时使它们在紧张的麻木感中突然停止其运行轨道。但无器官身体真正的敌人并非器官本身。器官-机器和无器官身体共同的敌人是有机体(organism),也就是那个把总体化、合并化、整合化、抑制与分裂的机制强加在器官上的组织。在这个意义上,有机体的器官确实是无器官身体的敌人,无器官身体试图抗拒(repulse)它们,指控它们是过多的迫害机器。但无器官身体也吸引(attracts)器官,它挪用它们,使之在另一个机制(in another regime)而非有机体中运作。器官可以说是被无器官身体"神奇化"(miraculated)了,它与这个非有机性的"机器"机制相一致,这个机制不能和有机的机械装置相混淆,也不能和有机体组织相混淆。

- **强度中的关系**。但是,对精神分裂的描述还有第三个和最后一个组成部分:强度的主题。无器官身体的这些从未彼此分离的两极性——器官的活跃的无机作用和它们呆若木鸡的紧张的静止,以及存在于两者之间的所有吸引(attraction)与抗拒(repulsion)的变化——转化了精神分裂的全部痛苦,而且在它们中间产生了各种精神分裂的形式:偏执的形式(抗拒),及其神奇化的、奇异的形式(吸引)。这就是身体的强度现实,一个充满强度的环境,它潜藏在有机体"之下"或与之"相毗连",并且一直处于自我建构的过程之中。正是吸引和抗拒的平衡产生出病人穿梭于其中的各种强度状态,因此,无器官身体就是这么一种东西,它首先在有机体的整体组织中被感觉到,好像器官被体验为能够以无数种方式被联系起来的强度(或情动)。实际上,由于器官-机器和无器官身体是同一个事物,德勒兹和加塔利关于心灵的精神分裂式的分析模式是纯粹唯物主义的:"事实上,无意识属于物理学领域:无器官身体及其强度并非比喻,而是事关它们自身"(AO:283)。

212

正如德勒兹和加塔利所认为的,如果精神分裂作为我们这个时代的疾病出现,那么,它并不是关于我们生活模式普遍性的一种功能,而是和经济、社会及政治特性的精密机械装置有关。我们的社会再也不以符码和界域为基础,相反,却在大规模解码和解域化过程的基础上发挥作用。精神分裂就像我们社会的极限,但这个极限却总是被避免、被谴责、被嫌弃。精神分裂问题随之产生了:人们如何阻止突破变成断裂呢?人们如何阻止无器官身体封闭自身,变得既愚笨又麻木?人们如何使具有强度的状态战胜痛苦,却

又不让位给一种缓慢的状态，甚至也不让位给一种就像在医院看
到的那种最终的总崩溃的状态？是否有可能使用一种活跃的化学
力量或分裂的逻辑性分析，来确保精神分裂过程不走向它的反面，
即在精神病院中被发现的那种精神分裂生产？如果有可能的话，
那么，在何种群体类型中，又是什么样的集体性呢？

　　《反俄狄浦斯》因此给德勒兹的"批评与临床"计划这个概念
213　增加了第三个也是最后一个组成部分，即一种高级的症状学方法，
它不仅包括了（i）适当的名称的功能和（ii）名称所显示的症状与符
号的装置或多样性，也包括了（iii）每一类多样性中内在的变化或
"逃逸线"，它解释了新发现与新创造的可能性："一个过程而非一
个目的"（AO：133）。

　　就像德勒兹和加塔利通过症状学方法对生命的这种直接介入
一样，德勒兹对文学的理解既非文本性的，也非历史性的，而是"活
力论的"（vitalist），而且本身就以"生命"原则为依据（尼采、柏格
森）。在文学作品中，永远存在一个评价生命可能性的问题。但这
也意味着德勒兹的文学分析相当具有伦理学性，因为在德勒兹的
思想中，正是生命本身作为伦理学原则发挥着作用，绝非偶然的
是，福柯在他给美国版《反俄狄浦斯》写的序言中称它是"一本伦理
学著作"（1983：xiii）。德勒兹在道德（morality）和伦理（ethics）之
间反复进行严格区分。他使用"道德"这个术语来定义一般意义上
的任何一套"约束性"规则——比如道德的符码——它是由对行动
和意图的判断构成的（"这个是善，那个是恶"），判断的方式就是把
它们和先验的或普遍的价值联系起来。相反，他所说的"伦理"是
一系列"非强制性"［facultative］规则，它对我们所做、所说和所思也
加以评判，但根据的是内在的生存模式或它所隐含的生命可能
性。[16] 人们这样说或做，但却那样想或感觉：它隐含着什么存在模式
呢？这就是德勒兹所看到的斯宾诺莎和尼采之间的联系，他永远

把他们认作自己的哲学前辈。他们都以自己的方式认为,有些事是人们不能做或者想的,除非在虚弱或被奴役的条件下,除非人们心怀对生命的仇恨和怨怼;其他的有些事也是人们不能做或者想的,除非在强壮、神圣或自由的条件下,除非人们对生命加以肯定。内在的伦理区分(好—坏)以此方式代替了先验的道德对立(善—恶)。"超越善与恶",德勒兹写道,"至少并不意味着'超越好与坏'"(1968:491)。"坏的"和病态的生命就是一种被耗干的、堕落的存在模式,它从其病态角度评判生命,以"更高"价值的名义贬低生命。相反,"好的"和健康的生命是一种洋溢的、昂扬的存在模式,一种能够根据它所遇到的力量而调整自身的生命模式,它总是增加生命力,总是打开新的生命可能性。

同样,文学也是健康问题,每一部文学作品都隐含着一种生存方式、生命模式,它不仅必须以批评的方式,而且必须以临床的方式来得到评价。[17]"在伟大作家身上,风格永远是生命的风格,它并非任何纯个人性的东西,而是创造了一种生命的可能性,一种存在方式"(N:100)。这并不意味着作者必然享受充沛的健康状态;相反,艺术家就像哲学家一样,经常遭遇差劲的健康状态、虚弱的体质、脆弱的个人生命(例如斯宾诺莎的虚弱,劳伦斯咯血,尼采的偏头痛,德勒兹本人的呼吸系统疾病)。然而,这种虚弱并不源自于他们的疾病或神经症,而是源自于他们在生命中看到或感受到的某种对于他们来说极其伟大的东西,这种东西是无法承受的,"为他们身上增加了纯粹的死亡的印记"(WIP:172)。但是,这种东西也是尼采所说的"伟大的健康"(great health),是支持他们在疾病中活下去的动力。这就是为什么德勒兹坚持认为,写作从来不是私人的事,从来不只和我们的生活经验有关。"在文学中,采用那种'见得多走得远'的方法是没有前途的"(N:134)。小说不是从我们的梦境与幻想,记忆和旅行,遭遇和痛苦,意见与思想中被制造

214

出来的。的确,作家必然会受到他们生命经验的"启发"。但是,即使像托马斯·沃尔夫或亨利·米勒那样好像除了重述自己的生命什么都不做的作家,"也试图把生命搞成某种超个人性的东西,试图把生命从对它的囚禁中解放出来"(N:143;参见 WIP:171)。沃尔夫本人坚持认为,"对于一个拥有创作素材的人来说,不可能把他的生命经验变成文学的转录"(1936:22)。就德勒兹而言,生命本身是一种超越了任何生活经验的非个人性、非有机性力量,写作行为本身就是"生命的进行,超越了任何可能经历或已经经历的东西"(ECC:1)。因此,在每一部伟大的作品中,人们都抵达了一个地方,在此,"批评"与"临床"合二为一,而生命此时不再是个人的,作品也不再是历史的或文本的,而是成为"纯粹内在的生命"(DI:141)。

注释

1　例如,请参见弗里德里希·尼采,《作为文化医生的哲学家》(The Philosopher as Cultural Physician,1873),收录于 Brezeale(1979:67-76),尽管作为文化医生的哲学家这一观念在尼采的著作中反复出现。有关德勒兹对尼采的症状学方法的分析,请参见《尼采和哲学》(NP:x,3,75,79,157)。

2　萨德侯爵(Marquis de Sade,1740—1814),法国历史上著名的色情作家。他的作品大都描写病态的、带有施虐倾向的性欲。代表作是《索多玛 120 天》。——译者注

3　利奥波德·冯·萨赫-马佐赫(Leopold von Sacher-Masoch,1836—1895),奥地利作家,擅长描写虐恋小说。其地位可与萨德比肩。代表作有《穿貂皮大衣的维纳斯》。——译者注

4　萨德代表施虐狂类型的性欲癖好(Sadism),而马佐赫则代表受虐狂类型的性欲癖好(Masochism)。——译者注

5　康德:"一般判断力是把特殊思考为包含在普遍之下的能力。如果普

遍的东西(规则、原则、规律)被给予了,那么把特殊归摄于它们之下的那个判断力(即使它作为先验的判断力先天地指定了惟有依此才能归摄到那个普遍之下的那个条件)就是规定性的。但如果只有特殊被给予了,判断力为此必须去寻找普遍,那么这种判断力就只是反思性的",参见康德《判断力批判》,邓晓芒译,人民出版社 2002 年版,第 13-14 页。——译者注

6　关于规定性判断和反思性判断之间的区分,请参见德勒兹在《康德的批判哲学》(*Kant's Critical Phylosophy*,KCP:59-60)中的评论,他在那里运用了这些医学的例证,这并非不重要。

7　菲尼斯·盖奇(Phineas Gage,1823—1860),25 岁在美国佛蒙特州铁路工地工作时发生意外,被铁棍穿透头颅,从颧骨下面进入,从眉骨上方出去,但却依然存活。他本人也因此成为医学研究的热点。37 岁时因癫痫死去。——译者注

8　参见达马西奥对菲尼斯·盖奇的分析(1995:3-33)。

9　约翰·施奈德(Johann Scheider)是第一次世界大战的一名受害者。他由于受到外伤性脑损伤而罹患视觉失认症。德国医生柯尔特·戈德斯坦(Kurt Goldstein,1878—1965)和阿德马尔·盖尔布(Adhémar Gelb,1887—1936)对这一症状进行了深入研究。——译者注

10　关于最新的评价,请参见马罗塔和贝尔曼(2004)。

11　奥利弗·萨克斯(Oiver Sacks,1933—　)是美国著名的神经病学专家。《错把妻子当帽子》是他的一本畅销专著,其中记录了 24 位神经紊乱症患者的经历。《错把妻子当帽子》也是该书的第一章。——译者注

12　这里的"他"指的是该文中的皮博士。此人是著名的歌唱家和音乐家,在当地音乐学校任教。他具有良好的识别抽象图形的能力,但却无法辨认生活中具体的人和事,甚至错把自己妻子的头当作帽子,抓起来往自己头上戴。参见《错把妻子当帽子》,黄文涛译,中信出版社 2010 年版。——译者注

13　苏珊·桑塔格(Susan Sontag,1933—2004),美国著名作家、艺术评论家。代表作有《论摄影》《反对阐释》。——译者注

[14]　理查德·克拉夫特-埃宾(Richard Krafft-Ebing,1940—1922),奥地利精神病学家,性学研究创始人之一,早期的性病理、心理学家。1886年出版的《性心理疾病》是其代表作。——译者注

[15]　吉尔·德勒兹,《论筋疲力尽》(L'Épuisé),首次发表时,是塞缪尔·贝克特的《四个人》(Quad,1992;译文见 ECC:151-74)的后记,这里使用的是乌尔曼对最初译本进行修改后的版本(1995)。

[16]　"非强制性规则"(Règles facultatives)是德勒兹从社会语言学家威廉·拉博弗(William Labov)那里借用过来的术语,它指的是"没有任何常量的内部变化功能"(参见 FCLT:146-7,注释18)。

[17]　关于对德勒兹的《批评与临床》的广泛评价,参见博格(2003b)——其中包括了对德勒兹所有文学论述的解释——还有《德勒兹研究》(Deleuze Studies,4(2),2010),题为"德勒兹和症状学:关于健康的实践与矛盾"(Deleuze and the Symptom:On the Practice and Paradox of Health)。

17

哲　学

⊙ 格雷戈里·弗拉克斯曼

I

在吉尔·德勒兹那卷帙浩繁的著作中,哲学的本质被一个难题割裂开来,大体说来,这个难题是在哲学的概念化及其实践之间产生的。一方面,德勒兹表现出对哲学的持久信念,这在他的诸多评论中一直非常独特。现代哲学史就是由其他学科对它的持续移置(perpetual displacement)构成的,这已不是什么秘密。哲学的目标已经被割让给诗歌(海德格尔)和文学(罗蒂[1]),任凭批判理论(阿多诺)差遣,向解构主义(德里达)称臣,靠交往理论(哈贝马斯)代言,而且还被化约成了生物学(莱考夫[2])。我们似乎已经到了那可怕的时刻,那时,哲学再也不强加给我们自信,更糟的是,哲学陷入了一个甚至不那么可信的争论:"优秀的人们信心尽失,坏蛋们则充满了炽烈的狂热"。[3]正如德勒兹和加塔利承认的,"相信世界,相信生命已经成了我们最艰难的任务,或者说,在今天已经成了我们内在性平面上尚待探索的一项关于存在的任务"(WIP:

75)。引人注目的是,面对轻视哲学这一普遍倾向,德勒兹实际上却对这个学科备加关注,他寄寓于哲学史中,公布他对古典的喜好,甚至把他本人称为形而上学家(他补充到,是在柏格森所写的形而上学那个意义上的形而上学家)。毫无疑问,德勒兹相信哲学。

217　　而另一方面,我们必须承认,概念的多样化、联系的增殖化以及他向"非哲学"领域的扩展(WIP:41),证明德勒兹对哲学那近乎卓越的肯定是虚假的。该矛盾在德勒兹喜欢写评传这种情况中体现得最为明显,其他情况均无法与之相比,因为这种一般来说意味着忠诚(fidelity)的体裁,经过了柏格森、福柯、休谟、康德、莱布尼茨、尼采、普鲁斯特和斯宾诺莎(两次)等多次相乘,以至于德勒兹对哲学的肯定很容易唤起我们的惊叹:到底是哪一个德勒兹?!(which Deleuze?!)虽然其他哲学家仍然信任某一个特定的思想家或学派,但德勒兹没有对哪一个方法或预设宣布什么至高无上的忠诚:他不仅和数不清的哲学家彼此交往,还和许多作家、电影导演和艺术家打情骂俏。[4]还有比他更放浪形骸的哲学家吗?当然,这不过是个修辞的问题,但我认为它提出了一个真正的问题:相对于他和其他哲学家创造的哲学概念,我们该如何理解德勒兹的哲学概念?

　　由于这个问题构成了我们的出发点,所以,我们在这里从考虑德勒兹基本的哲学冲动开始,这种冲动受到了激情、欲望或者只被称为爱(philia)的东西的引导。用 E. M.福斯特(E. M. Forster)[5]的话说,德勒兹的内在命令(immanent imperative)就是"只要连接起来就行了!"(only connect)[6]德勒兹把哲学描述成创造概念的任务,但是我们要对此定义增加附带的说明:概念从不孤立地产生。相反,它们必须在爱恋的关系中被创造出来。德勒兹坚持认为概念是相互联系的(connective),具有婚配关系(conjugal),远远不是

对概念的完美无瑕的概念化过程大吹大擂。德勒兹走了一条放浪
形骸的路,处处形成新的联系,从事新的试验,总是愉快地,却又不
带任何承诺地回到那些已经产生出概念之愉悦的联系中去("产生
愉悦是哲学化的唯一动机"[PI:84]),但却远远不是把概念许配
给永恒中的唯一伴侣。对于所有先验的(priori)论断,对于所有概
念的贞操,对于所有自豪地宣称自己的孤独、严谨和纯粹的哲学们
来说,德勒兹宣称:相互交媾吧!(have intercourse!)但是对这个告
诫而言,我们应该补充:不要谁都乱操!(don't just fuck anyone!)。
对于德勒兹而言,乱交(promiscuity)要求我们培养品位,做出选
择,找到那些我们可以肯定其力量,我们可以更新其概念,或者将
其概念碎裂,使之成为全新概念的特征的哲学家们。总之,我们
根据他或她所选择的朋友——即将要被拿来承受的角色阵
容——来了解某个哲学家,因为这个装置规定了思考本身的特异
体质(WIP:64)。

按照传统,哲学被定义为爱智慧(philosophia),而哲学家被定
义为爱智之人,但是,哲学也很可能是一种依靠居于其核心的朋友
(philos)这个概念而进行的运动。"哲学家(philosophos)并不意味
着'智者'(wise man),而是'智慧之友'(friend to wisdom)[ami de
la sagesse]"(NP:5),德勒兹在《尼采和哲学》中写道,而这根本不
是小小的改动。哲学家——对他们来说,智慧是特殊且确定的谓
语——的先入之见让与了一个介词——让给了(to)朋友和智慧之
间潜在的不确定关系。因此,"在哲学中出现的朋友从不代表一个
外在的人,一个样品或经验主义的环境,而是代表一种内在于思想
的存在,一种思想自身的可能性条件,一个活的范畴,一种被经历
的先验现实[un vécu transcendantal]"(WIP:3)。我们会自然而然
地认为朋友是外在的他人,是和思想者有关的另一个人,是和哲学
有关的另一个概念。但是,当我们把哲学理解为一场诸关系的戏

剧时,朋友就被打造成一个内在因素,其角色就是突破惯例和传统,去承担思想,正如德勒兹所说,友谊的问题"直奔思想的核心"(N:162),但是,朋友的性质是什么呢? 与智慧为友又是什么意思? 什么是哲学?[7]

II

这些问题的出现关乎数不清的哲学家,朋友,同样还有敌人,但是在这一大堆混杂的集合体中,德勒兹一直保持着对尼采那充满激情,毫不动摇而且无可比拟的忠诚。即便就他和斯宾诺莎——他把斯宾诺莎当作"方程式"的另外半边,正是这个方程式划分了他的早期作品——的关系而言,德勒兹似乎也已经在尼采那里找到了那个他可以以之构想自己的哲学的朋友。凡是在斯宾诺莎要求德勒兹"根据哲学史的标准"(D:15)从事最传统的学术工作的地方,德勒兹都说尼采要求采用一种做(doing)哲学的新方式。[8]他正是从尼采那里学会了以矛盾的方式来"为自己说话"(N:6)。[9]

1962年的《尼采和哲学》典型地代表了德勒兹开始了他追随尼采的学徒期,但是这本书的意义也在于它打破了一个间断期,德勒兹在这个间断期中没有发表过任何东西。"如果你想把著述-生平的原则用在我身上",他说,"我承认我的处女作[1953年的论休谟的著作]写得相当早,后来的八年我只字未动"(N:138)。但是,这位年轻的哲学家似乎已经在从事某种构思,估量他所期待的学术视野并幻想着一种逃逸的途径。这就解释了尼采一开始对德勒兹的吸引力,尼采提供了一种可能性,即远离那唬人的传统的深沟壕堑。[10]正如皮埃尔·布迪厄曾经表明的,也正如我们此处所证实的,没有什么比他在特定学术传统中的争议性地位更能让尼采

成为年轻一代法国哲学家"易于接受的哲学教父"（1990：xxiv），尤
其是德勒兹，他发现这个传统太令人窒息了。"正是尼采把我从所
有这一切中拽了出来"，德勒兹解释说，因为尼采"给你一种反常
的品位，当然，马克思和弗洛伊德都不曾给予过这样一种品位，即
各人以自己的方式[en son proper nom]说出简单的东西，靠着情
动、强度、经验、实验来讲话"（N：6）。[11]

通过宣示对尼采的所有权，德勒兹把自己从占据统治地位的
或"多数人的"哲学论断中解放了出来，我们对德勒兹和哲学的讨
论启动的正是这种矛盾性操作——反过来，学徒期的过程也成了
自由的源泉。的确，我们可能会受到诱惑，说德勒兹和尼采结成的
友谊变成了某种方法，这个简单的结论走得太远却又不够远。相
对于尼采，德勒兹并不渴望建构稳固的程序，而是想塑造一种对他
的朋友和他们共享的相遇——无论这相遇是多么不可预料——表
示友善的模式。虽然其他哲学家也可能激发他的亲和力，但德勒
兹却是以一种亲密性来对待尼采，这种亲密性暗示着更为深厚的
情感，一种"反常的品位"，他们共享了这种品位，就像是共享了奇
怪的叛变的秘密。哲学的这个秘密是什么呢？

请再次把哲学思考为与智慧交友：由于尼采"想让智慧超越自
身并且被超越"（NP：6），德勒兹写道，所以，他通过抛弃庄严
感——思想总是带着这种庄严感前进——通过接受一种无尽的傲
慢精神，和智慧结下了友谊："我希望克服那种完全不负责任的感
觉"（NP：21）。[12]哲学家曾经大胆地揭露过形而上学-道德责任的系
统吗？在《论道德的谱系》和其他一些地方，尼采把道德回溯到根
深蒂固的残酷系统（system of cruelty），意识作为对债务的铭刻，正
是从这个系统中产生出来的（"在赤裸的肉体中使用最残酷的记忆
术，强加一种词语记忆，而这种记忆正是以古代的生物宇宙的记忆
为基础"[AO：185]）。[13]无论是神圣还是世俗，债务都以承诺的形

式给我们心中打下烙印:"凭着作出承诺的权利来饲养动物",尼采写道,"这难道不是一项矛盾的任务,即让自然把自己设置成人吗?"(1969:II,§1)。

为了回应这个任务,尼采宣称他将了结这份债务,支持一种完全不同的责任,或者我们所说的友谊。正如德勒兹所言,尼采使朋友(philos)成为"诉求于智慧的人,但是诉求的方式和人们诉求于伪装——离了这伪装,人便无法存活——的方式如出一辙,他是将智慧用于新颖、怪异和危险目的的人,而这些目的根本算不得明智"(NP:6)。尼采把这种不明智的智慧(unwise wisdom)回溯到恶魔的本能,这种本能在他童年时期第一次拜访了他,那时他开始经历那些价值——其源头存在于世界的背后——存在中的超自然性忧虑,更准确地说是犹疑不定[Bedenklichkeit]。这个恶魔,他写道,"过早地进入了我的生活,如此地不邀而至,如此地不可抗拒,它与我的环境、年龄、惯例、血统[Herkunft]——我几乎有权把它称为我的"先验性"(a priori)——十分矛盾"(1969:I,§3,译文有改动)。当我们回忆尼采早期对苏格拉底的批判时,这种冲动的独特性极大地触动了我们,人所共知,正是苏格拉底宣称自己被恶魔般的本能,一种内心声音所占据,它介入其中,以便预先阻止不明智的行动。[14]但是,尼采说,如果苏格拉底把这种本能引入思想之中,那他这么做就只是为了肃清哲学的悲剧-神秘精神(tragic-orphic spirit),肃清它的狄俄尼索斯式逃逸,从而把哲学打发给理性的压抑。苏格拉底使本能成为批判的才能,使意识成为造成自身阳痿的可悲力量:一个"畸形的怪胎!"(a monstrosity per defectum)(Nietzsche 1967:§13)。

相反,尼采的恶魔把这种可悲的唯心主义变成了一种肯定的本能和快乐的激情。德勒兹在写尼采时说,"哲学的用处是使人悲伤",但是即便最具悲剧性的伤痛也已经具有内在的欢乐,因为它把我们从迄今为止的神秘化的源泉中解放了出来（NP：106）。尼采从不热衷于更高的价值，在面对一切价值时，他的恶魔以无法平息的怀疑行动着。他唯一的先验性（a priori）就是不信任先验性（a priori）；哲学家不情愿怀疑特定的价值，这就产生了一种相互抵消的倾向，即对一切价值的不信任，不管这价值是名副其实还是名不副实。对于德勒兹来说，德勒兹写道，"如果价值不被视为需要刺穿的容器，需要打碎的雕像以便找出它们所容之物，那么价值观念失去一切意义，无论它是最神圣的还是最平凡的"（NP：55）。毕竟，是什么赋予价值以价值性呢？价值背后有什么东西吗？我们所说的"好价值"来源于最卑劣的本能吗？"赋予了那些美好而光荣的事物以价值[Werth]的一切，都和那看起来像是它们的邪恶对立面的东西有牵连，有联系或羁绊，这是很有可能的"，尼采写道："或许它们本质上就是一样的。很有可能！"（1989：I，§2）。尼采圆满完成了这次以《超善恶》（*Beyond Good and Evil*）为起点的著名的转移，它带着一个与我们这里相关的问题："但是，谁愿意掌握这种危险的'很有可能'（Perhaps）呢！"（1989：I，§2）。

III

221

　　我们提出的答案——朋友——反映了尼采向德勒兹提出的挑战。无论这挑战是否明确，我们总是会从尼采的话中听到他对后来的哲学家们的挑衅：有种就跟我来吧，但要知道，作为挑战，我的友谊势必会有我的时代无法接受的风险和危机。我们的前提是德勒兹接受了尼采的挑战，而且这个决定变成了与尼采和智慧的友谊，它围绕着风险甚至危机的意义给他的哲学定位，但近些年来，这种风险已经从德勒兹的哲学中被驱除出去，达到了惊人的程度。如果朋友不是那个你敢与之"以另类方式思考"（penser autrement）

的人,那么他又是谁呢?

这个反常的意见或许有助于解释为什么德勒兹声称尼采是最伟大的哲学之友,是那个渴望成为最不明智(unwise)之人的人。请通过"变得明智"(soyez sage)这个法语表达来思考这种渴望,其字面意思被包含在一个更为口语化的意思中,即要听话(to behave)。用哲学方式来说,"变得明智"就是要"好好听话",但是与这个反动倾向相反,尼采让智慧回转到自身,重新打造它那最神圣的真理——认识你自己(gnothi seauton),我思故我在(cogito ergo sum),敢于运用理性(sapere aude)——对它进行各种颠倒:我们很可能是自我的局外人,很可能是无意识的,或许我们应该敢于成为不明智的人。这些祷文形成了尼采与哲学之友谊的不是原则的原则(unprincipled principles),但它们也构成了德勒兹发现的前所未有的友谊概念。对于德勒兹来说,友谊不是什么修辞上的华丽辞藻,也不仅仅是隐喻,而是哲学的一种特定的意义。友谊无疑是绝对"真实的",但这种真实一直内在于思考。"这并不是指从事思想工作的两个朋友",德勒兹和加塔利写道,"相反,正是思想本身要求在朋友之间分享思想"(WIP: 69)。[15]

我们通过设想他们的思想轮廓来"结交"朋友:朋友并不是指哪个现实中的个人,甚至也不是指个人这个概念,而是指我们先前所说的"概念人物"(conceptual persona)。正如德勒兹和加塔利所写的那样,"带着个人化特征的概念人物在一片混乱和内在性平面的图表性特征之间进行干预,它也在这个平面和占满这个平面的概念的强度特征之间进行干预"(WIP: 69)。一开始,德勒兹和加塔利使内在性平面成为哲学的场所或非场所(non-place),因为它提供了一个场域,思想的特征——强度和独异性,感知和情动——在其中作为概念被配置起来。但是在平面和概念之间,他们坚持认为,概念人物作为一种关系手段和类型介入其中:他就是某种

"第三者"（third thing）（Kant 1998：A155）。[16] 这样一类中间人（intermediary）实际上是由康德提出的,对于他来说,这个"第三者"解释了图型法（schematism）[17] 把经验与先验联结起来的神秘操作。但是,在康德把图型视为"规定"的法则的地方,[18] 德勒兹却回避了支持友谊过程的任何一种法则,这种友谊信任那些其任务就是在内在性平面的一片混沌中进行中介并创造概念的概念人物（N：125）。而在康德把概念定义为统觉的统一（a unity of apperception）——它总是被化约为"我思……"这种形式——的地方,德勒兹却围绕着一种非个人性形式来组织思想,这种形式可以容纳数不清的人物（personae）："人们通过……思考"。

相对于概念人物的个性特征,哲学接近于非个人主义（impersonalism）,它通过持续不断地把化身（avatars）、朋友和敌人——人的同一性通过他们变成了人的生成（the becoming of the one）[l' on]——联系在一起,从而抛弃了一切可确定的同一性（determinable identity）。[19]"我再也不是我自己了,而是一种思想的才能,它寻找着自我,并在某个在好几个地方都从我身上穿越而过的平面上延展开来"（WIP：64）。[20]这种操作的发生,使概念人物就好像许多潜水员,从内在性平面降落到海底,在那里,独异性就像许多散落的珍珠一样七零八落地躺着。概念人物不惧深渊,聚集这些闪闪发光的纵坐标,然后返回表面,这些独异性将在那里被掷在内在性的台面上,就像"从偶然的混沌中掷了一把骰子"（WIP：75）。通过每一次的投掷,我们归纳出将在概念中被排列、被集中、被图解的特征。

概念人物或许会置身于特定的哲学界域之中,也可能对其他哲学界域进行解域,但德勒兹认为没有它们哲学就不会发生。的确,朋友带来了一种分享（partage）方式和游牧分布（répartition）的方式,至少,按照德勒兹的定义,思考若是没有它们就不会发生。

德勒兹解释了概念人物作为朋友在许多场合起作用的过程,但可能没有什么地方比在致迪奥尼·马斯科洛(Dinoys Mascolo)的信里说得更简洁的了。后者预设思考的秘密产生于朋友之间,对此,德勒兹却认同其反面:"友谊才是第一位的"(TR:329),因为它使"思想运动的条件"(WIP:4)成为必需。友谊形成了一个环境,其中,思想经历和实验摆脱了我们的成见和习惯而产生出来。如果朋友就是"纯粹思想的条件",这是因为这个人物还引入了不信任和痛苦、戒备和忧虑的景象。恰好,只要朋友需要我们的信任,激发我们的认可,那就无需告诉任何人正是他们把我们带进了自己从未经历过的艰难险阻。因此,在这封信中,就像更普遍地存在于德勒兹著作中的情况一样,我们称之为"朋友"的内在联系的变化经历了种种情动、倾向和难题,引导着哲学家们超越属于完全相同的主体(self-same subject)的思考前提和范围。

在这种倾向中,为了表现哲学借以有效地开启自身的那种精神气质,我们或许可以借助所谓的"假朋友"(faux amis)而得出结论。这个短语原本是指法语和英语之间虚假的同源性,也就是说,有无数这样的情况,即同样的词,或两个词之间近似的同一性隐藏了它们在各自语言中不同的意义(例如,在英语中,能指"椅子"[chair]意味着"一件家具",但在法语中,同样的词却意味着"肉体")。但是,在我们的讨论中,假朋友指的是那些假装是哲学之友的人,如果我们把"假装"本身理解为做假朋友的话。在英语中,"假装"(to pretend)这个动词代表着一种伪造、假扮,当然还有做作的行为,但在法语里,假装(prétendre)还意味着自称对某物的所有权(stake a claim)。[21]朋友就是声称对哲学拥有所有权的人,或者宣称哲学与他有亲密关系的人,但假朋友这么做是建立在传说的真理的基础之上,它背叛了伟大的哲学的不明智(the great unwisdom of philosophy),却支持形而上学和道德上的确定性。真理似乎让朋友们欢聚一堂，似乎确保了他们的忠诚，订立了他们的契约，即便如此，德勒兹还是坚持认为，友谊构成了一种方式，思想借助这种方式变成了一个难题（problem），而且意识到它本身是一个难题。反过来说，哲学的问题大概只能"在'朋友之间'提出来，就像一个秘密[confidence]或一种信任[confiance]，又像面对仇敌时的一场挑战，与此同时，它抵达了那个夜幕降临的时刻，彼时就连朋友也无法相信"（WIP：2）。[22]哲学的难题大概只能在朋友间提出，这只是因为在这样一种关系中——它恰恰关乎相互之间的信任（confiance）——我们可以引入不信任。大概也只有在朋友间我们才能冒这样的风险。

注释

1　理查德·罗蒂（Richard Rorty，1931—2007），美国著名哲学家、思想家。代表作有《语言学转向》、《哲学与自然之镜》等。——译者注

2　乔治·莱考夫（George Lakoff，1941—），美国著名的认知语言学家。——译者注

3　出自叶芝的名诗《基督重临》（The Second Coming）（Yeats 1996：187）。（这里采用的是袁可嘉先生的译文。——译者注）

4　德勒兹写道："每一种哲学都必须获得自己谈论艺术和科学的方式"，他还补充说："（一个）哲学概念绝不能和科学功能或艺术建构相混淆，而是要在科学或艺术风格的这个或那个领域中寻找它自己与这些事物的亲密关系"（DR：xvi）。

5　爱德华·摩根·福斯特（Edward Morgan Forster，1879—1970），英国著名作家。代表作有《看得见风景的房间》、《霍华德庄园》、《小说面面观》等。——译者注

6　这是 E.M.福斯特的小说《霍华德庄园》（1998）中的一个警句。（读者可参见福斯特《霍华德庄园》第二十二章，苏福忠译，人民文学出版社 2009 年版，第 228 页。——译者注）

7　关于这个问题，请参见本书中查尔斯·斯蒂瓦尔的导论。

⁸　在他组织的唯一一次研讨会——即 1964 年在罗亚曼(Royaumont)修道院举行的关于尼采的著名会议——结束时,德勒兹坚持认为尼采的最大贡献就是创造了一种"改变哲学的新的表现方式"(DI:127)。

⁹　《保卫说话》(Pourparlers)中的完整的引文是:"以某人自己的名义讲话,这是一件很奇怪的事;因为这根本不是某人把自己当成'我',当成一个以他自己的名义来讲话的个人或主体的时刻"(《保卫说话》,第 15-16页,自译)。的确,对于德勒兹来说,斯宾诺萨和尼采恰恰是内在性的叛徒,他引导哲学进入了迄今为止被隐藏、被诅咒的领域:它既解释了一个充满革命性的力量平面,一具充满情动的激进的身体,也解释了不受约束的概念创造,德勒兹以此塑造了他自己的哲学中那些众多非正统的因素(参见 ABC:"H:哲学史[History of Philosophy]")。

¹⁰　德勒兹回忆说,在他接受正规教育的时代,"没人谈论尼采"——只有在个别场合中,他才被叫去参加 1950 年代主流哲学的戏剧演出(现象学,存在主义哲学,甚至科耶夫的马克思主义),但他非常不适合参加这场演出(DI:136)。"所有关于世纪末的伟大哲学观念",梅洛-庞蒂宣称(他小心翼翼地把尼采哲学也包括了进来),"都始自黑格尔"(1964:111)。参见德孔布(1980:11)。

¹¹　对德勒兹在存在主义和结构主义之后的诉求的描述,请参见施里夫特(1995:3)。

¹²　德勒兹此刻引用的是《权力意志》中的片段,这段话并未出现在英文的删节版中。请参见尼采的法文版本(1991:III,383)。

¹³　原文是:"se servir de la mnémotechnie la plus cruelle, en plein chair, pour imposer une mémoire des paroles sur base du refoulement de la vieille mémoire bio-cosmique"(AO:218),对于德勒兹和加塔利来说,它构成了某种能动的重复。

¹⁴　据说苏格拉底说过:"神的支持赋予我非凡的才能,自我童年时代起,这才能就从未离我而去";"这个声音,在它让自己被人听见时,阻止我去做将要做的事情,而且从不催促我前进"(Plato 1963:40a)。

¹⁵　这里的英文翻译进一步加强了思想,但却没能抓住德勒兹概念的雅

致："Ce ne sont pas deux amis qui s'exercent à penser, c'est la pensée qui exige que le penseur soit un ami, pour qu'elle se partage en ellemême et puisses'exercer"（"他们并不是一对正在实践思维的朋友，而是思维本身要求以思维者为友，从而使思维本身能够被分享并且得以实践。"［译文请参见《什么是哲学?》，张祖建译，湖南文艺出版社 2007 年版，第 297 页。——译者注]）（WIP：68）。

16 康德："这就承认了：我们必须超出一个给予的概念以便把它和一个别的概念综合地加以比较，所以就需要一个第三者，只有在它里面两个概念的综合才能产生出来。但什么是这个作为一切综合判断的媒介的第三者呢？只有某种把我们的一切表象都包括在自身中的总括，也就是内感官，及其先天形式时间。"参见康德《纯粹理性批判》，邓晓芒译，人民出版社2004 年版，第 149 页。——译者注

17 康德："由此可见，必须有一个第三者，它一方面必须与范畴同质，另一方面与现象同质，并使前者应用于后者之上成为可能。这个中介的表象必须是纯粹的(没有任何经验性的东西)，但却一方面是智性的，另一方面是感性的。这样一种表象就是先验的图型。"参见康德《纯粹理性批判》，邓晓芒译，人民出版社 2004 年版，第 139 页。——译者注

18 康德："于是我们从这一切中看出，每一种范畴的图型都包含和表现着仅仅一种时间的规定……因此，图型无非是按照规则的先天时间规定而已，这些规则是按照范畴的秩序而与一切可能对象上的时间序列、时间内容、时间次序及最后，时间总和发生关系的。"参见康德《纯粹理性批判》，邓晓芒译，人民出版社 2004 年版，第 143 页。——译者注

19 "一个人"(l'on)这个代词的重要性不应该被低估，如果我们忽略了正是"一个人"这个代词构成了德勒兹书写机器的卓越之处(par excellence)，那我们就太粗心了。虽然"一个人"暗示着一种非个人的独异性，但它作为一个代词却被用来指称一个复数的群体(就像第一人称复数或"我们")。当我们说"人们获许"去做某事（"one is permitted" to do something)，我们实际上的意思是任何人或一切人都获得了允许。因此，在英语中，"一个人"经常就成了"你们"，在这个意义上，比方说，第二人称

就被用来谈论一般的事物状态("这些天里,你们不能相信任何人")。不管怎样,德勒兹对代词的使用坚持一种独特性,但这种独特性永远是复数的。正如我在其他地方所说的,正是在这个层面上,我们才应该理解德勒兹概念的单义性(univocity),也就是一种风格。参见弗拉克斯曼(2011)。

225 20 在这里,德勒兹(和加塔利)的意思并不能完全被英语所理解:"Je ne suis plus moi, mais une aptitude de la pensée à se voir et se développer à travers un plan qui me traverse en plusieurs endroits"("我不是自我了,而是思维的一种本领,思维通过它可以看到自己并且在一个在多处穿过自己的平面上获得发展。"[译文请参见《什么是哲学?》,张祖建译,湖南文艺出版社2007年版,第287页。——译者注])(WIP:62)。

21 这个观点是史密斯(2005)提出的。

22 这里必须提出两点。首先,法语的 confiance 带领我们进入了一场有趣的文字游戏。词根 fi-使我们想起 foi(faith,信念),还有 se méfier(to be wary of,谨慎的),se fier(to trust in/rely on,信任/依赖),fier(proud, even conceited sometimes,自豪的,有时甚至自负的)。其次,在法语原文中,被英文本翻译成"夜幕降临"(twilight)的那个词的含义带有一种更为复杂和具有诗意的召唤:"et tout à la fois atteindre à cette heure, entre chien et loup, où l'on se méfie même de l'ami"("与此同时,在这一刻,身处野狼和家犬之间,连朋友也要谨慎提防。")(WIP:1)。换句话说,友谊产生的不信任把我们推入了物种之间,狼和狗之间的间隔地带,生成(becoming)就是在那里发生的。这一观点我受惠于爱丽丝·哈里斯(Elise Harris)。

本年表引用并翻译自法国德勒兹研究所网站（Institut français）。关于德勒兹年表的详细信息可以参见多斯（2010）。

1925 年 1 月 18 日	出生于巴黎 中学就读于卡诺中学
1944—1948 年	在索邦（Sorbonne）学习哲学，他在那里遇到了弗朗索瓦·夏特莱（François Chatelet）、米歇尔·比托尔（Michel Butor）、克劳德·朗兹曼（Claude Lanzmann）、奥利维耶·勒沃·达隆（Olivier Revault d'Allones）和米歇尔·图尼耶（Michel Tournier）。 主要的教授有：费迪南德·阿尔基耶（Ferdinand Alquié）、乔治·康吉莱姆（Georges Canguihem）、莫里斯·德·冈迪亚克（Maurice de Gandillac）、让·伊波利特（Jean Hyppolite）。 经常参观 La Fortelle 这座供人居住的法式

城堡,在那里,玛丽-玛德莱娜·达维(Marie-Madeleine Davy)在1944年解放期间组织了知识分子和作家的会面,其中包括费萨特神父(Father Fessard)、皮埃尔·克洛索夫斯基(Pierre Klossowski)、雅克·拉康(Jaques Lacan)、兰扎·德尔瓦斯托(Lanza del Vasto)和让·波扬(Jean Paulhan)。

1948 年	获得哲学教师资格文凭(agrégation diploma in philosophy)。
1948—1957 年	在亚眠中学、奥尔良中学和路易大帝中学(巴黎)担任哲学教授。
1957—1960 年	在索邦任哲学史助教。
1960—1964 年	任 CNRS(法国国家研究中心,巴黎)专职研究员。
1962 年	在位于克莱蒙-费朗的朱尔·维耶曼(Jules Vuillemin)家中会见了米歇尔·福柯。
1964—1969 年	任里昂大学副教授(Chargé d'enseignement)。
1969 年	博士论文答辩,第一篇论文是《差异与重复》(Difference and Repetition,由莫里斯·德·冈迪亚克指导),第二篇论文是《哲学中的表现:斯宾诺莎》(Expression in Philosophy: Spinoza,由费迪南德·阿尔基耶指导)
1969 年	遇到费力克斯·加塔利,并开始从事合作的研究计划。
1969 年	任巴黎八大(万塞讷大学)教授,福柯刚刚从那里离开,德勒兹在此地再次遇到弗朗索瓦·夏特莱。

228

1969 年后　　　　　参与各种左翼政治活动。

1987 年　　　　　　从教学岗位上退休。

独特的个性特征：几乎不旅行，从未加入共产党，从来也不是现象学家或海德格尔派，从未宣布放弃马克思，从不否认 1968 年的五月风暴。

1995 年 11 月 4 日在巴黎自杀。

参考文献

吉尔·德勒兹的著作

Deleuze, G. 1961. "De Sacher-Masoch au masochisme". *Arguments* 5 (21): 40-46.

Deleuze, G. with Madeleine Chapsal 1967. "Mystique et masochisme". *La Quinzaine littéraire* 25: 12-13.

Deleuze, G. 1983. *Nietzsche and Philosophy*, H. Tomlinson (trans.). New York: Columbia University Press. [Originally published as *Nietzsche et la philosophie* (Paris: Presses universitaires de France, 1962).]

Deleuze, G. & F. Guattari 1983. *Anti-Oedipus: Capitalism and Schizophrenia*, R. Hurley, M. Seem & H. R. Lane (trans.). Minneapolis, MN: University of Minnesota Press. [Originally published as *L'Anti-Oedipe: Capitalisme et schizophrénie I* (Paris: Minuit, 1972).]

Deleuze, G. 1984. *Kant's Critical Philosophy*, H. Tomlinson & B. Habberjam (trans.). Minneapolis, MN: University of Minnesota Press. [Originally published as *La Philosophie critique de Kant* (Paris: Presses universitaires de France, 1963).]

Deleuze, G. 1985. "Les plages d'immanence". In *L'Art des Confins: Mélanges offerts à Maurice de Gandillac*, A. Cazenave & J.-F. Lyotard (eds), 79- 81. Paris: Presses universitaires de France.

Deleuze, G. 1986. *Cinema* 1: *The Movement-Image*, H. Tomlinson (trans.). Minneapolis, MN: University of Minnesota Press. [Originally published as *Cinéma* 1, *L' Image-mouvement* (Paris: Minuit, 1983).]

Deleuze, G. & F. Guattari 1986. *Kafka: Toward a Minor Literature*, D. Polan (trans.). Minneapolis, MN: University of Minnesota Press. [Originally published as *Kafka: Pour une littérature mineure* (Paris: Minuit, 1975).]

Deleuze, G. 1987. Seminar session on Leibniz, *WebDeleuze*. www.webdeleuze. com/php/sommaire.html (accessed June 2011).

Deleuze, G. & F. Guattari 1987. *A Thousand Plateaus: Capitalism and Schizophrenia II*, B. Massumi (trans.). Minneapolis, MN: University of Minnesota Press. [Originally published as *Mille plateaux: capitalisme et schizophrénie II* (Paris: Minuit, 1980).]

Deleuze, G. & C. Parnet 1987. *Dialogues*, H. Tomlinson & B. Habberjam (trans.). New York: Columbia University Press. [Originally published as *Dialogues* (Paris: Flammarion, 1977).]

Deleuze, G. 1988a. *Bergsonism*, H. Tomlinson & B. Habberjam (trans.). New York: Zone Books. [Originally published as *Le Bersonisme* (Paris: Presses universitaires de France, 1966).]

Deleuze, G. 1988b. *Foucault*, S. Hand (trans.). Minneapolis, MN: University of Minnesota Press. [Originally published as *Foucault* (Paris: Minuit, 1986).]

Deleuze, G. 1988c. *Périclès et Verdi: La Philosophie de François Châtelet*. Paris: Minuit.

Deleuze, G. 1988d. *Spinoza: Practical Philosophy*, R. Hurley (trans.). San Francisco, CA: City Lights Books. [Originally published as *Spinoza: philosophie pratique* (Paris: Presses universitaires de France, 1970).]

Deleuze, G. 1989. *Cinema* 2: *The Time-Image*, H. Tomlinson & R. Galeta (trans.). Minneapolis, MN: University of Minnesota Press. [Originally published as *Cinéma* 2, *L' Image-temps* (Paris: Minuit, 1985).]

Deleuze, G. 1990a. *Expressionism in Philosophy: Spinoza*, M. Joughin (trans.). New York: Zone Books. [Originally published as *Spinoza et le problème de l' expression* (Paris: Minuit, 1968).]

Deleuze, G. 1990b. *The Logic of Sense*, M. Lester & C. Stivale (trans.), C.

Boundas (ed.). New York: Columbia University Press. [Originally published as *Logique du sens* (Paris: Minuit, 1969).]

Deleuze, G. 1991a. *Masochism: Coldness and Cruelty*, J. McNeil (trans.). New York: Zone Books. [Originally published as "Le Froid et le Cruel", in *Présentation de Sacher-Masoch* (Paris: Minuit, 1967).]

Deleuze, G. 1991b. *Empiricism and Subjectivity: An Essay on Hume's Theory of Human Nature*, C. Boundas (trans.). New York: Columbia University Press. [Originally published as *Empirisme et subjectivité: Essai sur la nature humaine selon Hume* (Paris: Presses universitaires de France, 1953).]

Deleuze, G. 1993a. *The Fold: Leibniz and the Baroque*, T. Conley (trans.). Minneapolis, MN: University of Minnesota Press. [Originally published as *Le Pli: Leibniz et le baroque* (Paris: Minuit, 1988).]

Deleuze, G. 1993b. "One Less Manifesto", A. Orenstein (trans.). In *The Deleuze Reader*, C. V. Boundas (ed.), 204-22. New York: Columbia University Press. [Originally published in C. Bene & G. Deleuze, *Superpositions* (Paris: Minuit, 1979).]

Deleuze, G. 1994. *Difference and Repetition*, P. Patton (trans.). New York: Columbia University Press. [Originally published as *Différence et répétition* (Paris: Presses universitaires de France, 1988).]

Deleuze, G. & F. Guattari 1994. *What Is Philosophy?*, H. Tomlinson & G. Burchill (trans.). New York: Columbia University Press. [Originally published as *Qu'est-ce que la philosophie?* (Paris: Minuit, 1991).]

Deleuze, G. 1995. *Negotiations, 1972-1990*, M. Joughin (trans.). New York: Columbia University Press. [Originally published as *Pourparlers 1972-1990* (Paris: Minuit, 1990).]

Deleuze, G. & C. Parnet 1996. *L'Abécédaire de Gilles Deleuze*, Pierre-André Boutang (dir.). Video Editions Montparnasse.

Deleuze, G. 1997a. "Desire and Pleasure", M. McMahon (trans.), http://eng7007. pbworks. com/w/page/18931081/DesireAndPleasure (accessed August 2011). [Also published as "Desire and Pleasure", in *Two Regimes of Madness*, A. Hodges & M. Taormina (trans.), 122-34 (New York: Semiotext(e), 2006), and in *Foucault and his Interlocutors*, A. Davidson (ed.), 183-92 (Chicago, IL: University of Chicago Press, 1996). Originally published as "Désir et plaisir", *Magazine littéraire* 325 (1994): 59-65.]

Deleuze, G. 1997b. *Essays Critical and Clinical*, D. W. Smith & M. A. Greco (trans.). Minneapolis, MN: University of Minnesota Press. [Originally published as *Critique et clinique* (Paris: Minuit, 1993).]

Deleuze, G. 1997c. Seminar session on Spinoza, *WebDeleuze*, T. Murphy (trans.), www. webdeleuze. com/php/texte. php? cle = 14& groupe = Spinoza& langue = 2 (accessed June 2011). [Original work published in 1978.]

Deleuze, G. 2000. *Proust and Signs*, R. Howard (trans.). Minneapolis, MN: University of Minnesota Press. [Originally published as *Proust et les signes* (Paris: Presses universitaires de France, 1964).]

Deleuze, G. 2001a. "Immanence: A Life", A. Boyman (trans.). In *Pure Immanence: Essays on A Life*, 25-34. New York: Zone Books. [Originally published as "L'Immanence: Une Vie", *Philosophie* 47 (1995): 3-7. Reprinted in *Deux régimes de fous* (Paris: Minuit, 2003), 359-63.]

Deleuze, G. 2001b. "Nietzsche", A. Boyman (trans.). In *Pure Immanence: Essays on A Life*, 53-102. New York: Zone Books. [Originally published as *Nietzsche* (Paris: Presses universitaires de France, 1965).]

Deleuze, G. 2001c. *Pure Immanence: Essays on A Life*, A. Boyman (trans.). New York: Zone Books.

Deleuze, G. 2003. *Francis Bacon: The Logic of Sensation*, D. W. Smith (trans.). Minneapolis, MN: University of Minnesota Press. [Originally published as *Francis Bacon: Logique de la sensation* (Paris: Editions de la différence, 1981).]

Deleuze, G. 2004. *Desert Islands and Other Texts*, 1953-1974, M. Taormina (trans.), D. Lapoujade (ed.). New York: Semiotext(e). [Originally published as *L'Ile deserte et autres textes* (Paris: Minuit, 2002).]

Deleuze, G. 2006. *Two Regimes of Madness*, A. Hodges & M. Taormina (trans.), D. Lapoujade (ed.). New York: Semiotext(e). [Originally published as *Deux régimes de fous* (Paris: Minuit, 2003).]

其他著作

Adejunmobi, M. A. 2007. "Nigerian Video Film as Minor Transnational Practice". *Postcolonial Text* 3(2): 1-16.

Ahmed, S. 2010. *The Promise of Happiness*. Durham, NC: Duke University Press.

Alliez, E. (ed.) 1998. *Gilles Deleuze, une vie philosophique*. Le Plessis-Robinson: Institut Synthélabo.

Allsop, S. 2004. " More than This: Sofia Coppola's *Lost in Translation* ". http://cinetext. philo. at/magazine/allsop/lostintranslation. html (accessed June 2011).

Althusser, L. 1971. "Ideology and Ideological State Apparatus". In *Lenin and Philosophy and Other Essays*, B. Brewster (trans.), 121-73. London: New Left Books. [Originally published in *Lénine et la philosophie* (Paris: Maspero, 1969).]

Ambrose, D. C. 2009. "Tryptichs, Eternity and the Spirituality of the Body". *Deleuze Studies* 3(2): 259-73.

Ambrose, D. & W. Khandker (eds) 2005. *Diagrams of Sensation: Deleuze and Aesthetics. Pli: Warwick Journal of Philosophy* 16.

Ansell Pearson, K. (ed.) 1997. *Deleuze and Philosophy: The Difference Engineer*. New York: Routledge.

Antonioli, M. 2003. *Géophilosophie de Deleuze et Guattari*. Paris: Hachette.

Antonioli, M. 2006. " Rhizome/Relation, Chaosmose/Chaos-monde ". *Symposium* 10(1): 343-52.

Aristotle 1998. *Metaphysics* Γ.1, C. Kirwan (trans.). Clarendon Aristotle Series. Oxford: Clarendon Press.

Ashcraft, K. L. & M. E. Pacanowsky 1996. " 'A Woman's Worst Enemy': Reflections on a Narrative of Organizational Life and Female Identity". *Journal of Applied Communication Research* 24: 217-39.

"Assemblage" (n.d.) *McGraw-Hill Encyclopedia of Science and Technology Online*. www.accessscience. com/popup. aspx? id = 7270&name = def(accessed June 2011).

Bachelard, G. [1950] 2000. *The Dialectic of Duration*, M. M. Jones (trans.). Manchester: Clinamen Press.

Badiou, A. 1999. *Gilles Deleuze: The Clamor of Being*, L. Burchill (trans.). Minneapolis, MN: University of Minnesota Press. [Originally published as *Gilles Deleuze: La clameur de l'être* (Paris: Hachette, 1997).]

Badiou, A. 2006. *Logiques des mondes*. Paris: Seuil.

Ball, K. 2005. "Organization, Surveillance and the Body: Towards a Politics of Resistance". *Organization* 12(1): 89-108.

Bataille, G. 1988. *The Accursed Share: An Essay on General Economy*, R. Hurley (trans.). New York: Zone Books.

Bateson, G. 1972. *Steps to an Ecology of Mind: Collected Essays in Anthropology, Psychiatry, Evolution, and Epistemology.* Chicago, IL: University of Chicago Press.

Beaulieu, A. 2006. "La Politique de Gilles Deleuze : du marxisme au peuple manquant". *Symposium* 10(1): 327-42.

Beckett, S. 1992. *Quad.* Paris: Minuit.

Bell, J. & C. Colebrook (eds) 2009. *Deleuze and History.* Edinburgh: Edinburgh University Press.

Bene, C. & G. Deleuze 1979. *Superpositions.* Paris: Minuit.

Bennett, J. 2004. "The Force of Things: Steps Toward an Ecology of Matter". *Political Theory* 32(3): 347-72.

Bensmaïa, R. 1994. "On the Concept of Minor Literature: From Kafka to Kateb Yacine". See Boundas & Olkowski (1994), 213-28.

Benveniste, E. 1971. *Problems in General Linguistics*, M. E. Meek (trans.). Coral Gables, FL: University of Miami Press.

Bergmann, J. R. 1993. *Discreet Indiscretions: The Social Organization of Gossip*, J. Bednarz, Jr. (trans.). New York: Aldine de Gruyter. [Originally published as *Klatsch: zur Sozialform der diskreten indiscretion* (Berlin: de Gruyter, 1987).]

Bergson, H. [1907] 1911. *Creative Evolution*, A. Mitchell (trans.). New York: Henry Holt & Co. [Reprinted in 1983 (Lanham, MD: University Press of America).]

Bergson, H. [1986] 1994. *Matter and Memory*, N. M. Paul & W. S. Palmer (trans.). New York: Zone Books.

Berman, J. 2004. "Ethical Folds: Ethics, Aesthetics, Woolf". *Modern Fiction Studies* 50(1): 151-72.

Blackman, L. 2008. "Affect, Relationality and the Problem of Personality". *Theory, Culture & Society* 25(1): 27-51.

Blackman, L. 2009. "'Starting Over': Politics, Hope, Movement". *Theory, Culture & Society* 26(1): 134-43.

Blackman, L. & C. Venn (eds) 2010. *Special Issue: Affect. Body & Society* 16(1).

Blanchot, M. 1982. *The Space of Literature*, A. Smock (trans.). Lincoln, NE: University of Nebraska Press. [Originally published as *L' Espace intérieur* (Paris: Gallimard, 1955).]

Blanchot, M. 1993. *The Infinite Conversation*, S. Hanson (trans.). Minneapolis, MN: University of Minnesota Press. [Originally published as *L' Entretien infini* (Paris: Gallimard, 1969).]

Bleeker, M. 2001. "Sharing Technologies: Thought and Movement in Dancing". In *Micropolitics of Media Culture: Reading the Rhizomes of Deleuze and Guattari*, P. Pisters (ed.), 57-73. Amsterdam: Amsterdam University Press.

Bogard, W. 2006. "Surveillance Assemblages and Lines of Flight". In *Theorizing Surveillance: The Panopticon and Beyond*, D. Lyon (ed.), 97-122. Portland, OR: Willan Publishing.

Bogue, R. 2003a. *Deleuze on Cinema*. New York: Routledge.

Bogue, R. 2003b. *Deleuze on Literature*. New York: Routledge.

Bonta, M. & J. Protevi (eds) 2004. *Deleuze and Geophilosophy: A Guide and Glossary*. Edinburgh: Edinburgh University Press.

Bookchin, M. 1971. *Post-Scarcity Anarchism*. Berkeley, CA: Ramparts Press.

Boundas, C. (ed.) 2006a. *Deleuze and Philosophy*. Edinburgh: Edinburgh University Press.

Boundas, C. V. 2006b. "What Difference Does Deleuze's Difference Make?" *Symposium* 10(1): 397-423.

Boundas, C. (ed.) 2009. *Gilles Deleuze: The Intensive Reduction*. London: Continuum.

Boundas, C. & D. Olkowski (eds) 1994. *Gilles Deleuze and the Theater of Philosophy*. New York: Routledge.

Bourdieu, P. 1990. *Homo Academicus*, P. Collier (trans.). Cambridge: Polity Press.

Bowden, S. 2010. "Deleuze's Neo-Leibnizianism, Events, and *The Logic of Sense*'s 'Static Ontological Genesis'". *Deleuze Studies* 4(3): 301-28.

Braidotti, R. 1991. *Patterns of Dissonance*, E. Guild (trans.). Cambridge: Polity Press.

Braidotti, R. 1994a. "Toward a New Nomadism: Feminist Deleuzian tracks; or, Metaphysics and Metabolism". See Boundas & Olkowski (1994), 157-86.

Braidotti, R. 1994b. *Nomadic Subjects: Embodiment and Sexual Difference in Contemporary Feminist Theory*. New York: Columbia University Press.

Braidotti, R. 1996. "Nomadism With a Difference: Deleuze's Legacy in a Feminist Perspective". *Man and World* 29: 305-14.

Braidotti, R. 2002. *Metamorphoses: Towards a Materialist Theory of Becoming*. Cambridge: Polity Press.

Braidotti, R. 2003. "Becoming Woman: Or Sexual Difference Revisited". *Theory, Culture & Society* 20(3): 43-64.

Braidotti, R. 2006a. *Transpositions: On Nomadic Ethics*. Cambridge: Polity Press.

Braidotti, R. 2006b. "Posthuman, All Too Human: Towards a New Process Ontology". *Theory, Culture & Society* 23(7 & 8): 197-208.

Bray, A. & C. Colebrook 1998. "The Haunted Flesh: Corporeal Feminism and the Politics of (Dis)Embodiment". *Signs* 24(1): 35-68.

Bréhier, E. 1928. *La Théorie des incorporeals dans l' ancien stoïcisme*. Paris: Vrin.

Brezeale, D. (ed.) 1979. *Philosophy and Truth*. Atlantic Highlands, NJ: Humanities Press.

Broadhurst, J. (ed.) 1992. *Deleuze and the Transcendental Unconscious. Pli: Warwick Journal of Philosophy* 4.

Bryden, M. (ed.) 2001. *Deleuze and Religion*. New York: Routledge.

Buchanan, I. (ed.) 1999. *A Deleuzian Century?* Durham, NC: Duke University Press.

Buchanan, I. 2000. *Deleuzism: A Metacommentary*. Durham, NC: Duke University Press.

Buchanan, I. 2008. *Deleuze and Guattari's* Anti-Oedipus. London: Continuum.

Buchanan, I. & C. Colebrook (eds) 2000. *Deleuze and Feminist Theory*. Edinburgh: Edinburgh University Press.

Buchanan, I. & G. Lambert (eds) 2005. *Deleuze and Space*. Edinburgh: Edinburgh University Press.

Buchanan, I. & J. Marks (eds) 2000. *Deleuze and Literature*. Edinburgh: Edinburgh University Press.

Buchanan, I. & A. Parr (eds) 2006. *Deleuze and the Contemporary World*. Edinburgh: Edinburgh University Press.

Buchanan, I. & M. Swiboda (eds) 2004. *Deleuze and Music*. Edinburgh:

Edinburgh University Press.

Buchanan, I. & N. Thoburn (eds) 2008. *Deleuze and Politics*. Edinburgh: Edinburgh University Press.

Burchill, L. 2010. "Becoming-Woman: A Metamorphosis in the Present Relegating Repetition of Gendered Time to the Past". *Time & Society* 19 (1): 81-97.

Burdick, A. 2004. "The Biology of Batteries". *Discover* 25(1): 15-16.

Butler, J. 2004. *Undoing Gender*. New York: Routledge.

Canning, P. 2001. "Power". In *Encyclopedia of Postmodernism*, V. E. Taylor & C. Winquist (eds), 311-13. London: Routledge.

Céard, J. & J.-C. Margolin 1984. *Rébus de la Renaissance: Des images qui parlent*, 2 vols. Paris: Maisonneuve.

Charlton, J. I. 2000. *Nothing About Us Without Us: Disability, Oppression, and Empowerment*. Berkeley, CA: University of California Press.

Cheah, P. 2008. "Nondialectical Materialism". *Diacritics* 38(1-2): 143-57.

Clough, P. & J. Halley (eds) 2007. *The Affective Turn: Theorizing the Social*. Durham, NC: Duke University Press.

Colebrook, C. 2000a. "Introduction". See Buchanan & Colebrook (2000), 1-17.

Colebrook, C. 2000b. "From Radical Representations to Corporeal Becomings: The Feminist Philosophy of Lloyd, Grosz, and Gatens". *Hypatia* 15(2): 76-93.

Colebrook, C. 2004. "The Sense of Space: On the Specificity of Affect in Deleuze and Guattari". *Postmodern Culture* 15(1). http://muse.jhu.edu/login? uri =/ journals/postmodern_culture/v015/15.1colebrook.html (subscription; accessed June 2011).

Colebrook, C. 2006. *Deleuze: A Guide for the Perplexed*. London: Continuum.

Collins, L. 2010. "Making Restorative Sense with Deleuzian Morality, Art Brut, and the Schizophrenic". *Deleuze Studies* 4(2): 234-55.

Colman, F. J. 2011. *Deleuze and Cinema: The Film Concepts*. Oxford: Berg Publishers.

Conio, A. 2009. "Deleuze, Bacon and the Challenge of the Contemporary". *Deleuze Studies* 3(2): 233-46.

Conley, T. 2003. "Afterword: A Politics of Fact and Figure". In Gilles Deleuze, *Francis Bacon: The Logic of Sensation*, D. W. Smith (trans.), 130-

49. Minneapolis, MN: University of Minnesota Press.

Conley, V. A. 2000. "Becoming-Woman Now". See Buchanan & Colebrook (2000), 18-37.

Conrad, J. 1984. *Chance: A Tale in Two Parts*. London: Hogarth Press.

Conway, J. 2010. *Gilles Deleuze: Affirmation in Philosophy*. London: Palgrave Macmillan.

Coppola, S. (dir.) 2003. *Lost in Translation*. American Zoetrope/Elemental Films.

Corsani, A. & T. Murphy 2007. "Beyond the Myth of Woman: The Becoming-Transfeminist of (Post)Marxism". *SubStance* 36(1): 107-38.

Cousin, P.-H., L. L. Sinclair, J.-F. Allain & C. E. Love (eds) 1990. *Harper Collins French Dictionary* (College Edition). New York: HarperCollins.

Crawford, L. C. 2008. "Transgender Without Organs? Mobilizing a Geo-affective Theory of Gender Modification". *Women's Studies Quarterly* 36(3 & 4): 127-43.

Cressole, M. 1973. *Deleuze*. Paris: Editions universitaires.

Cronfeld, C. 1996. *On the Margins of Modernism: Decentering Literary Dynamics*. Berkeley, CA: University of California Press.

Damasio, A. 1995. *Descartes' Error: Emotion, Reason, and the Human Brain*. New York: Macmillan.

Delacampagne, C. 1999. *A History of Philosophy in the Twentieth Century*, M.B. DeBevoise (trans.). Baltimore, MD: Johns Hopkins University Press. [Originally published as *Histoire de la philosophie au XXe siècle* (Paris: Seuil, 1995).]

DeLanda, M. 2006. *A New Philosophy of Society: Assemblage Theory and Social Complexity*. New York: Continuum.

DeLanda, M. 2008. "Deleuze, Materialism and Politics". See Buchanan & Thoburn (2008), 160-77.

Derrida, J. 2005. *Paper Machine*, R. Bowlby (trans.). Stanford, CA: Stanford University Press.

Descombes, V. 1980. *Modern French Philosophy*, L. Scott-Fox & J. M. Harding (trans.). New York: Cambridge University Press.

D'haen, T. 1999. "'America' and 'Deleuze'". In *Traveling Theory: France and the United States*, S. Bertho & T. Hoenselaars (eds), 39-53. Madison, NJ: Fairleigh Dickinson University Press.

Dosse, F. 2010. *Gilles Deleuze and Félix Guattari: Intersecting Lives*. New York: Columbia University Press.

Driscoll, C. 2000a. "The Woman in Process: Deleuze, Kristeva and Feminism". See Buchanan & Colebrook (2000), 64-85.

Driscoll, C. 2000b. "The Little Girl, Deleuze and Guattari". In *Critical Assessments of Leading Philosophers*, G. Genosko (ed.), vol 3, 1464-79. New York: Routledge. [Originally published in *Antithesis* 8 (2) (1997): 79-100.]

Driscoll, C. 2002. *Girls: Feminine Adolescence in Popular Culture and Cultural Theory*. New York: Columbia University Press.

Edbauer, J. 2004. "Executive Overspill: Affective Bodies, Intensity, and Bush-in-Relation". *Postmodern Culture* 15(1). http://muse.jhu.edu/login?uri =/journals/pmc/v015/15.1edbauer.html [subscription; accessed June 2011].

Edmunds, L. 2010. "Kafka on Minor Literature". *German Studies Review* 33 (2), 351-74.

Farber, R. (ed.) 2010. *Secrets of Becoming: Negotiating Whitehead, Deleuze, and Butler*, 3rd edn. New York: Fordham University Press.

Faye, J.-P. 2000. "Philosophe le plus ironique". In *Tombeau de Gilles Deleuze*, Y. Beaubatie (ed.), 91-9. Tulle: Mille sources.

Feinstein, H. 2004. "Interview with Lars Von Trier". *See Magazine* (22-8 April).

Flaxman, G. (ed.) 2000. *The Brain Is The Screen: Deleuze and the Philosophy of Cinema*. Minneapolis, MN: University of Minnesota Press.

Flaxman, G. 2011. *Gilles Deleuze and the Fabulation of Philosophy, Volume 1: Powers of the False*. Minneapolis, MN: University of Minnesota Press.

Flieger, J. A. 2000. "Becoming-Woman: Deleuze, Schreber and Molecular Identification". See Buchanan & Colebrook (2000), 38-63.

Forster, E. M. 1998. *Howards End*. New York: Signet.

Foucault, M. 1970. *The Order of Things*. New York: Pantheon. [Originally published as *Les Mots et les choses* (Paris: Gallimard, 1966).]

Foucault, M. 1972. *The Archeology of Knowledge*, A. Sheridan (trans.). New York: Pantheon. [Originally published as *L'Archéologie du savoir* (Paris: Gallimard, 1969).]

Foucault, M. 1973. *Madness and Civilization*, R. Howard (trans.). New

York: Vintage. [Originally published as *Histoire de la folie à l' âge classique*; *folie et déraison* (Paris: Plon, 1961).]

Foucault, M. 1977. *Discipline and Punish: The Birth of the Prison*, A. Sheridan (trans.). Harmondsworth: Penguin. [Originally published as *Surveiller et punir: naissance de la prison* (Paris: Gallimard, 1975).]

Foucault, M. 1978. *The History of Sexuality*, R. Hurley (trans.). New York: Pantheon. [Originally published as *La Volonté de savoir* (Paris: Gallimard, 1976).]

Foucault, M. 1980. *The History of Sexuality*, Volume One, R. Hurley (trans.). New York: Vintage. [Originally published as *La volonté de savoir: Histoire de la sexualité* 1 (Paris: Gallimard, 1976).]

Foucault, M. 1983. "Preface". In G. Deleuze & F. Guattari, *Anti-Oedipus: Capitalism and Schizophrenia*, R. Hurley, M. Seem & H. R. Lane (trans.), xi-xiv. Minneapolis, MN: University of Minnesota Press. [Reprinted in English in *Power: Essential Works of Michel Foucault*, J. Faubion (ed.), 106-110 (New York: New Press, 2000). Reprinted in Foucault (1994a), vol. 3, 133-136.]

Foucault, M. 1985. *The History of Sexuality: The Use of Pleasure*, R. Hurley (trans.). New York: Pantheon. [Originally published as *Histoire de la sexualité* 2: *L' usage des plaisirs* (Paris: Gallimard, 1984).]

Foucault, M. 1991. *Remarks on Marx*, R. J. Goldstein & J. Cascaito (trans.). New York: Semiotext(e). [Originally published in Italian as "Conversazione con Michel Foucault", *Il Contributo* 4(1) (1980): 23-84; reprinted in Foucault (1994a), vol. 4, 41-95.]

Foucault, M. 1994a. *Dits et écrits*, 4 vols. Paris: Gallimard.

Foucault, M. 1994b. "The Art of Telling the Truth". In *Critique and Power: Recasting the Foucault/Habermas Debate*, M. Kelly (ed.), 139-48. Cambridge, MA: MIT Press.

Foucault, M. 1996. "How Much Does it Cost for Reason to Tell the Truth?", M. Foret & M. Martius (trans.). In *Foucault Live*, S. Lotringer (ed.), 348-62. New York: Semiotext(e). [Original interview conducted in German in 1983; reprinted in Foucault (1994a), vol. 4, 431-57.]

Foucault, M. 1998. "Different Spaces". In *Aesthetics, Method, and Epistemology: The Essential Works of Michel Foucault*, P. Rabinow (ed.), R. Hurley (trans.), vol. 2, 175-85. New York: New Press. [Reprinted in

Foucault (1994a), vol. 4, 752-62.]

Foucault, M. 2000. "The Subject and Power". In *Power: The Essential Works of Foucault* 1954-1984, P. Rabinow (ed.), 326-48. New York: New Press. [Originally published in English in *Michel Foucault: Beyond Structuralism and Hermeneutics*, H. L. Dreyfus & P. Rabinow (eds) (Chicago, IL: University of Chicago Press, 1982); reprinted in Foucault (1994a), vol. 4, 222-43.]

Foucault, M. & G. Deleuze 1977. "Intellectuals and Power". In *Language, Counter-Memory, Practice*, D. Bouchard (ed.), 205-17. Ithaca, NY: Cornell University Press. [Originally published in *L' Arc* 49 (1972): 3-10; reprinted in Foucault (1994a), vol. 2, 306-15.]

Freud, S. 1959. *Collected Papers*, vol. 3. New York: Basic Books.

Fuglsang, M. & B. M. Sorensen (eds) 2006. *Deleuze and the Social.* Edinburgh: Edinburgh University Press.

Gambs, D. 2005. "Training Movement". *Qualitative Inquiry* 11(2): 157-69.

Gandillac, M. de. 1945. "Approches de l' amitié". In *L' Existence*, A. de Waehlens (ed.), 63-7. Paris: Gallimard.

Garo, I. 2008. "Molecular Revolutions: The Paradox of Politics in the Work of Gilles Deleuze". See Buchanan & Thoburn (2008), 54-73.

Gatens, M. 1995. *Imaginary Bodies: Ethics, Power, and Corporeality.* London: Routledge.

Gaudlitz, E. 2010. "Stuttering in Beckett as Liminal Expression within the Deleuzian Critical-Clinical Hypothesis". *Deleuze Studies* 4(2): 183-205.

Geyskens, T. 2008. "Painting as Hysteria: Deleuze on Bacon". *Deleuze Studies* 2(2): 140-54.

Goggin, G. 2011. *Global Mobile Media.* New York: Routledge.

Goh, I. 2007. "The Question of Community in Deleuze and Guattari (II). After Friendship". *Symploké* 15(1-2): 218-42.

Goldstein, K. & A. Gelb 1918. "Psychologische Analysen hirnpathologischer Falle auf Grund von Untersuchungen Hirnverletzer". *Zeitschrift fur die gesamte Neurologie und Psychiatrie* 41: 1-142.

Goulimari, P. 1999. "A Minoritarian Feminism? Things to do with Deleuze and Guattari". *Hypatia* 14(2): 97-120.

Gregg, M. & G. Seigworth (eds) 2010. *The Affect Theory Reader.* Durham, NC: Duke University Press.

Griggers, C. 1997. *Becoming-Woman.* Minneapolis, MN: University of

Minnesota Press.

Grossberg, L. 2010. *Cultural Studies in the Future Tense*. Durham, NC: Duke University Press.

Grosz, E. 1993. "A Thousand Tiny Sexes: Feminism and Rhizomatics". *Topoi* 12: 167-79.

Grosz, E. 1994. *Volatile Bodies: Toward a Corporeal Feminism*. Bloomington, IN: Indiana University Press.

Grosz, E. 2001. *Architecture from the Outside: Essays in Virtual and Real Space*. Cambridge, MA: MIT Press.

Grosz, E. 2002. "Feminist Futures?" *Tulsa Studies in Women's Literature* 21 (1): 13-20.

Grosz, E. 2005. *Time Travels: Feminism, Nature, Power*. Durham, NC: Duke University Press.

Grusin, R. 2010. *Pre-Mediation: Affect and Mediality after 9/11*. New York: Palgrave Macmillan.

Guattari, F. 1984. "Anti-psychiatry and Anti-psychology". In *Molecular Revolution: Psychiatry and Politics*, R. Sheed (trans.), 45-50. New York: Penguin. [Originally published in *La Revolution moléculaire*, 139-46 (Fontenay-sous-Bois: Recherches, 1977).]

Guattari, F. 1995. "Everywhere At Once" [interview with M. Butel], C. Wiener (trans.). In *Chaosophy*, S. Lotringer (ed.), 27-35. New York: Semiotext(e). [Excerpt of interview originally published as "1985-Entretien avec Michel Butel", in F. Guattari, *Les Années d'Hiver*, 1980-1986, 80-121 (Paris: Barrault, 1986).]

Guattari, F. 1996a. "Ritornellos and Existential Affects", J. Schiesari & G. Van Den Abeele (trans.). In *The Guattari Reader*, G. Genosko (ed.), 158-71. Oxford: Blackwell. [Originally published as "Ritournelles et Affects existentiels", in *Cartographies schizoanalytiques*, 251-67 (Paris: Galilée, 1989).]

Guattari, F. 1996b. "Microphysics of Power/Micropolitics of Desire", J. Caruana (trans.). In *The Guattari Reader*, G. Genosko (ed.), 172-81. Oxford: Blackwell. [Originally published as "1985-Microphysique des pouvoirs et micropolitiques des désirs", in F. Guattari, *Les Années d'Hiver*, 1980-1986, 207-32 (Paris: Barrault, 1986).]

Guattari, F. 2000. *The Three Ecologies*, I. Pindar & P. Sutton (trans.).

London: Athlone. [Originally published as *Les trois écologies* (Paris: Galilée, 1989).]

Guattari, F. 2006. *The Anti-Oedipus Papers*, S. Nadaud (ed.), K. Gotman (trans.). New York: Semiotext(e).

Haggerty, K. D. & R. V. Ericson 2000. "The Surveillant Assemblage". *British Journal of Sociology* 51(4): 605-22.

Hall, S. 1986. "On Postmodernism and Articulation: An Interview with Stuart Hall", L. Grossberg (ed.). *Journal of Communication Inquiry* 10: 45-60.

Hallward, P. 2006. *Out of this World: Deleuze and the Philosophy of Creation*. London: Verso.

Haraway, D. 2008. *When Species Meet*. Minneapolis, MN: University of Minnesota Press.

Hardt, M. 1993. *Gilles Deleuze: An Apprenticeship in Philosophy*. Minneapolis, MN: University of Minnesota Press.

Harris, D. W. 1999. "Keeping Women in Our Place: Violence at Canadian Universities". In *Canadian Woman Studies: An Introductory Reader*, N. Amin *et al.* (eds), 264-74. Toronto: Ianna Publications.

Hay, J. 2000. "Unaided Virtues: The (Neo-) Liberalization of the Domestic Sphere". *Television & New Media* 1(1): 53-73.

Hegel, G. W. F. 1977. *Phenomenology of Spirit*, A. V. Miller (trans.). Oxford: Oxford University Press.

Hickey-Moody, A. C. & M. L. Rasmussen 2009. "The Sexed Subject in-between Deleuze and Butler". In *Deleuze and Queer Studies*, M. Storr & C. Nigianni (eds), 37-53. Edinburgh: Edinburgh University Press.

Holland, E. 2006. "Nomadologie affirmative et machine de guerre". *Symposium* 10(1): 353-61.

Holland, E. 2008. "Schizoanalysis, Nomadology, Fascism". See Buchanan & Thoburn (2008), 74-97.

Horst, H. & D. Miller 2006. *The Cell Phone: An Anthropology of Communication*. New York: Berg.

Houle, K. 2009. "(Giving) Savings Accounts". In *Gilles Deleuze: Image and Text*, E. W. Holland, D. W. Smith & C. J. Stivale (eds), 63-78. London: Continuum.

Houle, K. 2010. "Emendation, *or* When Have We Been". In *Lyric Ecology*, M. Dickinson & C. Goulet (eds), 219-30. Toronto: Cormorant Books.

Howard, P. N. 2004. "Embedded Media: Who We Know, What We Know, and Society Online". In *Society Online: The Internet in Context*, P. N. Howard & S. Jones (eds), 1-27. Thousand Oaks, CA: Sage.

Howie, G. 2008. "Becoming-Woman: A Flight into Abstraction". *Deleuze Studies* 2 (supplement): 83-106.

Hughes, J. 2009. *Deleuze's Difference and Repetition: A Reader's Guide*. London: Continuum.

Irigaray, L. 1985. *This Sex Which Is Not One*, C. Porter & C. Burke (trans.). Ithaca, NY: Cornell University Press.

Irigaray L. & G. Howie 2008. "Becoming Woman, Each One and Together". In L. Irigaray with S. Pluhacek & H. Bostic *et al.*, *Conversations*, 73-84. New York: Continuum.

Irigaray, L. & E. Grosz 2008. "Sexuate Identities as Global Beings Questioning Western Logic". In L. Irigaray with S. Pluhacek & H. Bostic *et al.*, *Conversations*, 123-38. New York: Continuum.

Ito, M. 2005. "Introduction: Personal, Portable, Pedestrian". In *Personal, Portable, Pedestrian: Mobile Phones in Japanese Life*, M. Ito, D. Okabe & M. Matsuda (eds), 1-16. Cambridge, MA: MIT Press.

JanMohamed, A. R. & D. Lloyd (eds) 1990. *The Nature and Context of Minority Discourse*. New York: Oxford University Press.

Jardine, A. 1982. "Gynesis". *Diacritics* 12(2): 54-65.

Jardine, A. 1984. "Woman in Limbo: Deleuze and His Br (others)". *SubStance* 44/45: 46-60.

Jardine, A. 1985. *Gynesis: Configurations of Woman and Modernity*. Ithaca, NY: Cornell University Press.

Jones, D. 1990. "Gossip: Notes on Women's Oral Culture". In *The Feminist Critique of Language: A Reader*, D. Cameron (ed.), 242-50. New York: Routledge. [Reprinted from D. Jones, "Gossip: Notes on Women's Oral Culture", in *The Voices and Words of Women and Men*, C. Kramarae (ed.), 193-8 (Oxford: Pergamon Press, 1980).]

Jones, G. & J. Roffe (eds) 2009. *Deleuze's Philosophical Lineage*. Edinburgh: Edinburgh University Press.

Jun, N. & D. W. Smith 2011. *Deleuze and Ethics*. Edinburgh: Edinburgh University Press.

Kabir, F. 2010. *Deleuze Over Bacon: A Reader's Guide for Gilles Deleuze's*

"*Francis Bacon: The Logic of Sensation*". Saarbrucken, Germany: Lambert Academic Publishing.

Kafka, F. 1977. *The Diaries of Franz Kafka*, vol. 1, M. Brod (ed.), J. Kresh (trans.). New York: Schocken.

Kant, I. 1911. *The Critique of Judgment*, J. Meredith (trans.). Oxford: Clarendon Press.

Kant, I. 1998. *The Critique of Pure Reason*, P. Guyer & A. W. Wood (eds & trans.). Cambridge: Cambridge University Press.

Kant, I. 2002. *The Critique of Practical Reason*, W. Pluhar (trans.). Indianapolis, IN: Hackett.

Katz, J. E. & M. Aakhus (eds) 2002. *Perpetual Contact: Mobile Communication, Private Talk, Public Performance*. New York: Cambridge University Press.

Kaufman, E. & K. J. Heller (eds) 1998. *Deleuze and Guattari: New Mappings in Politics, Philosophy and Culture*. Minneapolis, MN: University of Minnesota Press.

Kelly, M. 1983. *Modern French Marxism*. Baltimore, MD: Johns Hopkins University Press.

Kennedy, B. 2000. *Deleuze and Cinema: The Aesthetics of Sensation*. Edinburgh: Edinburgh University Press.

Khilnani, S. 1993. *Arguing Revolution: The Intellectual Left in Postwar France*. New Haven, CT: Yale University Press.

Koselleck, R. [1979] 1995. *Futures Past: On the Semantics of Historical Time*, K. Tribe (trans.). Cambridge, MA: MIT Press.

Kozinn, A. 2001. "Violinist Isaac Stern Dies at 81; Led Efforts to Save Carnegie Hall". *New York Times*, 23 September, 1A:1, Column 5.

Krause, R. & M. Rölli 2008. "Micropolitical Associations". See Buchanan & Thoburn (2008), 240-54.

Kristeva, J. 1974. *La Révolution du langage poétique; l' avant-garde à la fin du XIXe siècle, Lautréamont et Mallarmé*. Paris: Seuil.

Lacan, J. 1988. *The Seminar of Jacques Lacan: Book One, Freud's Papers on Technique 1953-1954*, J. A. Miller (ed.), J. Forrester (trans.). New York: W. W. Norton.

Lambert, G. 2008. "The Political Ontology of 'the Friend' (*philos*)". See Buchanan & Thoburn (2008), 35-53.

Latour, B. 1999. *Pandora's Hope: Essays on the Reality of Science Studies*. Cambridge, MA: Harvard University Press.

Lloyd, D. 1987. *Nationalism and Minor Literature: James Clarence Mangan and the Emergence of Irish Cultural Nationalism*. Berkeley, CA: University of California Press.

Lorraine, T. 1999. *Irigaray & Deleuze: Experiments in Visceral Philosophy*. Ithaca, NY: Cornell University Press.

Lyotard, J.-F. 1974. *Économie libidinale*. Paris: Minuit.

Lyotard, J.-F. 1990. *Heidegger and " the Jews"*, A. Michel & M. S. Roberts (trans.). Minneapolis, MN: University of Minnesota Press. [Originally published as *Heidegger et " les juifs"* (Paris: Galilée, 1988).]

MacCormack, P. 2000. "Kristeva's Powers of Horror and the "I"/Other System Destroyed". In *Pleasure, Perversion and Death: Three Lines of Flight for the Viewing Body*. http://www. cinestatic. com/trans-mat/MacCormack/PPDintro2.htm(accessed June 2011).

MacCormack, P. 2001. "Becoming Hu-Man: Deleuze and Guattari, Gender and 3rd Rock from the Sun". *Intensities: The Journal of Cult Media* 1(1). http://intensities.org/Essays/MacCormack.pdf (accessed June 2011).

MacCormack, P. 2006. "The Great Ephemeral Tattooed Skin". *Body & Society* 12(2), 57-82.

MacCormack, P. 2009. "Feminist Becomings: Hybrid Feminism and Haecceitic (Re) production". *Australian Feminist Studies* 24: 59.

Macherey, P. 1996. "The Encounter with Spinoza", M. Joughin (trans.). In *Deleuze: A Critical Reader*, P. Patton (ed.), 139-61. Oxford: Blackwell.

Maggiori, R. 1991. "Deleuze-Guattari: Nous Deux". *Libération* (12 September): 17-19.

Maggiori, R. 1995. "Un 'courant d'air' dans la pensée du siècle". *Libération* (6 November): 8-10.

Mallarmé, S. 1945. *Oeuvres completes*, H. Mondor & G. J. Aubry (eds). Paris: Gallimard.

Manning, E. 2009. *Relationscapes: Movement, Art, Philosophy*. Cambridge, MA: MIT Press.

Marcus, G. E. & E. Saka 2006. "Assemblage". *Theory, Culture & Society* 23(2-3): 101-6.

Marcuse, H. 1991. *One-Dimensional Man: Studies in the Ideology of Advanced Industrial Society*, 2nd edn. Boston, MA: Beacon.

Margaroni, M. 2005. "'The Lost Foundation': Kristeva's Semiotic Chora and its Ambiguous Legacy". *Hypatia* 20(1): 78-98.

Marks, L. U. 1999. *The Skin of the Film: Intercultural Cinema, Embodiment and the Senses*. Durham, NC: Duke University Press.

Markula, P. 2006. "Deleuze and the Body Without Organs: Disreading the Fit Feminine Identity". *Journal of Sport & Social Issues* 30(1): 29-44.

Marotta, J. J. & M. Behrmann 2004. "Patient Schn: Has Goldstein and Gelb's Case Withstood the Test of Time?" *Neuropsychologia* 42: 633-8.

Martin, A. 2003. "Introduction: Luce Irigaray and the Culture of Difference". *Theory, Culture & Society* 20(3): 1-12.

Martin-Jones, D. 2004. "*Orphans*, a Work of Minor Cinema from Post-Devolutionary Scotland". *Journal of British Cinema and Television* 1(2): 226-41.

Marx, K. 1975. *Early Writings*, R. Livingstone & G. Benton (trans.). New York: Vintage.

Massumi, B. 1992. *A User's Guide to Capitalism and Schizophrenia: Deviations from Deleuze and Guattari*. Cambridge, MA: MIT Press.

Massumi, B. 2002a. *Parables for the Virtual: Movement, Affect, Sensation*. Durham, NC: Duke University Press.

Massumi, B. 2002b. "Navigating Movements". In *Hope: New Philosophies for Change*, M. Zournazi (ed.), 210-43. New York: Routledge.

Massumi, B. (ed.). 2002c. *A Shock to Thought: Expression after Deleuze and Guattari*. New York: Routledge.

May, T. 1994. *The Political Philosophy of Poststructuralist Anarchism*. University Park, PA: Pennsylvania State University Press.

May, T. 2003. "When is a Deleuzian Becoming?" *Continental Philosophy Review* 36: 139-53.

May, T. 2005. *Gilles Deleuze: An Introduction*. Cambridge: Cambridge University Press.

Mengue, P. 2003. *Deleuze et la question de la démocratie*. Paris: L'Harmattan.

Mengue, P. 2006. "D'étincelles en heurts locaux". *Symposium* 10(1): 255-83.

Merleau-Ponty, M. 1964. *Sense and Nonsense*, H. Drefyus & P. Dreyfus (trans.). Evanston, IL: Northwestern University Press.

Merleau-Ponty, M. 2002. *Phenomenology of Perception*, C. Smith (trans.), 2nd edn. New York: Routledge.

Merrell, F. 1997. *Peirce, Signs, and Meaning*. Toronto: University of Toronto Press.

Mullins, J. 2000. "Spin Doctors". *New Scientist* 2244 (24 June). www. newscientist. com/article/mg16622444. 700-spin-doctors. html? page = 2 (subscription; accessed July 2011).

Nail, T. 2008. "Expression, Immanence and Constructivism: 'Spinozism' and Gilles Deleuze". *Deleuze Studies* 2(2): 201-19.

Negri, A. 2003. *Time for Revolution*, M. Mandarini (trans.). London: Continuum. [Originally published as *La costitiuzione del tempo* (Rome: Manifestolibri, 1997).]

Ngai, S. 2005. *Ugly Feelings*. Cambridge, MA: Harvard University Press.

Nietzsche, F. 1967. *The Birth of Tragedy, and the Case of Wagner*, W. Kaufmann (trans.). New York: Vintage Books.

Nietzsche, F. 1968. *Basic Writings of Nietzsche*, W. Kaufman (trans.). New York: Modern Library.

Nietzsche, F. 1969. *On the Genealogy of Morals and Ecce Homo*, W. Kaufmann (trans.). New York: Vintage Books.

Nietzsche, F. 1989. *Beyond Good and Evil*, W. Kaufman (trans.). New York: Vintage.

Nietzsche, F. 1991. *La Volonté de puissance*. Paris: Librairie générale française.

Nigianni, C. & M. Storr (eds) 2009. *Deleuze and Queer Theory*. Edinburgh: Edinburgh University Press.

Olkowski, D. 1999. *Gilles Deleuze and the Ruin of Representation*. Berkeley, CA: University of California Press.

Olkowski, D. 2000. "Body, Knowledge and Becoming-Woman: Morphologic in Deleuze and Irigaray". See Buchanan & Colebrook (2000), 86-109.

Orenstein, P. 1995. *Schoolgirls: Young Women, Self Esteem, and the Confidence Gap*. New York: Anchor.

O'Sullivan, S. 2004. "Friendship as Community: From Ethics to Politics". In *Takkekortet: The Written Acknowledgment*, 20-21 Arhus: Rum 46.

O'Sullivan, S. 2009. "From Stuttering and Stammering to the Diagram: Deleuze, Bacon and Contemporary Art Practice". *Deleuze Studies* 3(2): 247-58.

Paradis, B. 1998. "The Friend". *Discourse* 20(3): 17-22.

Patton, P. (ed.) 1996. *Deleuze: A Critical Reader.* Oxford: Blackwell.

Patton, P. 2000. *Deleuze and the Political.* London: Routledge.

Patton, P. 2010. *Deleuzian Concepts: Philosophy, Colonization, Politics.* Stanford, CA: Stanford University Press.

Pérez, R. 2005. "What is 'Minor' in Latino Literature?" *MELUS* 30(4): 89-108.

Phillips, J. 2006. "Agencement/Assemblage". *Theory, Culture & Society* 23(2-3): 108-9.

Pinhas, R. 2001. *Les Larmes de Nietzsche: Deleuze et la musique.* Paris: Flammarion.

Pipher, M. 1994. *Reviving Ophelia: Saving the Selves of Adolescent Girls.* New York: Ballantine Books.

Pisters, P. 1997. "Cyborg Alice: or Becoming-Woman in an Audiovisual World". *Iris* 23: 148-63.

Pisters, P. 2003. *The Matrix of Visual Culture.* Stanford, CA: Stanford University Press.

Plato 1963. *Collected Dialogues*, E. Hamilton (ed.). Princeton, NJ: Princeton University Press.

Pomus, D. & M. Shuman 1972. "This Magic Moment" lyrics. www.sing365. com/music/lyric.nsf/This-Magic-Moment-lyrics-Lou-Reed/438DAA3F7E4 FE88348256EA300 13AA25 (accessed July 2011).

Potok, R. N. 1998. "Borders, Exiles, Minor Literatures: The Case of Palestinian-Israeli Writing". In *Borders, Exiles, Diasporas*, E. Barkan & M.-D. Shelton (eds), 291-310. Stanford, CA: Stanford University Press.

Poxon, J. 2001. "Embodied Anti-theology: The Body without Organs and the Judgment of God". In *Deleuze and Religion*, M. Bryden (ed.), 42-50. New York: Routledge.

Pringle, R. 1988. *Secretaries Talk: Sexuality, Power and Work.* London: Verso.

Protevi, J. 2009. *Political Affect: Connecting the Social and the Somatic.* Minneapolis, MN: University of Minnesota Press.

Proust, M. 1981. *Remembrance of Things Past.* Harmondsworth: Penguin.

Rajchman, J. 2000. *The Deleuze Connections.* Cambridge, MA: MIT Press.

Renold, E. & J. Ringrose 2008. "Regulation and Rupture: Mapping Tween and Teenage Girls' Resistance to the Heterosexual Matrix". *Feminist Theory* 9(3): 313-38.

Rheingold, H. 2003. *Smart Mobs: The Next Social Revolution.* Cambridge, MA: Perseus Publishing.

Richter, G. 1997. "Siegfried Kracauer and the Folds of Friendship". *German Quarterly* 70(3): 233-46.

Rilke, R. M. 1981. *Selected Poems of Rainer Maria Rilke.* R. Bly (trans.). New York: Harper & Row.

Robertson, R. 1985. *Kafka: Judaism, Politics and Literature.* Oxford: Clarendon Press.

Rodowick, D. N. 1997. *Gilles Deleuze's Time Machine.* Durham, NC: Duke University Press.

Rose, N. 1999. *Powers of Freedom: Reframing Political Thought.* Cambridge: Cambridge University Press.

Ross, K. 2002. *May '68 and its Afterlives.* Chicago, IL: University of Chicago Press.

Roudinesco, E. 1997. *Jacques Lacan,* B. Bray (trans.). New York: Columbia University Press.

Roy, A. 2002. Transcription of Arundhati Roy reading and in conversation with Howard Zinn, Lensic Performing Arts Center, Santa Fe, 8 September. www. lannan. org/images/cf/arundhati-roy-020918-trans-read. pdf (accessed August 2011).

Roy, A. 2003. *War Talk.* Cambridge, MA: South End Press.

Sacks, O. 1970. *The Man Who Mistook His Wife for a Hat, and Other Clinical Tales.* New York: Simon & Schuster.

Sartre, J.-P. [1939] 1962. *Sketch for a Theory of the Emotions,* P. Mairet (trans.). London: Methuen.

Sartre, J.-P. [1940] 2004. *The Imaginary,* J. Webber (trans.). New York: Routledge.

Schrift, A. D. 1995. *Nietzsche's French Legacy: A Genealogy of Poststructuralism.* New York: Routledge.

Seigworth, G. 2003. "Fashioning a Stave, or, Singing Life". In *Animations of Deleuze and Guattari,* J. D. Slack (ed.), 75-105. New York: Peter Lang Publishing.

Sellars, J. 2007. "Deleuze and Cosmopolitanism". *Radical Philosophy* 142: 30-37.

Shaviro, S. 1993. *The Cinematic Body.* Minneapolis, MN: University of Minnesota Press.

Shaviro, S. 2009. *Without Criteria: Kant, Whitehead, Deleuze, and Aesthetics.* Cambridge, MA: MIT Press.

Shildrick, M. 2004. "Queering Performativity: Disability after Deleuze". *Scan: Journal of Media Arts Culture* 1(3): 1-6.

Shildrick, M. 2009. *Dangerous Discourses of Disability, Subjectivity and Sexuality.* New York: Palgrave Macmillan.

Simmons, R. 2002. *Odd Girl Out: The Hidden Culture of Aggression in Girls.* Orlando, FL: Harcourt.

Slack, J. D. 1989. "Contextualizing Technology". In *Rethinking Communication, Volume Two: Paradigm Exemplars*, B. Dervin, L. Grossberg, B. J. O'Keefe & E. Wartella (eds), 329-45. Newbury Park, CA: Sage Publications.

Slack, J. D. 2003. "Everyday Matrix: Becoming Adolescence". In *Animations (of Deleuze and Guattari)*, J. D. Slack (ed.), 9-29. New York: Peter Lang.

Slack, J. D. & J. M. Wise 2002. "Cultural Studies and Technology". In *The Handbook of New Media*, L. Lievrouw & S. Livingstone (eds), 485-501. Thousand Oaks, CA: Sage.

Slack, J. D. & J. M. Wise (eds) 2005. *Culture and Technology: A Primer.* New York: Peter Lang.

Smith, D. W. 1997. "'A Life of Pure Immanence': Deleuze's 'Critique et Clinique' Project". In G. Deleuze, *Essays Critical and Clinical*, D. W. Smith & M. A. Greco (trans.), xi-lvi. Minneapolis, MN: University of Minnesota Press.

Smith, D. W. 2005. "The Concept of the Simulacrum: Deleuze and the Overturning of Platonism". *Continental Philosophy Review* 38(1-2): 89-123.

Sontag, S. 1978. *Illness as Metaphor.* New York: Farrar, Straus & Giroux.

Sontag, S. 2001. *AIDS and Its Metaphors.* New York: Picador.

Sotirin, P. & H. Gottfried 1999. "The Ambivalent Dynamics of Secretarial 'Bitching': Control, Resistance, and the Construction of Identity". *Organization* 6: 57-80.

Spinoza, B. [1677] 1982. *The Ethics and Selected Letters*, S. Feldman (ed.), S. Shirley (trans.). Indianapolis, IN: Hackett.

Spinoza, B. [1677] 2000. *Ethics*, G. H. R. Parkinson (ed. & trans.). Oxford: Oxford University Press.

Stewart, K. 2007. *Ordinary Affects.* Durham, NC: Duke University Press.

Stivale, C. J. 1998. *The Two-Fold Thought of Deleuze and Guattari: Intersections and Animations.* New York: Guilford Press.

Stivale, C. J. 2003. "Feeling the Event: Spaces of Affects and the Cajun Dance Arena". In *Animations (of Deleuze and Guattari)*, J. D. Slack (ed.) , 31-58. New York: Peter Lang.

Stivale, C. J. 2008. *Gilles Deleuze' s ABCs: The Folds of Friendship*. Baltimore, MD: Johns Hopkins University Press.

Stivale, C. J. 2010. "Cracks and Crevices of Thought, in *Logic of Sense*". *Contemporary French & Francophone Studies: Sites* 14(4) : 357-64.

St.Pierre, E. 2000. "Nomadic Inquiry in the Smooth Spaces of the Field: A Preface". In *Working the Ruins: Feminist Poststructural Theory and Methods in Education*, E. St.Pierre & W. Pillow (eds), 258- 84. New York: Routledge.

Sugano, M. Z. 1992. *The Poetics of the Occasion: Mallarmé and the Poetry of Circumstance*. Stanford, CA: Stanford University Press.

Sutton, D. & D. Martin-Jones 2008. *Deleuze Reframed*. London: I. B. Tauris.

Sylvester, D. 1987. *Interviews with Francis Bacon*. New York: Thames & Hudson.

Terada, R. 2001. *Feeling in Theory: Emotion after the "Death of the Subject"*. Cambridge, MA: Harvard University Press.

Thrift, N. 2008. *Non-Representational Theory: Space/Politics/Affect*. New York: Routledge.

tom Dieck, M. 2002. "Entretien avec Martin tom Dieck", www. langlab. wayne.edu/ CStivale/ tomDieck.html (accessed August 2011).

tom Dieck, M. & J. Balzer 1997. *Salut, Deleuze!* Brussels: Fréon Éditions.

tom Dieck, M. & J. Balzer 2002. *Nouvelles aventures de l' Incroyable Orphée*. Brussels: Fréon Éditions.

Twomey, S. J. 2007. "Reading ' Woman' : Book Club Pedagogies and the Literary Imagination". *Journal of Adolescent and Adult Literacy* 50 (5): 398-408.

Tynan, A. (ed.) 2010a. *Deleuze and the Symptom. Deleuze Studies* 4(2).

Tynan, A. 2010b. "Deleuze and the Symptom: On the Practice and Paradox of Health". *Deleuze Studies* 4(2) : 153-60.

Uhlmann, A. (trans.). 1995. "Gilles Deleuze, ' L' Épuisé ' ". *SubStance* 78 (3): 3-28.

van Tuinen, S. & N. McDonnell (eds) 2010. *Deleuze and the Fold: A Critical Reader*. London: Palgrave Macmillan.

Volosinov, V. N. 1986. *Marxism and the Philosophy of Language*, L. Matejka & I.

R. Titunik (trans.). Cambridge, MA: Harvard University Press.

Wachowski, A. & L. Wachowski (dirs) 1999. *The Matrix*. Warner Brothers.

Watson, J. 2005. "Schizo-Performativity? Neurosis and Politics in Judith Butler and Felix Guattari". *Women: A Cultural Review* 16(3): 305-20.

Watt, D. 2009. "Performing, Strolling, Thinking: From Minor Literature to Theater of the Future". In *Deleuze and Performance*, L. Cull (ed.), 91-105. Edinburgh: Edinburgh University Press.

White, P. 2008. "Lesbian Minor Cinema". *Screen* 49(4): 410-25.

Widder, N. 2008. *Reflection on Time and Politics*. University Park, PA: Pennsylvania State University Press.

Williams, J. 2004. *Gilles Deleuze's Difference and Repetition: A Critical Introduction and Guide*. Edinburgh: Edinburgh University Press.

Williams, J. 2008. *Gilles Deleuze's Logic of Sense: A Critical Introduction and Guide*. Edinburgh: Edinburgh University Press.

Williams, R. 1975. *Television: Technology and Cultural Form*. New York: Schocken.

Wise, J. M. 2003. "Home: Territory and Identity". In *Animations (of Deleuze and Guattari)*, J. D. Slack (ed.), 107-27. New York: Peter Lang.

Wiseman, R. 2003. *Queen Bees and Wannabes: Helping Your Daughter Survive Cliques, Gossip, Boyfriends, and Other Realities of Adolescence*. New York: Three Rivers Press.

Wolfe, T. 1936. *The Story of A Novel*. New York: Charles Scribner's Sons.

Yeats. W. B. 1996. *The Collected Poems of W. B. Yeats*, R. J. Finneran (ed.). New York:Scribner.

Yoon, K. 2003. "Retraditionalizing the Mobile: Young People's Sociality and Mobile Phone Use in Seoul, South Korea". *European Journal of Cultural Studies* 6(3): 327-43.

Zajac, M. 2002. *The Feminine of Difference: Gilles Deleuze, Hélène Cixous, and Contemporary Critique of the Marquis de Sade*. Frankfurt: Peter Lang.

Zhang, X. 2002. "Shanghai Image: Critical Iconography, Minor Literature, and the Un-Making of a Modern Chinese Mythology". *New Literary History* 33: 137-60.

Zourabichvili, F. 2003. *Le Vocabulaire de Deleuze*. Paris: Ellipses.

索 引

---

[1]　此处原文为"courses",但查对正文第 86 页,并未发现 courses 一词,疑为原文中 causes 之误。——译者注

图书在版编目(CIP)数据

德勒兹:关键概念:原书第2版/(美)查尔斯·J.
斯蒂瓦尔(Charles J. Stivale)编;田延译.-- 重庆:
重庆大学出版社,2018.8(2020.5重印)
(思想家和思想导读丛书)
书名原文:Gilles Deleuze:Key Concepts 2e
ISBN 978-7-5689-1295-2

Ⅰ.①德… Ⅱ.①查…②田… Ⅲ.①德勒兹—后现
代主义—哲学思想—研究 Ⅳ.①B565.59

中国版本图书馆CIP数据核字(2018)第173545号

德勒兹:关键概念(原书第2版)
DELEZI GUANJIAN GAINIAN

[美]查尔斯·J.斯蒂瓦尔 编
田 延 译
策划编辑:贾 曼
特约策划:邹 荣 任绪军 何啸锋
责任编辑:贾 曼 邹 荣 版式设计:邹 荣
责任校对:邬小梅 责任印制:张 策

*

重庆大学出版社出版发行
出版人:饶帮华
社址:重庆市沙坪坝区大学城西路21号
邮编:401331
电话:(023)88617190 88617185(中小学)
传真:(023)88617186 88617166
网址:http://www.cqup.com.cn
邮箱:fxk@ cqup.com.cn(营销中心)
全国新华书店经销
重庆市正前方彩色印刷有限公司印刷

*

开本:890mm×1168mm 1/32 印张:12.875 字数:315千 插页:32开2页
2018年10月第1版 2020年5月第2次印刷
ISBN 978-7-5689-1295-2 定价:68.00元

Gilles Deleuze: *Key Concepts* 2e, by Charles J. Stivale, ISBN: 978-1-84465-288-4

版贸核渝字(2014)**第 249 号**

gu⅄de

思想家和思想导读丛书

★表示已出版

思想家导读

导读齐泽克★   导读德里达★
导读德勒兹★   导读弗洛伊德(原书第2版)★
导读尼采★   导读海德格尔(原书第2版)
导读阿尔都塞★   导读鲍德里亚(原书第2版)★
导读利奥塔★   导读阿多诺★
导读拉康★   导读福柯★
导读波伏瓦★   导读萨义德(原书第2版)
导读布朗肖★   导读阿伦特★
导读葛兰西★   导读巴特勒★
导读列维纳斯★   导读巴赫金★
导读德曼★   导读维利里奥
导读萨特★   导读利科
导读巴特★

思想家著作导读

导读尼采《悲剧的诞生》★   导读德勒兹《差异与重复》
导读巴迪欧《存在与事件》   (亨利·萨默斯-霍尔 著)
导读德里达《书写与差异》   导读德勒兹与加塔利《什么是哲学?》
导读德里达《声音与现象》   导读福柯《性史(第一卷):认知意志》★
导读德里达《论文字学》   导读福柯《规训与惩罚》★
导读德勒兹与加塔利《千高原》★   导读萨特《存在与虚无》
导读德勒兹《差异与重复》   导读维特根斯坦《逻辑哲学论》★
(乔·休斯 著)   导读维特根斯坦《哲学研究》

思想家关键词

福柯思想辞典★   布迪厄:关键概念(原书第2版)★
巴迪欧:关键概念★   福柯:关键概念
德勒兹:关键概念(原书第2版)★   阿伦特:关键概念★
阿多诺:关键概念★   德里达:关键概念
哈贝马斯:关键概念★   维特根斯坦:关键概念
朗西埃:关键概念★